船海电工学

主　编　吴华锋
副主编　彭　静　刘　卫
主　审　孔凡邨

上海浦江教育出版社
Shanghai Pujiang Education Press

图书在版编目(CIP)数据

船海电工学/吴华锋主编. —上海：上海浦江教育出版社有限公司，2021.3

ISBN 978-7-81121-699-8

Ⅰ.①船… Ⅱ.①吴… Ⅲ.①船用电气设备—高等学校—教材 Ⅳ.①U665

中国版本图书馆 CIP 数据核字(2021)第 044143 号

CHUANHAI DIANGONGXUE

船海电工学

上海浦江教育出版社出版发行

社址：上海海港大道 1550 号上海海事大学校内　邮政编码：201306

电话：(021)38284912(发行)　38284923(总编室)　38284910(传真)

E-mail：cbs@shmtu.edu.cn　URL：http://www.pujiangpress.cn

上海商务联西印刷有限公司印装

幅面尺寸：185 mm×260 mm　印张：11.25　字数：260 千字

2021 年 3 月第 1 版　2021 年 3 月第 1 次印刷

责任编辑：杨　磊　封面设计：赵宏义

定价：55.00 元

前言

船海电工学(航海电工基础)是航海专业的主干类课程和基础核心课程,也是为航海技术等涉及船舶与海洋专业开设的一门主要课程,以及学习电子技术基础、航海仪器、航海雷达和ARPA、海上无线电通信设备、现代电子导航与信息系统和智能船舶与航海等后续课程所必需的基础课程。通过船海电工学课程的学习,学生可以掌握直流电路、单相交流电路和三相交流电路的概念、基本定律和简单分析与计算方法,变压器、交流电动机和直流电动机的工作原理,以及电气测量方法与安全用电等电工基础知识。

随着智能船舶、智能航海与智慧海洋时代的到来,以及涉海专业教学改革的不断深入,本书在体系上和内容上作出较大幅度的调整,加强新知识和实践方面的内容,对部分电工基础内容进行适当优化,对近年来已经不再应用和仅考虑教材体系的完整性而保留的陈旧内容,不再赘述。

本书共分12章,各章具体内容如下:

第一章介绍直流电路的基础知识,包括电路的组成及其基本物理量、电工与电功率、电阻的串联、并联和混联,以及电路中的欧姆定律、基尔霍夫定律和戴维宁定理。

第二章介绍正弦交流电路的相关知识,包括正弦交流电的产生方式及其基本参数、正弦交流电的表示方法,以及单相正弦交流电路及其功率因数、三相正弦交流电路及其功率因数。

第三章介绍电容器,包括电容器的基本概念、电容器的充放电过程以及电容器的串联、并联和混联。

第四章介绍磁与电磁,包括电流的磁效应、磁场的基本物理量、磁化与磁性材料、磁路欧姆定律、电磁感应、自感和互感以及磁场对电流的作用。

第五章介绍变压器,包括变压器的基本结构和原理、变压器工作分析、变压器的外特性及效率、典型特殊变压器、变压器的额定值及型号、变压器绕组的极性判别以及小型单相变压器的计算等。

第六章介绍交流电动机,包括三相交流异步电动机的基本构造、工作原理和工作特性,直流电动机的启动、调速、反转及制动的基本原理和方法,以及单相交流异步电动机等。

第七章介绍直流电动机,包括直流电动机的工作原理、主要结构、电枢绕组、机械特性,以及直流电机的启动、调速、反转及制动等。

第八章介绍电气测量与电工仪表的基本知识,包括相应仪表的原理、结构、使用操作技术以及测量误差与数据处理技术等，其中电气测量技术是研究各种电磁量（电量和磁量）的测量方法。

第九章介绍万用表的基本结构，万用表的直流电压和电流、交流电压、电阻、电感、电容、电平的测量方法，以及万用表的正确使用及其在航海中的部分应用。

第十章介绍常用仪表的原理和使用，包括功率表、功率因数表、频率表、整步表、兆欧表、电度表以及测量仪表在航海中的应用。

第十一章介绍电桥的原理和测量，包括电桥的概念、直流电桥和交流电桥原理、结构和测量方法等。

第十二章介绍安全用电常识，包括船舶安全用电常识、船舶电气火灾的预防、船舶电气设备的船用条件及船检规定、船舶电缆的安全使用与维护、船舶电气设备接地的意义和要求、船舶电气设备绝缘以及油船电气设备的安全管理等。

本书由吴华锋任主编，彭静、刘卫任副主编，孔凡邨任主审。此外，博士生梅骁峻、张倩楠和张媛媛等参与部分资料收集和内容编写工作，在此一并表示感谢！

由于编者水平有限，书中差错在所难免，恳请广大读者批评指正。

编者

目 录

第一章　直流电路

1　电路的组成

电路是电流的通路，其为根据某种需要由电工设备和元件组合而成，如用于各种场所的输、配电电路，将声音放大的扩音机电路，以及用于数据处理的计算机电路。电路主要有2种用途：①进行电能的传输、分配与转换；②进行信息的传递和处理。其中：电能传输侧重于传输效率的提高；信息传输侧重于信息在传递过程中的保真、传输速度及抗干扰性。

电路的组成一般包括电源（或信号源）、负载和连接导线（在复杂的电路中，可以扩展成连接电源和负载的中间环节）。实际电路由一些按需要起不同作用的实际电路元件或器件所组成，如发电机、变压器、电动机、电池、晶体管以及各种电阻器和电容器等，其电磁性质较为复杂。例如白炽灯，其除具有消耗电能的性质（电阻性）外，当通有电流时还会产生磁场，即其还具有电感性，但电感微小，可忽略不计，于是可认为白炽灯是一电阻元件。

为便于对实际电路进行分析和数学描述，将实际元件理想化（或称模型化），即在一定条件下突出其主要的电磁性质，忽略其次要因素，将其近似地看作理想电路元件。电路模型是由一些理想电路元件所组成的电路，其是对实际电路电磁性质的科学抽象和概括。在理想电路元件中主要有电阻元件、电感元件、电容元件和电源元件等，这些元件分别由相应的参数来表述。例如常用的手电筒，其实际电路元件有干电池、电珠、开关和筒体，其中：电珠是电阻元件，其参数为电阻 R；干电池是电源元件，其参数为电动势 E 和内电阻（简称内阻）R_0；筒体是连接干电池与电珠的中间环节（包括开关），其电阻忽略不计，认为是一无电阻的理想导体。

今后所分析的都是指电路模型，简称电路。在电路图中，各种电路元件用规定的电路符号表示。

2　电路中的主要物理量

电路中的主要物理量有电流、电动势、电压、电位、电功率、电能等，其符号及单位见表1－1。

表 1-1　电路中的主要物理量的符号及单位

物理量	符号	单位
电流	I	安[培](A)
电动势、电压、电位	E、U、V	伏[特](V)
电功率	P	瓦[特](W)
电能量	W	焦[耳](J)或瓦秒(Ws)

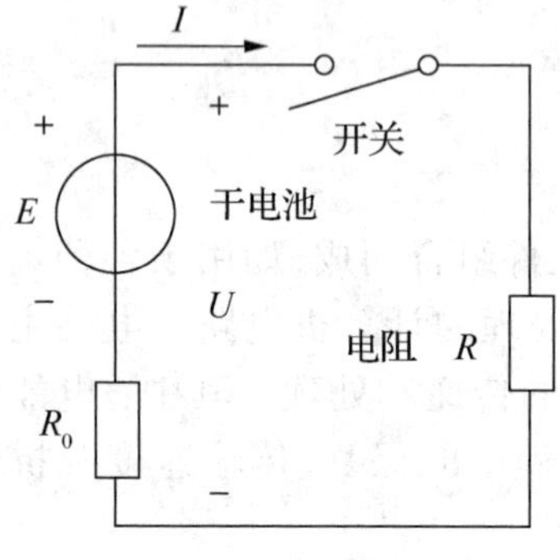

图 1-1　直线电阻电路

图 1-1 是最简单的直流电阻电路，其中 E、U 和 R_0 分别为电源电动势、端电压和内阻，R 为负载电阻。当开关闭合后，电路中有电流出现。电流 I、电压 U 和电动势 E 是电路基本物理量，在分析电路时必须在电路图上用箭头或“+”“-”标出其方向或极性，才能正确列出电路方程。

电压和电流的方向有实际方向和参考方向之分，规定正电荷运动的方向或负电荷运动的相反方向为电流的方向（实际方向）。在分析与计算电路时，可任意选定某一方向作为电流的参考方向，或称为正方向。当电流的实际方向与其参考方向一致时，则电流为正值(图 1-2(a))；反之，当电流的实际方向与其参考方向相反时，则电流为负值(图 1-2(b))。在参考方向选定之后，电流才有正负之分。

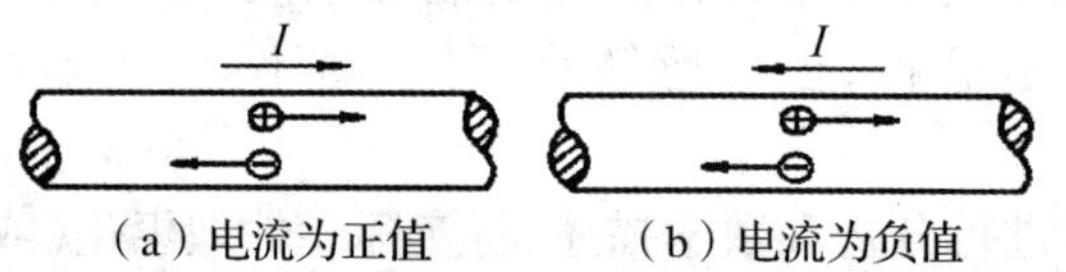

(a) 电流为正值　　(b) 电流为负值

图 1-2　电流的参考方向和实际方向

电压和电动势都是标量，但在分析电路时，与电流一样，也认为其具有方向。其中：电压的方向规定为由高电位(“+”极性)端指向低电位(“-”极性)端，即为电位降低的方向；电源电动势的方向规定为在电源内部由低电位(“-”极性)指向高电位(“+”极性)端，即为电位升高的方向。

在电路上所标的电流、电压和电动势的方向，一般都是参考方向，其是正值还是负值，视选定的参考方向而定。对交流电而言，其方向随时间而变，在电路图上也无法用一个箭标来表示其实际方向。

【例 1-1】如图 1-3 所示，电压 U 的参考方向与实际方向一致，故为正值；U' 的参考方向与实际方向相反，故为负值。二者可写为 $U=-U'$；电流亦然，$I=-I'$。

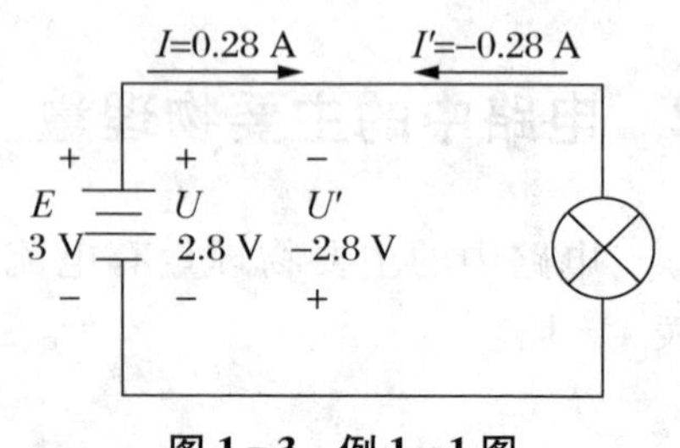

图 1-3　例 1-1 图

电压的参考方向除用极性“+”“-”表示外，也可用双下标表示。例如：a、b 两点间的电压 U_{ab}，参考方向是由 a 指向 b，也就是说 a 点的参考极性为“+”，b 点的参考极性为“-”。若参考方向选为由 b 指向 a，则为 U_{ba}，

$U_{ba}=-U_{ab}$。

我国法定计量单位是以国际单位制(SI)为基础的。在国际单位制中：①电流的单位是安[培](A)。当1 s(秒)内通过导体横截面的电荷[量]为1 C(库[仑])时，则电流为1 A。若计量微小的电流，则以毫安(mA)或微安(μA)为单位。1 mA是千分之一安(10^{-3} A)，1 μA是百万分之一安(10^{-6} A)。②电压的单位是伏[特](V)。当电场力把1 C的电荷[量]从一点移到另一点所做的功为1 J(焦[耳])时，则该两点间的电压为1 V。若计量微小的电压，则以毫伏(mV)或微伏(μV)为单位；若计量高电压，则以千伏(kV)为单位。电动势的单位也是伏[特](V)。

3　欧姆定律

欧姆定律：流过电阻的电流与电阻两端的电压成正比。R为该段电路的电阻，当所加电压U一定时，电阻R愈大，则电流I愈小。显然，电阻具有对电流起阻碍作用的物理性质。根据图1－4上所选电压和电流的参考方向的不同，在欧姆定律的表示方式中可带有正号和负号。当电压和电流的参考方向一致时，则有

$$U=RI$$

当二者的参考方向选取相反时，则有

$$U=-RI$$

式中：正负号是根据电压和电流的参考方向提出的。此外，电压和电流本身还有正值和负值之分。

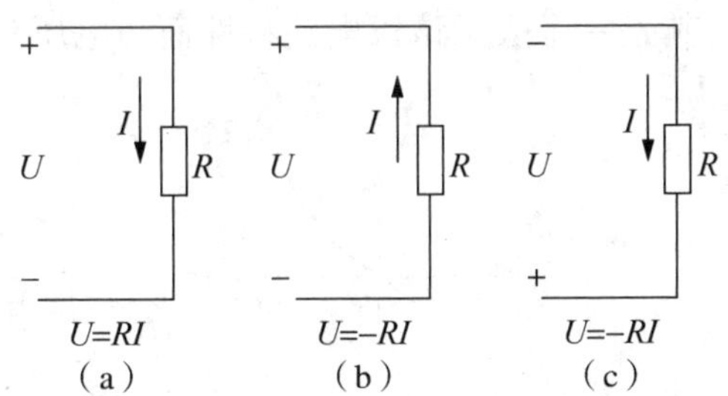

图1－4　考虑参考方向的欧姆定律

在国际单位制中，电阻的单位是欧[姆](Ω)。当电路两端的电压为1 V，通过的电流为1 A时，则该段电路的电阻为1 Ω。若计量高电阻，则以千欧(kΩ)或兆欧(MΩ)为单位。

【例1－2】应用欧姆定律对图1－5的电路列出方程，并求电阻R。

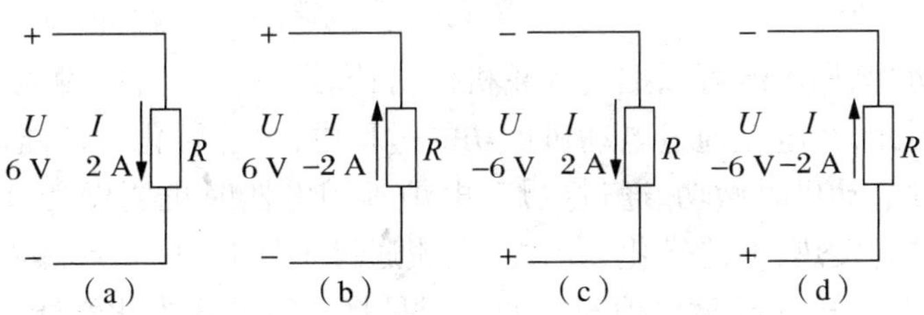

图1－5　例1－2图

解： 图 1－5(a)：$R=\frac{U}{I}=3\ \Omega$。图 1－5(b)：$R=-\frac{U}{I}=3\ \Omega$。图 1－5(c)：$R=-\frac{U}{I}=3\ \Omega$。图 1－5(d)：$R=\frac{U}{I}=3\ \Omega$。

【例 1－3】计算图 1－6 中的电阻 R 值，已知 $U_{ab}=-12$ V。

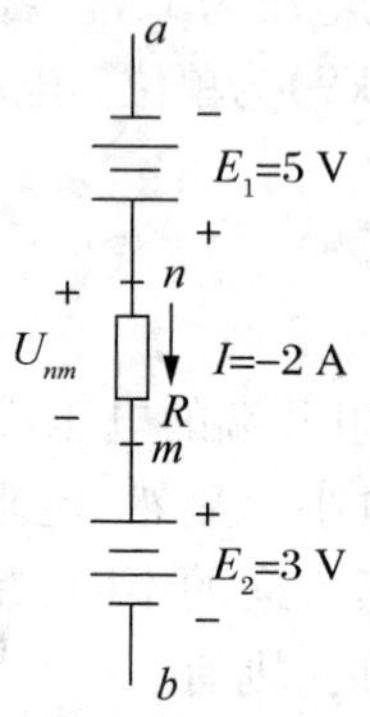

图 1－6　例 1－3 图

解： a 点电位比 b 点电位低 12 V；n 点电位比 b 点电位低 7 V；m 点电位比 b 点电位高 3 V。于是，n 点电位比 m 点电位低 10 V，即 $U_{nm}=-10$ V。由欧姆定律得出 $R=\frac{U_{nm}}{I}=5\ \Omega$。

欧姆定律所表示的电流与电压的正比关系，是通过实验得出的结论。因此，可以测量电阻两端的电压值和流过电阻的电流值，绘出一根通过坐标原点的直线，见图 1－7。遵循欧姆定律的电阻称为线性电阻，其是一个表示该段电路特性而与电压和电流无关的常数。

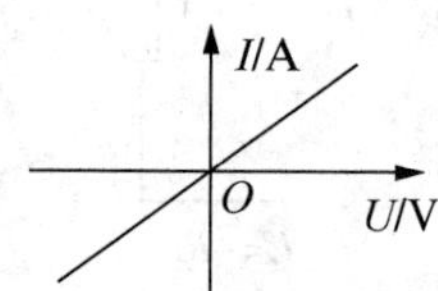

图 1－7　线性电阻的伏安特性曲线

4　电功与电功率

4.1　电功

水流可以做功，例如水流可以推动水轮机做功；同样电流也可以做功，给电动机通电，电动机会转起来。因此，在电流通过电动机做功的过程中，电能转化为动能。

电流不仅通过电动机时做功，通过电灯、电炉等用电器时也要做功，电流做的功叫作电功。电流通过电炉时发热，电能转化为内能；电流通过电灯时，灯丝灼热发光，电能转化为内能（俗称热能）和光能；电流给蓄电池充电的过程是将电能转化为化学能。因此，电功的实质是电能转化为其他形式能量的过程。电流做了多少功，就有多少电能转化为其他形式的能，但能的总量不变。电流所做的功与电压、电流和通电时间成正比。

电功的数学表达式为

$$W = Pt = UIt = Uq$$

式中：q 为电荷；P 为电功率；U 为电压，V；I 为电流，A；t 为时间，s；W 为电功，J。

在纯电阻电路（无电动机）中，电功可表达为

$$W = Q = I^2Rt\text{（一般在串联电路中使用）}$$

$$W = Q = (U^2/R)t\text{（一般在并联电路中使用）}$$

式中：Q 为电热。

常见物体的电功：①通过手电筒灯泡的电流，每秒钟所做的功大约是 1 J；②通过普通电灯泡的电流，每秒钟做的功一般是几十焦；③通过洗衣机中电动机的电流，每秒钟做的功是 200 J 左右。

4.2　电功物理单位

（1）焦耳（法定计量单位）。焦耳定义为 1 牛顿力的作用点在力的方向上移动 1 m 距离所做的功，该单位可用于电功的测定。

（2）度（非法定计量单位）。焦耳这个单位很小，用起来不方便，生活中常用“度”做电功的单位，就是平常所说的用了几度电的“度”。“度”在技术中叫作千瓦时，符号是 kWh，换算关系为

$$1\ \text{kWh} = 3.6 \times 10^6\ \text{J}$$

4.3　电功率

电功率是表示电流做功快慢的物理量，用电器的功率在数值上等于其在 1 s 内所消耗的电能。如果用电器在时间 t（单位为 s）内消耗电能 W（单位为 J），那么其电功率就是

$$P = W/t\text{（定义式）}$$

电功率等于导体两端电压与通过导体电流的乘积（$P=UI$）。对于纯电阻电路，电功率还可以表示为

$$P = I^2R$$

$$P = U^2/R$$

4.4　额定功率与实际功率

每个用电器都有一个正常工作的电压值，即额定电压，用电器在额定电压下正常工作的功率叫作额定功率，用电器在实际电压下工作的功率叫作实际功率。

5　电阻的串联、并联和混联

在电路分析中，将具有相同电压电流关系的不同电路称为等效电路，将某一电路与其等效电路替换的过程称为等效变换。将电路进行适当的等效变换，可以使电路的分析得到

简化。

5.1 串联连接方式

串联连接是指电路中的元件或部件的排列使得电流全部通过每一元件或部件而不分流的一种电路连接方式。串联是连接电路元件的基本方式之一。将电路元件(如电阻、电容、电感、用电器等)逐个顺次首尾相连接组成的电路叫作串联电路,见图 1-8。串联电路中通过各电路元件的电流都相等。

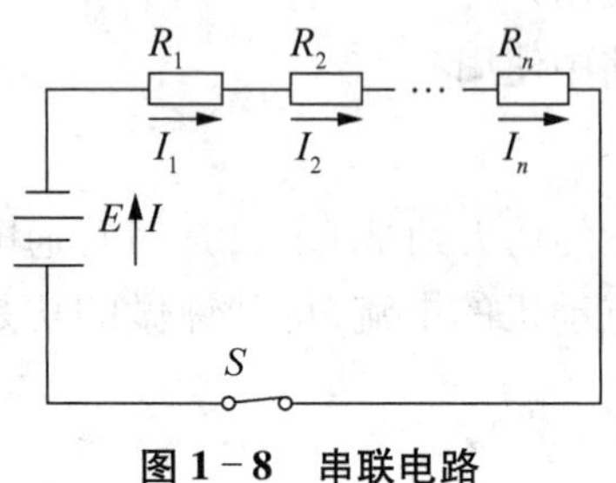

图 1-8 串联电路

串联电路的特点如下:

(1) 串联电路电流处处相等: $I_{总}=I_1=I_2=I_3=\cdots=I_n$。

(2) 串联电路总电压等于各处电压之和: $U_{总}=U_1+U_2+U_3+\cdots+U_n$。

(3) 串联电阻的等效电阻等于各电阻之和: $R_{总}=R_1+R_2+R_3+\cdots+R_n$。

(4) 串联电路总功率等于各功率之和: $P_{总}=P_1+P_2+P_3+\cdots+P_n$。

5.2 并联连接方式

将电路中的元件并列地接到电路中的两点间,电路中的电流分为几个分支,分别流经几个元件的连接方式叫作并联。并联电路是电路、线路或元件为达到某种设计要求的功能的连接方式,特点是对 2 个同类或不同类的元件、电路、线路等首首相接,同时尾尾亦相连的一种连接方式,见图 1-9。

并联电路的计算公式:①电流 $I_{总}=I_1+I_2+I_3+\cdots+I_n$,即总电流等于通过各个电阻的电流之和。②电压 $U_{总}=U_1=U_2=U_3=\cdots=U_n$,即并联电路各支路两端的电压相等,且等于总电压。③电阻值 $1/R_{总}=1/R_1+1/R_2+1/R_3+\cdots+1/R_n$,即总电阻的倒数等于各分电阻的倒数之和。对于 n 个相等的电阻串联和并联,公式就简化为 $R_{串}=n\times R$ 和 $R_{并}=R/n$。

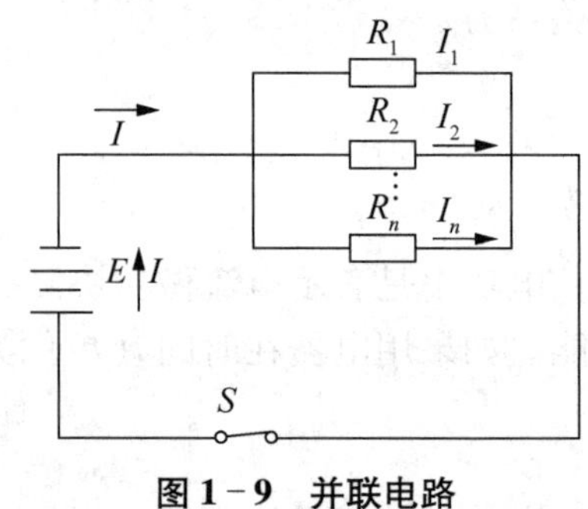

图 1-9 并联电路

5.3 混联连接方式

混联是由串联电路和并联电路组合在一起的特殊电路。混联电路的计算,遵守以下规律:

(1) 串联部分:①$I_{总}=I_1=I_2=I_3=\cdots=I_n$;②$U_{总}=U_1+U_2+U_3+\cdots+U_n$;③$R_{总}=R_1+R_2+R_3+\cdots+R_n$。

(2) 并联部分:①$I_{总}=I_1+I_2+I_3+\cdots+I_n$;②$U_{总}=U_1=U_2=U_3=\cdots=U_n$;③$1/R_{总}=1/R_1+1/R_2+1/R_3+\cdots+1/R_n$。

6 基尔霍夫定律

对于简单电路,只要利用欧姆定律及电阻串并联化简方法就可以分析电路中各物理量之间的关系。但是对于复杂电路,除欧姆定律之外还需要利用基尔霍夫电流定律(又称节点电流定律）和基尔霍夫电压定律（又称回路电压定律），见图 1-10。

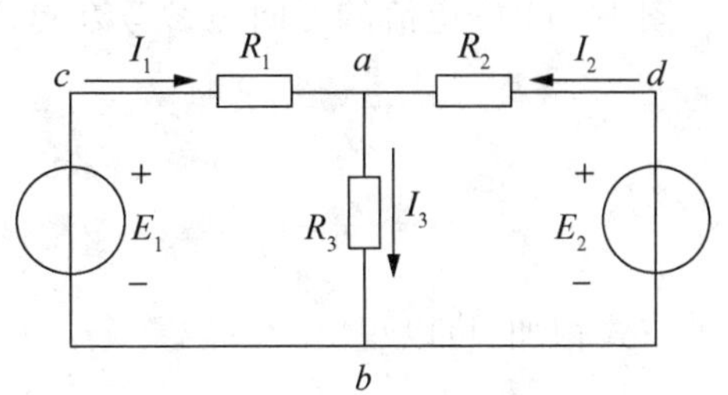

图 1-10 基尔霍夫定律说明示意

（1）节点：电路中 3 个或 3 个以上元件相连接的点称为节点，2 个节点之间的简单电路分支称为支路。图 1-10 中 a 点和 b 点是节点，电阻 R_1 和理想电压源 E_1 串联的电路分支是支路，电阻 R_2 和理想电压源 E_2 串联的电路分支也是支路，R_3 单独是一个支路。

（2）回路：电路中的任一闭合路径称为回路。图 1-10 中共有 3 个回路：$abca$、$adba$ 和 $adbca$。

（3）网孔：在电路图中，如果一个回路所包围的平面内没有支路与此回路相连，则这个回路称为网孔。图 1-10 中 $abca$ 和 $adba$ 2 个回路就是网孔，而回路 $adbca$ 则不是网孔。需要指出，在电路图中一个回路是不是网孔与在画电路图时安置支路的位置有关，若把图 1-10 中的 R_3 支路与 R_2—E_2 支路左右交换位置标出，则回路 $adbca$ 和 $adba$ 会成为网孔。

6.1 基尔霍夫电流定律

基尔霍夫电流定律：对于任一节点，由于电流的连续性，在任一时刻，流入一个节点的电流总和等于从这个节点流出的电流总和。

例如在图 1-10 所示电路中，若 I_1、I_2 和 I_3 的箭头标示的方向是其实际方向，则对于节点 a 可以写出

$$I_1 + I_2 = I_3 (I_1 + I_2 - I_3 = 0) \tag{1-1}$$

即

$$\Sigma I = 0$$

在任一时刻，一个节点上的电流代数和等于零。需要指出，通常在计算电路时，支路中的电流大小可能未知，电流方向也未知，为分析方便，需要给各支路电流标定一个参考方向。例如在图 1-10 所示电路中，若 I_1、I_2 和 I_3 箭头所示是标定的参考方向，则式(1-1)仍然成立。只是要规定：若参考方向指向节点的电流取正号，则参考方向背向节点的电流就取负号；若计算出来的某个支路电流的数值为正，则其实际方向与参考方向相同，否则就相反。

基尔霍夫电流定律可推广应用于电路中任一封闭面，见图 1-11。其中，用虚线围出来的封闭面可以看成是一个广义节点。

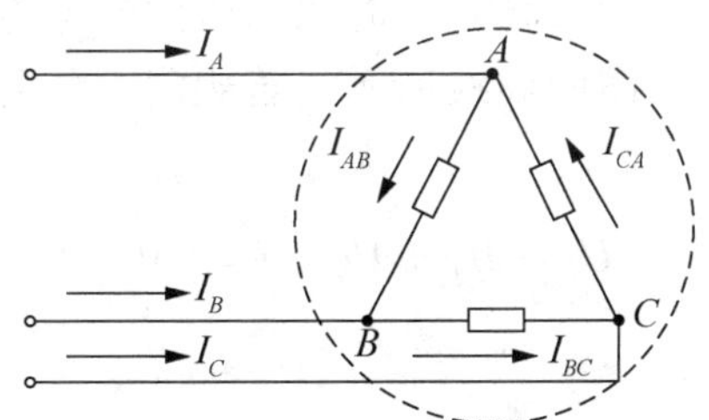

图 1-11 基尔霍夫电流定律推广应用

图 1－11 中电流的方向是参考方向，对 A、B、C 3 个节点应用电流定律可列出

$$I_A = I_{AB} - I_{CA}$$
$$I_B = I_{BC} - I_{AB}$$
$$I_C = I_{CA} - I_{BC}$$

三式相加，可以写出

$$I_A + I_B + I_C = 0$$

即

$$\Sigma I = 0$$

就是说，在任一时刻通过任一闭合面的电流的代数和等于零。

图 1－11 中若 I_A 和 I_B 的方向为实际方向，则 I_C 的实际方向一定与图中所标的方向相反，即 $I_C=I_A+I_B$。

【例 1－4】在图 1－12 中，$I_1=2$ A，$I_2=-3$ A，$I_3=-2$ A，试求 I_4。

解：由基尔霍夫电流定律可列出 $I_1-I_2+I_3-I_4=0$，即 2 A－(－3 A)＋(－2 A)－I_4＝0，可得 $I_4=3$ A。其中，I 前的正负号根据基尔霍夫电流定律并结合电流的参考方向来确定，而括号内数字前的正负号则表示电流本身数值的正负。

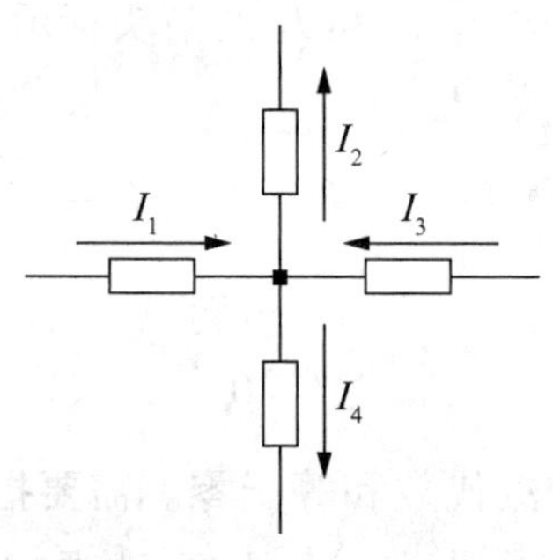

图 1－12　例 1－4 图

6.2　基尔霍夫电压定律

对于任一回路，如果单位正电荷沿此回路绕行一周，其获得的电位能一定等于损失的电位能，即电位能变化量为零，这符合能量守恒原则。基尔霍夫电压定律指出：在任一时刻，沿回路绕行一周，回路中各部分电压的代数和等于零。

例如在图 1－13 所示回路中，电动势、电流和电压的参考方向均已标出，可以任意选取绕行方向，这里取逆时针方向，如图中虚线所示。若规定电位降取正号，则电位升就应取负号，按照绕行方向可以写出

$$U_1 - U_2 + U_4 - U_3 = 0 \qquad (1-2)$$

或

$$\Sigma U = 0$$

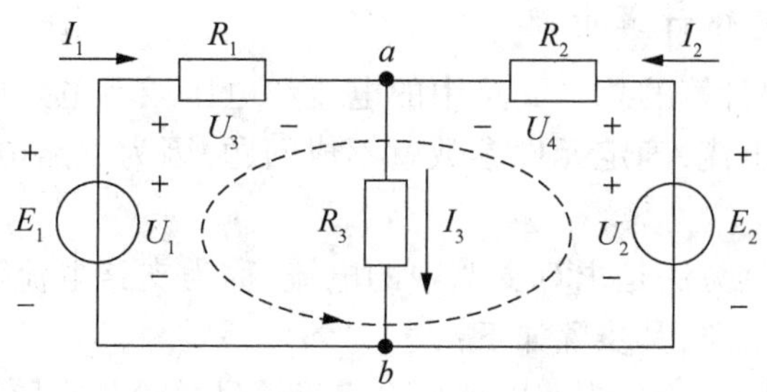

图 1-13　基尔霍夫电压定律示意

当规定电压正方向与绕行方向相同时取正号，否则取负号，式(1-2)也可以运用。实际上 $U_1=E_1$，$U_2=E_2$，$U_3=I_1R_1$，$U_4=I_2R_2$，因此式(1-2)可以写成

$$E_1-E_2+I_2R_2-I_1R_1=0(E_2-E_1=I_2R_2-I_1R_1) \tag{1-3}$$

根据式(1-3)，规定：等式左侧回路中的电动势作用方向(电位升方向)与绕行方向相同时，此电动势取正号，否则取负号；等式右侧电流的方向(或参考方向)与绕行方向相同时，其上的电压降取正号，否则取负号。因此，式(1-3)可概括为

$$\Sigma E=\Sigma IR$$

这就是说，沿回路绕行一周，各电动势的代数和等于各电压降的代数和。

基尔霍夫电压定律可推广应用于电路的一部分。例如在图 1-14 所示电路中，U_{AB}、U_{BC} 和 U_{CA} 是加于此电路的 3 个电压，其中 U_{AN}、U_{BN} 和 U_{CN} 分别是电阻 R_A、R_B 和 R_C 上的电压降。

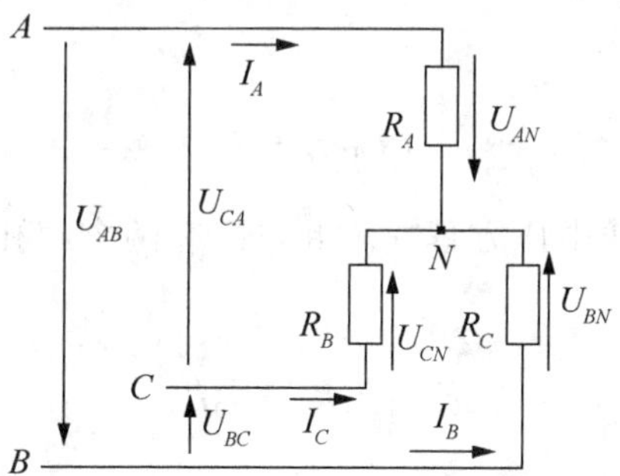

图 1-14　基尔霍夫电压定律推广应用

对于回路 $ANBA$ 可以写出

$$\Sigma U=U_{AN}-U_{BN}-U_{AB}=0$$

即

$$U_{AB}=U_{AN}-U_{BN} \text{ 或 } U_{AB}=I_AR_A-I_BR_B$$

同理可写出

$$U_{BC}=I_BR_B-I_CR_C \text{ 和 } U_{CA}=I_CR_C-I_AR_A$$

6.3 应用基尔霍夫定律计算电路

任何一个电路,需要计算的总是支路中的电流和电压或者电路中的元件参数。实际上只要确定支路的电压和电流,确定元件参数就不成问题,因为支路电流、电压和元件参数的关系符合欧姆定律。

通常计算电路有一种方法是求算支路中的电流,称为支路电流法。支路电流法是直接利用基尔霍夫定律计算电路,其步骤如下:

(1) 在画好的电路图上给各支路电流标上字母符号并给各支路电流标定方向。若电路有 m 个支路,则未知电流就有 m 个,为此就必须列出 m 个独立方程式才能计算出这些未知电流。

(2) 按基尔霍夫电流定律列电流方程式。若电路有 n 个节点,则可以列出 $(n-1)$ 个独立的电流方程式。

(3) 按基尔霍夫电压定律列电压方程式。因为有 m 个未知电流,已经列出 $(n-1)$ 个独立的电流方程式,所以还需列出 $(m-n+1)$ 个独立的电压方程式,对于经常遇到的平面电路(将电路恰当地安排画在平面上,可以不出现支路交叉的电路叫作平面电路),只要选取全部网孔列出电压方程式就正好满足要求。

(4) 解联立方程式,即可求得支路电流。

例如对于图 1-15 的电路,已知 E_1、E_2、R_1、R_2 和 R_3,需计算三个支路的电流。可计算如下:

(1) 首先标上符号 I_1、I_2 和 I_3,并用箭头标定其参考方向。对于 E_1 和 E_2 也标定参考方向。

(2) 列基尔霍夫电流定律电流方程式,此电路有两个节点 a 和 b,只能列出一个独立的电流方程式。

对节点 a 有

$$I_1 + I_2 = I_3$$

(3) 列基尔霍夫电压定律电压方程式。此电路有两个网孔。

对网孔 aR_3bca 有

$$E_1 = I_1R_1 + I_3R_3$$

对网孔 aR_3bda 有

$$E_2 = I_2R_2 + I_3R_3$$

(4) 解联立方程式,可求得各支路电流为

$$I_1 = \frac{E_1}{R_1 + \dfrac{R_2R_3}{R_2 + R_3}} - \frac{E_2}{R_2 + \dfrac{R_1R_3}{R_1 + R_3}} \cdot \frac{R_3}{R_1 + R_3}$$

$$I_2 = \frac{E_2}{R_2 + \dfrac{R_1R_3}{R_1 + R_3}} - \frac{E_1}{R_1 + \dfrac{R_2R_3}{R_2 + R_3}} \cdot \frac{R_3}{R_2 + R_3}$$

$$I_3=\frac{E_1}{R_1+\frac{R_2R_3}{R_2+R_3}}\cdot\frac{R_2}{R_2+R_3}+\frac{E_2}{R_2+\frac{R_1R_3}{R_1+R_3}}\cdot\frac{R_3}{R_1+R_3} \tag{1-4}$$

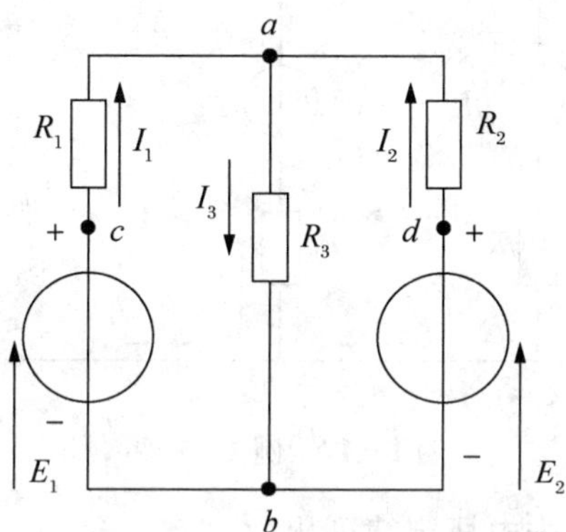

图 1－15　例 1－5 图

【例 1－5】设图 1－15 中，$E_1=220\text{ V}$，$E_2=100\text{ V}$，$R_1=10\ \Omega$，$R_2=5\ \Omega$，$R_3=20\ \Omega$，计算 I_1、I_2 和 I_3。

解：由式(1－4)可计算出：$I_1=10\text{ A}$；$I_2=-4\text{ A}$；$I_3=6\text{ A}$。I_1 和 I_3 的数值为正，说明其实际方向与参考方向相同，而 I_2 的数值为负，说明 I_2 的实际方向与参考方向相反。电流 I_1 的方向与电动势 E_1 的方向相同，所以电源 E_1 是输出电能；而电流 I_2 的方向与电动势 E_2 的方向相反，所以电源 E_2 是吸收电能。

【例 1－6】有一闭合回路如图 1－16 所示，各支路的元件是任意的，但已知：$U_{AB}=5\text{ V}$，$U_{BC}=-4\text{ V}$，$U_{DA}=-3\text{ V}$。试求：(1) U_{CD}；(2) U_{CA}。

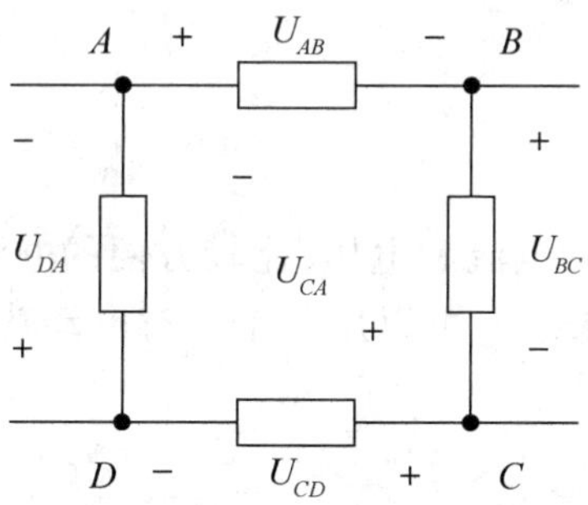

图 1－16　例 1－6 图

解：(1) 由基尔霍夫电压定律可列出

$$U_{AB}+U_{BC}+U_{CD}+U_{DA}=0$$

故 $U_{CD}=2\text{ V}$。

(2) $ABCD$ 不是闭合回路，也可应用基尔霍夫电压定律列出

$$U_{AB}+U_{BC}+U_{CA}=0$$

故 $U_{CA}=-1\text{ V}$。

【**例 1－7**】在如图 1－17 所示电路中，已知 $R_B=20\ \text{k}\Omega$，$R_1=10\ \text{k}\Omega$，$E_B=6\ \text{V}$，$U_S=6\ \text{V}$，$U_{BE}=-0.3\ \text{V}$，试求电流 I_B、I_2 和 I_1。

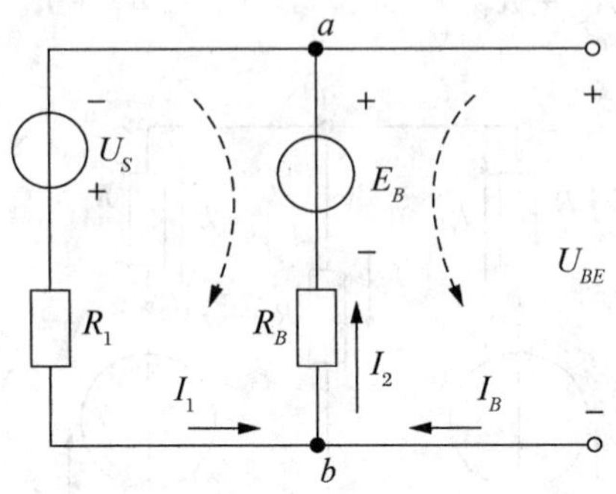

图 1－17　例 1－7 图

解： 对右回路应用基尔霍夫电压定律列出

$$E_B-R_BI_2-U_{BE}=0$$

故 $I_2=0.315\ \text{mA}$。

再对左回路列出

$$E_B-R_BI_2-R_1I_1+U_S=0$$

故 $I_1=0.57\ \text{mA}$。

在节点 b 应用基尔霍夫电流定律列出

$$I_2-I_1-I_B=0$$

故 $I_B=-0.255\ \text{mA}$。

7　戴维宁定理

计算复杂电路中某一支路的电流和电压，比较方便的办法是应用戴维宁定理。戴维宁定理指出，一个线性有源二端网络 N，可以用一个具有电动势 E 和内电阻 R_0 的等效电压源代替，见图 1－18(a)。

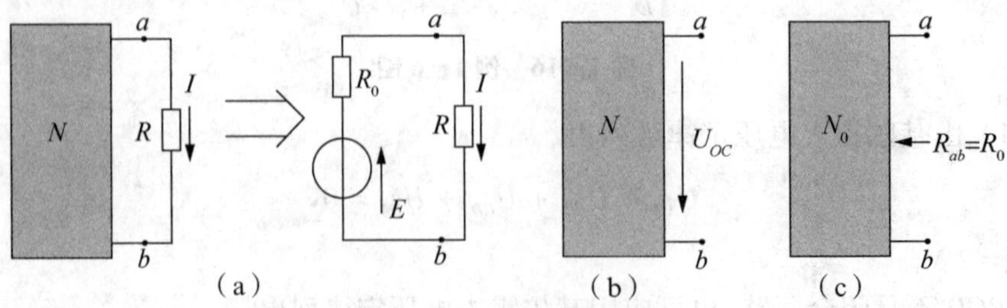

图 1－18　戴维宁定理

电动势 E 等于原有源二端网络的开路电压 U_{OC},见图 1－18(b)。等效电压源的内电阻 R_0 等于除源网络 N_0 的两个输出端 a 和 b 间的等效电阻 R_{ab},见图 1－18(c)。除源网络 N_0 是将原有源二端网络 N 中的所有电动势置为零值后所得到的网络。

以图 1－15 所示的电路为例,应用戴维宁定理来计算 R_3 中的电流 I_3。首先求图 1－15 中相对 R_3 的有源二端网络的开路电压,电路如图 1－19 所示,可以很容易求出

$$I=\frac{E_1-E_2}{R_1+R_2} \tag{1-5}$$

$$U_{OC}=-E_1-\frac{E_1-E_2}{R_1+R_2}\cdot R_1=\frac{-2E_1R_1-E_1R_2+E_2R_1}{R_1+R_2} \tag{1-6}$$

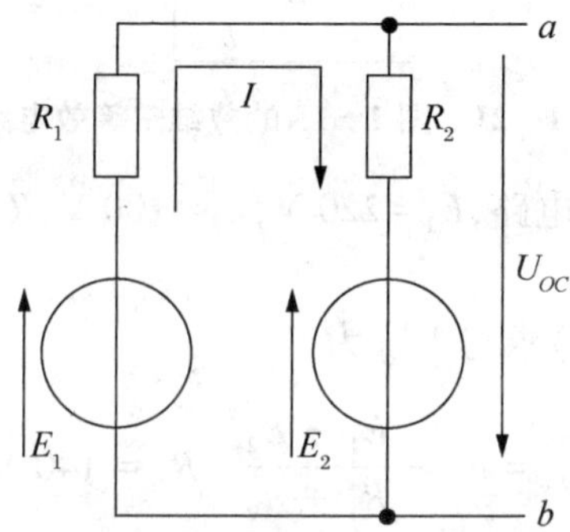

图 1－19　R_3 所在支路的开路电压

然后,将此有源二端网络的电源的电动势置为零而得到如图 1－20 所示的除源网络。可求出 a 和 b 端的等效电阻为

$$R_{ab}=\frac{R_1R_2}{R_1+R_2} \tag{1-7}$$

因此,可以取

$$\begin{cases} E=U_{OC}=\dfrac{-2E_1R_1-E_1R_2+E_2R_1}{R_1+R_2} \\ R_0=R_{ab}=\dfrac{R_1R_2}{R_1+R_2} \end{cases} \tag{1-8}$$

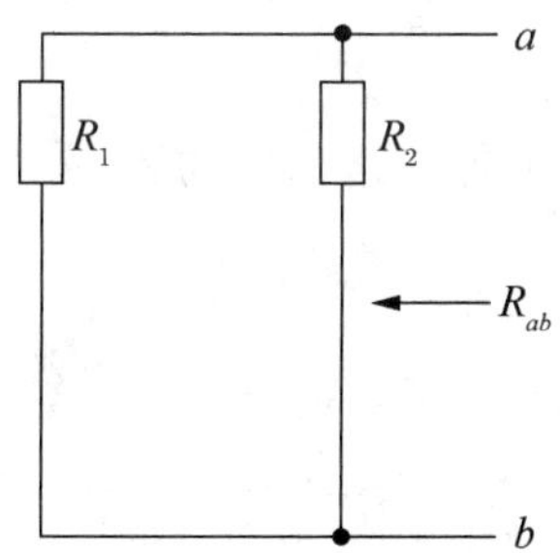

图 1－20　除源网络的等效电阻

最后，得到如图 1－21 所示的等效电源电路。由此电路可求出

$$I_3 = \frac{E}{R_0 + R_3} \tag{1-9}$$

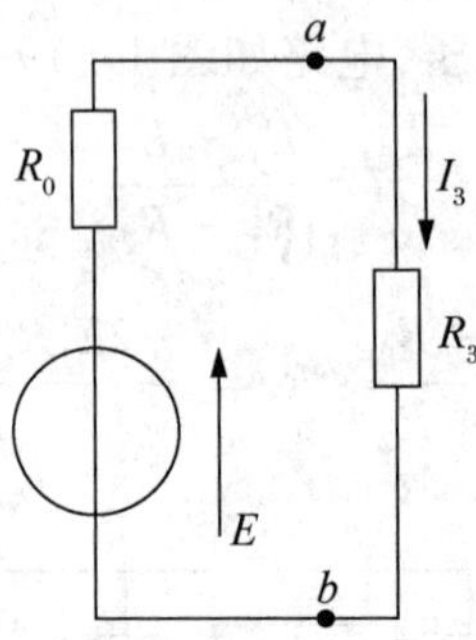

图 1－21　图 1－15 的戴维宁等效电路

【例 1－8】对图 1－15 所示电路，$E_1=220$ V，$E_2=100$ V，$R_1=10\ \Omega$，$R_2=5\ \Omega$，$R_3=20\ \Omega$，试用戴维宁定理求 I_3。

解：按图 1－19 和式(1－6)求得 U_{OC} 为

$$U_{OC} = E_1 - \frac{E_1 - E_2}{R_1 + R_2} \cdot R_1 = 140\ \text{V}$$

按图 1－20 和式(1－7)求得 R_{ab} 为

$$R_{ab} = \frac{R_1 R_2}{R_1 + R_2} = \frac{10}{3}\ \Omega$$

因此，图 1－21 等效电路图中 $E=140$ V，$R_0=\frac{10}{3}\ \Omega$，则 $I_3=6$ A。所得结果与例 1－5 所得结果相同。

习题

【题 1－1】　关于电流，说法正确的是(　　)

A. 电流的单位只有一个安培

B. 串联电路中，电流有时不相同

C. 并联电路中，干路的电流等于各支路电流的和

D. 电路不闭合时也会有电流

【题 1－2】　如图 1－22 所示，电阻 $R_1=1\ \Omega$，$R_2=2\ \Omega$，$R_3=10\ \Omega$，$E_1=6\ \text{V}$，$E_2=2\ \text{V}$。求电阻 R_1 两端的电压 U_1。

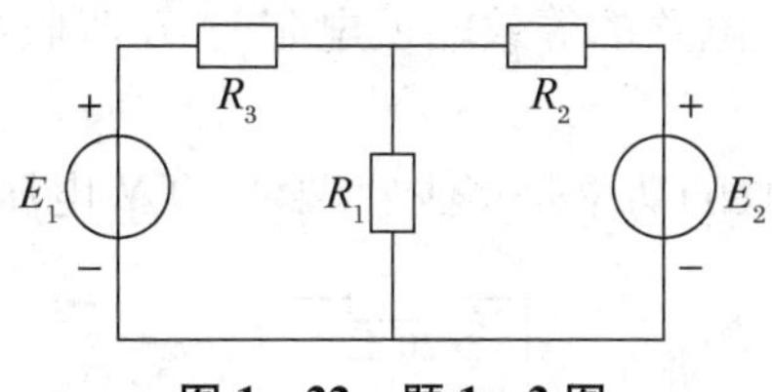

图 1－22　题 1－2 图

【题 1－3】　在图 1－23 电路中，$U_1=24\ \text{V}$，$U_2=6\ \text{V}$，$R_1=12\ \text{k}\Omega$，$R_2=6\ \text{k}\Omega$，$R_3=2\ \text{k}\Omega$。求：

(1) R_1、R_2 及 R_3 消耗的功率；

(2) U_1、U_2 发出的功率。

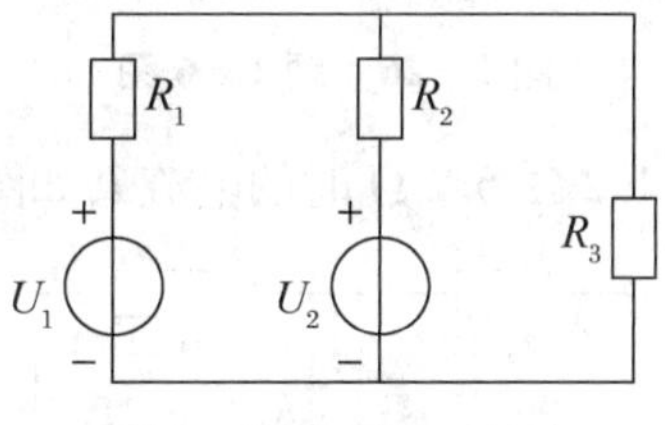

图 1－23　题 1－3 图

【题 1－4】　用支路电流法求解图 1－24 所示电路的电流 i_0，其中 $R_1=R_2=10\ \Omega$，$R_3=4\ \Omega$，$R_4=R_5=8\ \Omega$，$R_6=2\ \Omega$，$E_1=20\ \text{V}$，$E_2=40\ \text{V}$。

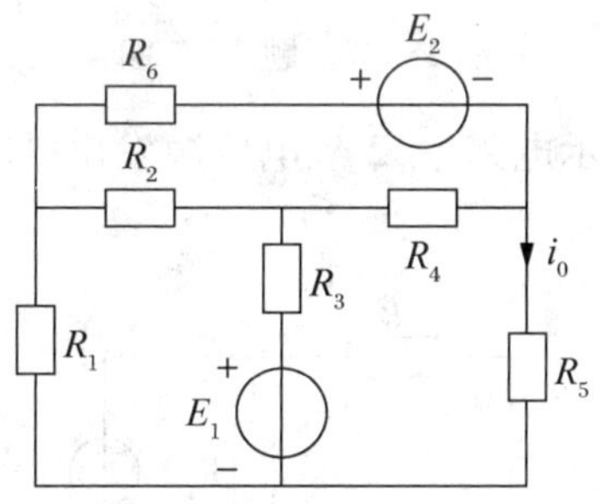

图 1－24　题 1－4 图

【题 1－5】　在图 1－25 电路中，已知 $u_{12}=2\ \text{V}$，$u_{23}=3\ \text{V}$，$u_{25}=5\ \text{V}$，$u_{37}=3\ \text{V}$，$u_{67}=1\ \text{V}$，尽可能多地确定其他各元件的电压。

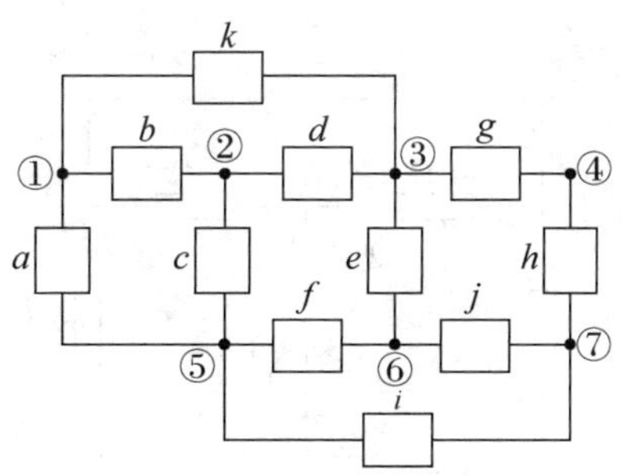

图 1－25　题 1－5 图

【题 1-6】 在图 1-26 所示电路中,试求:

(1) ab 之间电阻 R 两端的戴维宁等效电路;

(2) 当 R 等于戴维宁等效电路的等效输入电阻时,R 吸收的功率是多少?两个 50 V 电压源发出的功率分别为多少?

(3) 当 $R=80\ \Omega$ 时,R 吸收的功率是多少?两个 50 V 电压源发出的功率分别为多少?

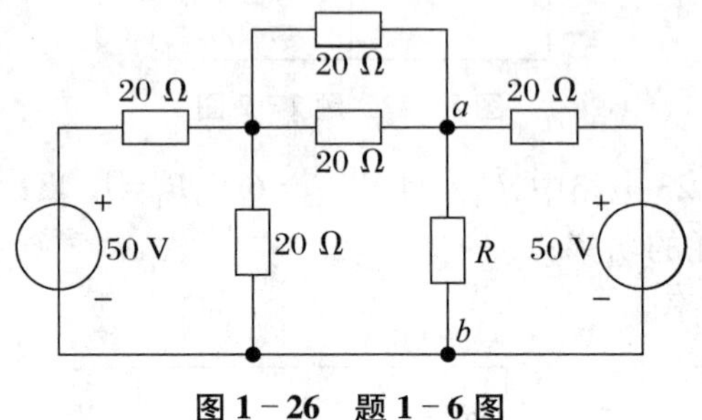

图 1-26 题 1-6 图

【题 1-7】 计算 R_X 分别为 1.2 Ω、5.2 Ω 时的电流 I,如图 1-27 所示。(利用戴维宁定理)

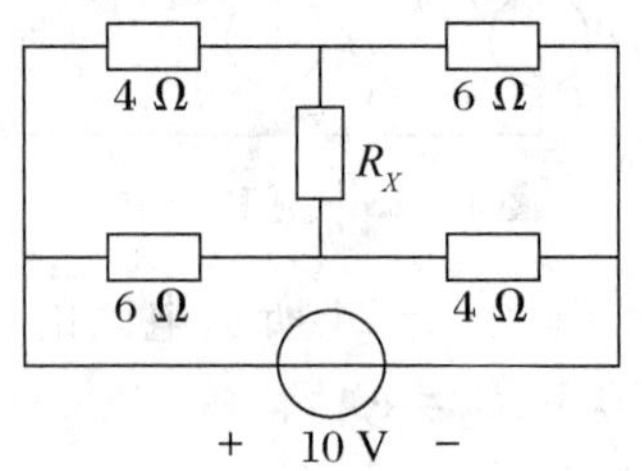

图 1-27 题 1-7 图

【题 1-8】 如图 1-28 所示电路中,2 V 电压源发出的功率为 4 W,求电阻 R 和 1 V 电压源发出的功率是多少?

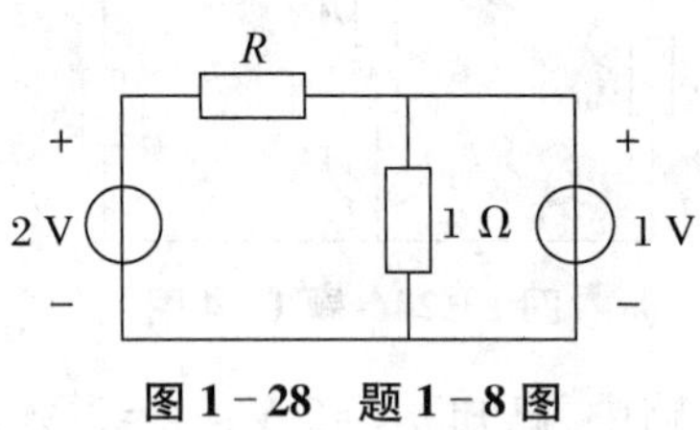

图 1-28 题 1-8 图

【题 1-9】 如图 1-29 所示电路,试求电压 U。

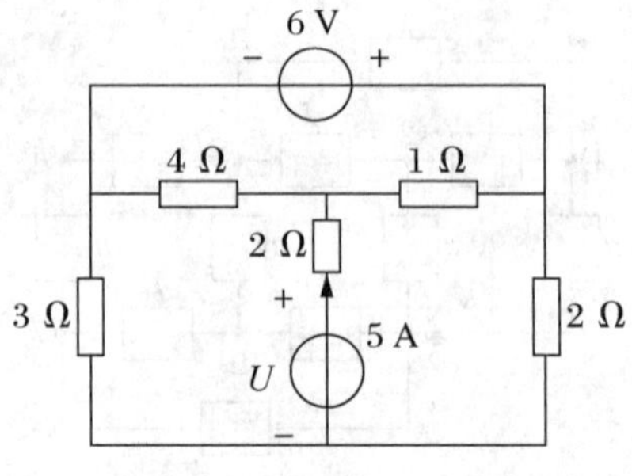

图 1-29 题 1-9 图

【题 1-10】 如图 1-30 所示三相对称电路中，三相交流电源的相电压 $U_{PS}=220$ V，负载电阻为 $R=38\ \Omega$，试求：(1) 负载的相电流 I_{PL}；(2) 电源的相电流 I_{PS}。

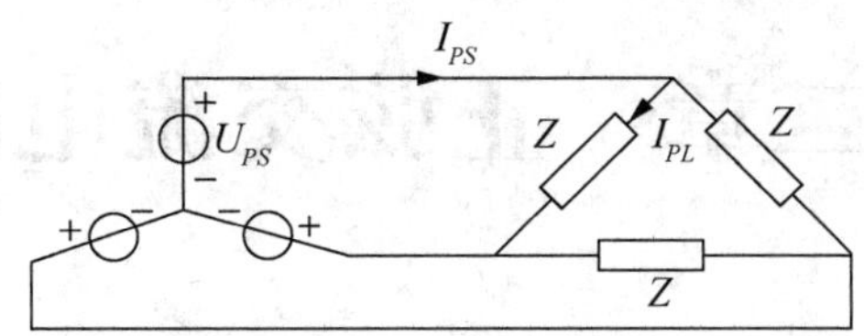

图 1-30　题 1-10 图

第二章　正弦交流电路

大小和方向随时间作周期性变化的电动势、电压和电流分别称为交变电动势、交变电压和交变电流，统称为交流电。在交流电作用下的电路称为交流电路。电工和电子电路中广泛应用交流电压源和电流源，其中以按正弦规律变化的交流电源和信号最基本，应用得也最广泛。

正弦交流电是工业用电的最主要形式，原因是交流电改变电压大小比较方便，而由正弦电源供电的交流用电设备比非正弦交流电源供电时性能好、效率高。

1　正弦交流电的产生

正弦交流电是交流电里最基本、最简单的一种，也是工业用电的最主要形式，因其电源供电的交流用电设备较非正弦交流电源供电时性能好、效率高，所以正弦交流电占有其特殊地位。下面介绍几种主要的正弦交流电的产生方法。

1.1　线框在匀强磁场中匀速转动产生正弦交流电

这是产生正弦交流电的最基本方式，也是感应发电机的原理。线框的转动轴一般跟磁场方向垂直，线框平面跟磁场方向垂直的位置叫中性面。在中性面处磁通量最大，而感应电动势最小为零，最大值 $E_m = nBS\omega$。这一结果只要求转动轴与磁场方向垂直且与线圈在同一平面上即可，不要求转动轴在线圈的特殊位置上，同时这一结果也与线圈的形状无关。其瞬时值的表达式为 $e = E_m \sin \omega t$。

1.2　穿过线框内的磁场成余弦变化产生正弦交流电

如图 2－1 所示，垂直穿过线圈的磁场强弱成余弦变化时，根据麦克斯韦的电磁理论可知，在线圈中会产生正弦交流电，即磁感强度 $B = B_m \cos \omega t$，则线圈中的电流 $i = B_m S \sin \omega t$（S 为线圈的面积）。这样形成的电流叫涡旋电流，在变压器的铁芯中就存在着涡流，为防止因此而产生的损耗，变压器的铁芯由一片一片的硅钢片做成。电磁炉就是利用这一原理制成的。

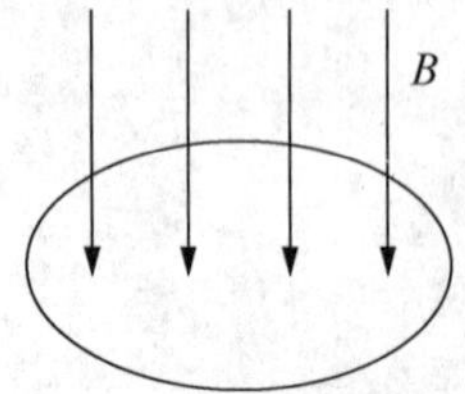

图 2－1　垂直穿过线圈的磁场

1.3 导体棒匀速切割有界磁场时产生正弦交流电

【例 2－1】如图 2－2 所示，一个被 x 轴与曲线 $y=0.2\sin\frac{10\pi x}{3}$ 所围的空间中存在着匀强磁场。磁场方向垂直纸面向里，磁感强度 $B=0.2$ T。正方形金属线框边长是 $L=0.40$ m，电阻 $R=0.1\ \Omega$，其一边与 x 轴重合，在拉力 F 的作用下，线框以 $v=10$ m/s 的速度水平向右匀速运动。试求：(1) 拉力 F 的最大功率是多少？(2) 拉力 F 要做多少功才能把线框拉过磁场区？

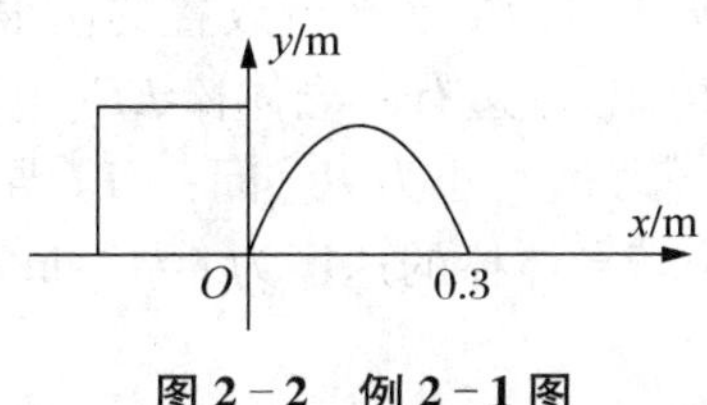

图 2－2 例 2－1 图

分析：导体切割有边界的磁场时，其有效长度 L 往往会发生变化，所产生的电流也会随之发生变化。特别在这一题中，边界为正弦曲线，所产生的电流即为正弦交流电。在解决本题第(2) 问，必须知道在线框被拉过磁场区域时，线框中产生的电流为正弦交流电的半波，因此其有效值为 $By_mv/\sqrt{2}$。

1.4 互感产生正弦交流电

这种方式就是变压器的原理，实际上就是一个电生磁、磁生电的过程，即互感现象，如图 2－3 所示。

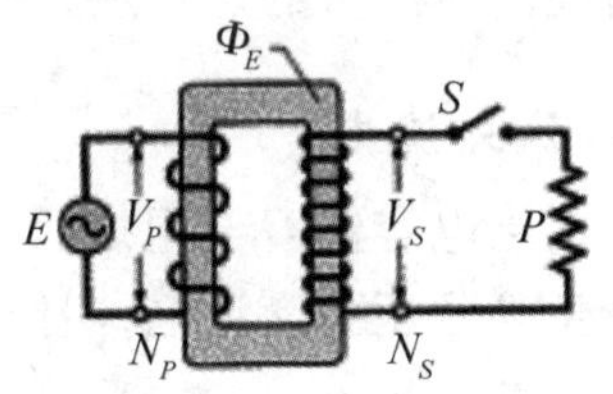

图 2－3 变压器原理

1.5 滑动变阻器上的滑片做简谐运动时产生正弦交流电

【例 2－2】在图 2－4 所示电路中，滑动变阻器是由均匀电阻绕成的，d 是它的中点，电源电动势 $E=3$ V，内阻忽略不计。问：(1) 若要在 A、B 间得到一正弦交流电压，滑动触头 P 如何滑动？(2) 当 A、B 间得到正弦交流电压时，其电压有效值最大可能是多少？

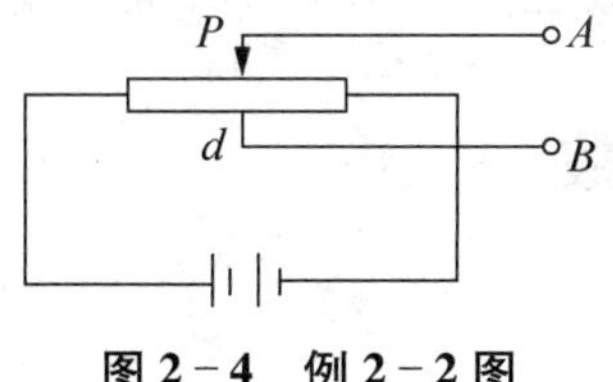

图 2－4 例 2－2 图

分析：AB 两点间的电压就是 Pd 间的电压。设滑线变阻器的总长为 L，Pd 间长度为 x。由串联电路的特点可知，$U_{AB}=\frac{x}{L}E$，而 E 和 L 是定值，故欲使 AB 间的电压为正弦电压，必须使 x 随时间 t 成正弦变化。因此，P 应做简谐运动，即 $x=X_M\sin\omega t$。振幅 X_M 越大其最大值越大，当振幅 X_M 取最大时其有效值为最大，因此有效值最大为$\frac{1.5}{\sqrt{2}}$ V。

1.6 导体棒做简谐运动而切割磁感线时产生正弦交流电

【例 2－3】如图 2－5 所示，PQ 和 MN 是平行放置的两根金属导轨（电阻忽略不计），其间距为 L，右边接一阻值为 R 的电阻；左边有一导体棒 EF（电阻忽略不计）垂直放在导轨上。匀强磁场垂直导轨平面向下，磁感强度大小为 B。问：（1）导体棒在导轨上做何运动可以在电阻 R 上得到正弦交流电？（2）若导体棒的速度为 $v=V_m\sin\omega t$，则电阻 R 在 $2\pi/\omega$ 时间内产生的焦耳热是多少？

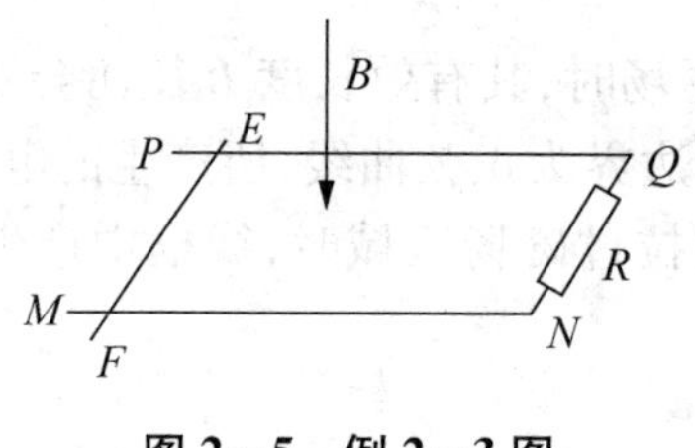

图 2－5　例 2－3 图

分析：欲使电阻上得到正弦交流电，导体棒就应做简谐运动。正弦交流电的电压有效值为 $BLV_m/\sqrt{2}$，电阻 R 在 $2\pi/\omega$ 时间内所产生的焦耳热为$\frac{\pi B^2L^2V_m^2}{\omega R}$。

1.7 LC 振荡电路产生高频正弦交流电

在 LC 振荡电路中（如图 2－6），当电容器 C 充电之后，在电感 L 的自感和电容 C 反复充放电的共同作用下，电路中就会产生高频正弦交流电，叫作振荡电流。

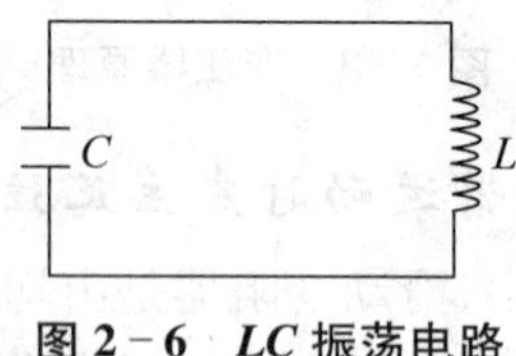

图 2－6　LC 振荡电路

除以上几种方式之外，对压电材料施加周期性变化的作用力，压电材料由于其压电特性也会产生正弦交流电。压电材料现已广泛用于各种电气设备中。

2 正弦交流电的基本参数

2.1 正弦量的三要素

正弦交流电的特点是，它的大小随时间按正弦规律改变，如图 2－7 所示。

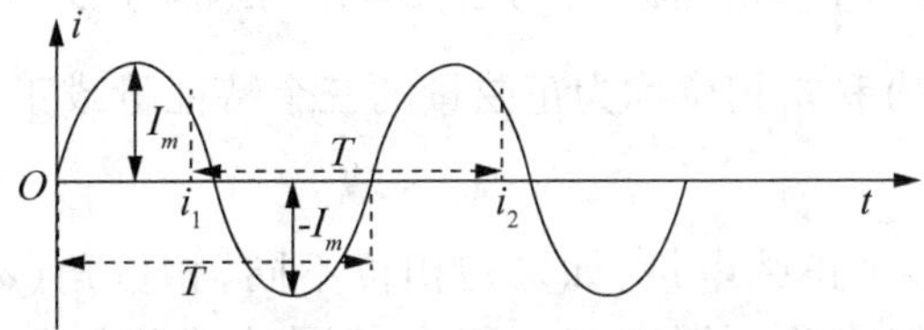

图 2-7　正弦交流电的波形图

每秒钟变化的次数称为频率,用字母“f”表示,单位是赫兹(Hz)。周期(T)与频率的关系为

$$f=\frac{1}{T},T=\frac{1}{f}$$

正弦交流电变化一周,在交流发电机中,磁力线和导线相对运动方向的夹角变化 2π 弧度。每秒变化的角度称之为角频率,用 ω 表示。在一对磁极的发电机中,角频率即等于线圈旋转的角速度 ω。角频率与周期、频率的关系为

$$\omega=\frac{2\pi}{T}=2\pi f \tag{2-1}$$

对于图 2-7 所示的波形图也可以用数学式描述,即正弦电流 i 的瞬时值方程式为

$$i(t)=I_m\sin(\omega t+\varphi) \tag{2-2}$$

由式(2-2)可以看出,一个正弦电流(或电压)随时间变化的全貌可以由以下 3 个特征量确定:

(1) 最大值 I_m。I_m 反映正弦量变化的幅度(或称峰值)。

(2) 角频率 ω。ω 反映正弦量变化的快慢,ω 与频率 f 之间的关系为

$$\omega=2\pi f \tag{2-3}$$

频率越高,角频率也就越大。一般工业用电的频率(称工频)f=50 Hz,ω=314 rad/s。

(3) 初相位 φ。$(\omega t+\varphi)$称为正弦量的相位或正弦量的相位角。$t=0$ 时的相位角为 φ,称为初相角或初相位,简称初相。初相角 φ 用弧度或角度为单位,初相位 φ 决定所讨论的正弦电流在计时起点,即 $t=0$ 时,正弦量数值的大小及将要发生的变化趋势。

正弦电量的初相位 φ 的大小与选定的计时起点有关,如图 2-8 所示。当计时起点选在 A 处时,电流的初相位 $\varphi=0$;若计时起点选在 B 处,初相位 φ 为 90°或 $\pi/2$。

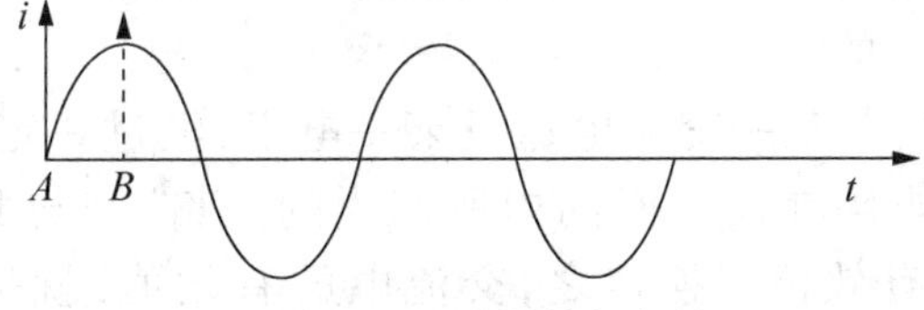

图 2-8　正弦量的初相位

正弦电量,在其最大值、频率(或角频率)和初相位确定后,该正弦电量随时间变化的全貌就可以由数学表达式表达为

$$u = U_m \sin(\omega t + \varphi_u) \text{ 或 } i = I_m \sin(\omega t + \varphi_i)$$

最大值、频率(角频率)和初相位称为正弦量的三个特征量或正弦波三要素。

2.2 相位差

频率相同的两个或多个正弦电量,如果初相位不同,相位角($\omega t+\varphi$)亦不同,相位角之间存在着一个差值称为相位差。例如两个频率相同的正弦量($u_1 = U_{m1}\sin(\omega t+\varphi_1)$,$u_2 = U_{m2}\sin(\omega t+\varphi_2)$),$u_1$ 与 u_2 的相位差有下述三种情况。

(1) $0°<\varphi=\varphi_1-\varphi_2<180°$,称为 u_1 超前 u_2,或 u_2 滞后 u_1,即 u_1 的最大值比 u_2 的最大值先出现,如图 2-9(a)所示。

(2) $\varphi=\varphi_1-\varphi_2=0$ 即 $\varphi_1=\varphi_2$,称为同相,这种情况下两个正弦量同增、同减,变化一致,如图 2-9(b)所示。

(3) $\varphi=\varphi_1-\varphi_2=\pm180°$,称 φ_1 和 φ_2 互为反相,如图 2-9(c)所示。

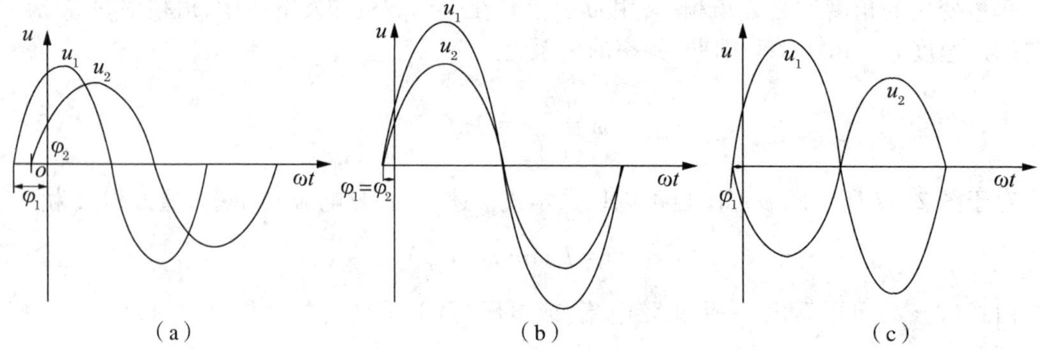

图 2-9 u_1 与 u_2 的相位差波形

相位差是描述正弦量相位互相关系的重要标志。当多个同频正弦量同存于一个电路时,可以任选其中一个正弦量作为参考正弦量,令这个正弦量的初相位为零,这时在这一电路中其他正弦量的初相位也就被确定,不能再任意地给出。

讨论相位差问题时应当注意,只有同频正弦量才能对相位进行比较,不同频率的正弦量无法确定领先、落后的关系,因此不能进行相位的比较。

2.3 有效值

交流电的大小随时间变化,为能反映出不同波形的交流电在电路中的效果(如做功能力、发热的效果等),在比较其大小时使用有效值。有效值是以交流电在一个或多个周期的平均效果作为衡量的指标,由于在电工技术中电流常表现为热效应,所以有效值是从电流的热效应来规定的。

交流电的有效值是指若某一交流电通过某一电阻,经过一定的时间所产生的热量,等于某一直流通过同一电阻在同一时间内所产生的热量,则与此交流电相当的直流电的数值叫作该交流电的有效值。换言之,交流电的有效值,就是与其热效应相当的直流值。

按照通常规定,有效值用大写字母表示,如电动势、电流和电压的有效值分别用 E、U、I 表示。实验证明,对正弦交流电来说,其有效值的关系为

$$\begin{cases} E = \dfrac{E_m}{\sqrt{2}} = 0.707E_m \\ U = \dfrac{U_m}{\sqrt{2}} = 0.707U_m \\ I = \dfrac{I_m}{\sqrt{2}} = 0.707I_m \end{cases} \tag{2-4}$$

在交流电路中用电压表、电流表测量出来的电压、电流值，一般均是有效值。在交流电路中使用的电器设备，其额定电压、电流大多也是指有效值。例如：用电流表测量正弦电路，电流表读数为 20 A，可知该电流的最大值为 $I_m = 20\ \text{A}\times\sqrt{2} = 28.3\ \text{A}$；电压表读数为 220 V 的正弦电压，其最大值为 $U_m = 220\ \text{V}\times\sqrt{2} = 311\ \text{V}$。

正弦交流电的最大值是有效值的$\sqrt{2}$倍，这个概念在电工、电子元器件的使用与选择上很有用，因为像电容器、晶体管等元器件使用时有个使用电压限（耐压值）的问题，超过此值就可能损坏设备或器件。这些元器件在交流电路中使用时，其耐压值应当按交流电压的最大值进行考虑。

【例 2-4】接在有效值为 380 V 电源上的电容器，耐压值应不低于多少伏。现有耐压值分别为 400 V、500 V、600 V 的三个电容器（电容量相同），应当使用哪一个。

解：有效值为 380 V 的正弦电压，最大值为 $U_m = 380\ \text{V}\times\sqrt{2} = 536.6\ \text{V}$，所以应选用耐压 600 V 的电容器。

3　正弦交流电的旋转矢量表示法

用波形图或三角函数式表示正弦电压、电流比较直观，但进行运算并不方便，因为一般情况下电路中的电压、电流之间具有相位差，如电流 $i_1 = I_{m1}\sin(\omega t+\varphi_1)$ 和 $i_2 = I_{m2}\sin(\omega t+\varphi_2)$ 作求和运算，则总电流为

$$i = i_1 + i_2 = I_{m1}\sin(\omega t + \varphi_1) + I_{m2}\sin(\omega t + \varphi_2) \tag{2-5}$$

电流 i_1、i_2 频率相同但初相位不同，所以要求出总电流 i 的最大值 I_m，初相位 φ 需要通过三角函数式运算才能求出，很不方便。正弦交流电，除前面提到使用一个数学式或波形图表示其变化规律外，还可用一个旋转矢量来表示。

任一正弦电压、电流，在计时起点后任意时刻的数值（称为瞬时值），可以用一个 XY 平面内随时间而旋转的矢量在 Y 轴上的投影高度表示。该旋转矢量的起始位置画在与横轴夹角等于该正弦量的初相角 φ 处，旋转矢量的长度等于该正弦电压（电流）的最大值，旋转矢量以等角速度 ω 逆时针方向绕原点旋转，这样该旋转矢量在不同时刻在纵轴上的投影高度就是所示正弦电压（电流）在同一时刻的数值。例如 $i = I_m\sin(\omega t+\varphi)$，表示电流 i 的旋转矢量如图 2-10 所示。

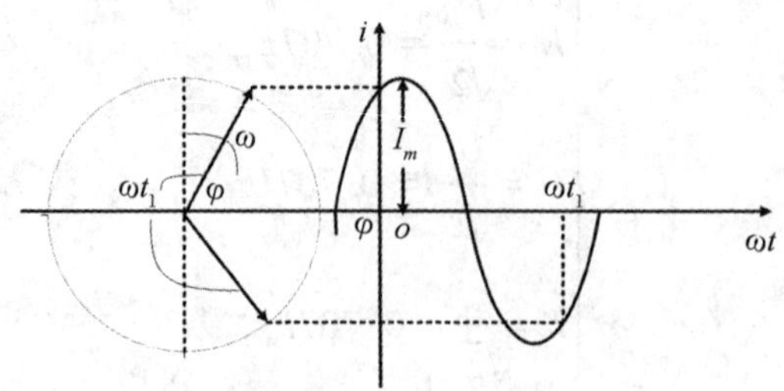

图 2-10　电流的旋转矢量

正弦电压 u、正弦电流 i 用旋转矢量表示之后，对正弦电压、电流的分析可以用与之相对应的旋转矢量进行。例如，已知电压 $u_1=U_{m1}\sin(\omega t+\varphi_1)$ 和电压 $u_2=U_{m2}\sin(\omega t+\varphi_2)$，求电压 $u=u_1+u_2$ 时，可以通过给出的电压 u_1 和 u_2 作出与它们对应的旋转矢量，在某一时刻电压 u 的数值就是同一时刻表示 u_1 和 u_2 这两个电压的旋转矢量在纵轴上投影高度之和，如图 2-11 所示。

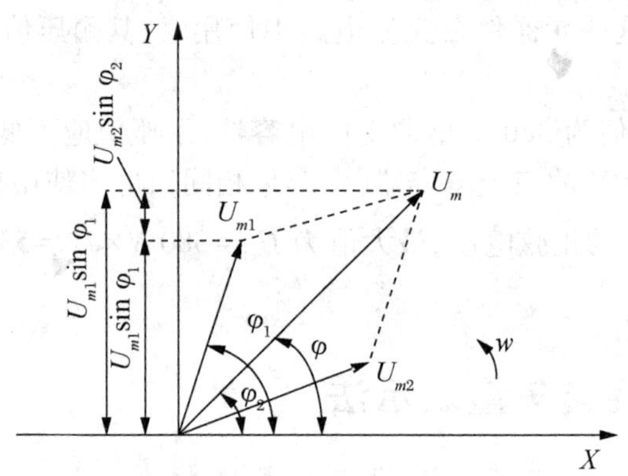

图 2-11　旋转矢量之和的投影

由图 2-11 可以看出，因为电压 u_1 和 u_2 频率相同，电压 $u=u_1+u_2$ 的频率应当与 u_1 和 u_2 相同。由于频率相同，在矢量旋转时，其相对位置不会改变。因此，与电压 u 所对应的旋转矢量可以由 u_1 与 u_2 对应的矢量构成的平行四边形对角线求出，即以电压 u_1 和 u_2 对应的旋转矢量为邻边作平行四边形，这个四边形对角线的长度就是电压 u 的最大值，在 $t=0$ 时刻，对角线与横轴之间的夹角就是电压 u 的初相角 φ。

应用旋转矢量分析正弦电压、电流问题时，对于同频正弦量而言，旋转矢量之间的相对位置保持不变。因此，为简便起见，可以将这些矢量视为不旋转的矢量，即只将这些矢量在 $t=0$ 时刻的位置画出即可，按 $t=0$ 时刻位置作平行四边形，这样做不会影响分析的结果。

4　单相正弦交流电路

在电路中只具有单一的交流电压，在电路中产生的电流、电压都以一定的频率随时间变化。例如在单个线圈的发电机中（即只有一个线圈在磁场中转动），在线圈中只产生一个交变电动势，即

$$e = E_m \sin(\omega t + \varphi_0) \tag{2-6}$$

式中：e 为顺势电动势；E_m 为最大电动势；ω 是随时间变化的角频率；φ_0 是初相位。这样的交流电便是单相交流电。同样的，$i=I_m\sin(\omega t+\varphi_0)$，$u=U_m\sin(\omega t+\varphi_0)$。

单相正弦交流电的产生原理如图 2－12 所示，包括一台最简单的发电机。其有一对磁极 N、S，有一组 n 匝线圈，两个滑环和两个电刷，线圈两端分别接到两个滑环上，滑环固定在转轴上与转轴绝缘。每一个滑环放置一个静止的电刷，利用滑环与电刷的滑动接触，将线圈和负载连接。图 2－12(a)所示为线圈固定、磁极旋转的发电机。当原动机带动磁极旋转时，线圈不断地切割磁力线产生感应电动势，由于外接负载形成闭合回路，就有电流流通。电流的大小与线圈在磁场中的位置有关，当线圈与磁极平行时，不切割磁力线，因此不产生电流。如果线圈与磁场垂直，则线圈切割磁力线最多，电流就最大，再由最大到零；再旋转则切割磁力线方向开始改变，电流方向也开始转变；故此不断地循环旋转，就产生了大小和方向不断变化的交流电。因为只有一组线圈，所以只产生一相交流电，故称为单向交流电。

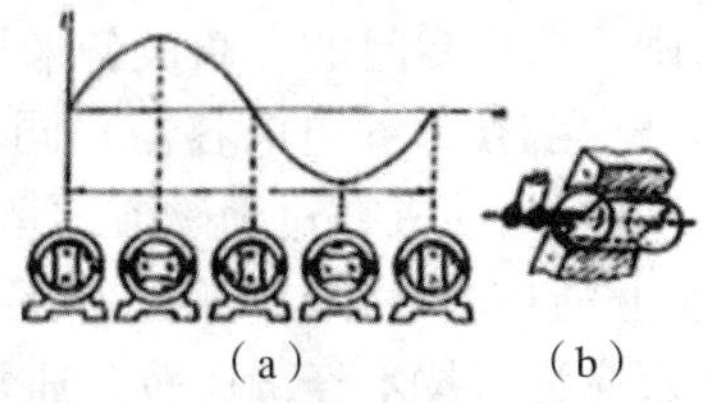

(a)　　(b)

图 2－12　单相交流电产生原理

5　单相正弦交流电路的功率因数

在交流电路中，电压与电流之间的相位差(φ)的余弦叫作功率因数，用符号 $\cos\varphi$ 表示，在数值上，功率因数是有功功率和视在功率的比值，即 $\cos\varphi=P/S$。功率因数的大小与电路的负荷性质有关，如白炽灯泡、电阻炉等电阻负荷的功率因数为 1，一般具有电感性负载的电路功率因数都小于 1。功率因数是电力系统的一个重要的技术数据。功率因数是衡量电气设备效率高低的一个系数。功率因数低，说明电路用于交变磁场转换的无功功率大，从而降低设备的利用率，增加线路供电损失。

功率因数低的根本原因是电感性负载的存在。例如，生产中最常见的交流异步电动机在额定负载时的功率因数一般为 0.7～0.9，若在轻载则其功率因数就更低。其他设备如工频炉、电焊变压器以及日光灯等，负载的功率因数也都是较低的。从功率三角形及其相互关系式中不难看出，在视在功率不变的情况下，功率因数越低(φ 角越大)，有功功率就越小，同时无功功率却越大。这就使供电设备的容量不能得到充分利用，例如：容量为 1 000 kVA 的变压器，如果 $\cos\varphi=1$，即能送出 1 000 kW 的有功功率；而在 $\cos\varphi=0.7$ 时，则只能送出 700 kW 的有功功率。功率因数低不但降低供电设备的有效输出，而且加大供电设备及线路中的损耗，因此必须采取并联电容器等补偿无功功率的措施，以提高功率因数。

功率因数既然表示总功率中有功功率所占的比例，显然在任何情况下功率因数都不可能大于 1。由功率三角形可见，当 $\varphi=0°$ 即交流电路中电压与电流同相位时，有功功率等于视在功率。这时 $\cos\varphi$ 的值最大，即 $\cos\varphi=1$，当电路中只有纯阻性负载，或电路中感抗与容抗相等时，才会出现这种情况。感性电路中电流的相位总滞后于电压，即 $0°<\varphi<90°$，此时称电路中有“滞后”的 $\cos\varphi$；而容性电路中电流的相位总超前于电压，即 $-90°<\varphi<0°$，称电路中有“超前”的 $\cos\varphi$。

采用供应无功功率的设备来补偿用电设备所需的无功功率,以提高其功率因数的措施,称为提高功率因数的补偿方法。采用补偿法来提高功率因数,必须增加新设备以及有色与黑色金属的需用量,而且补偿设备本身也有功率损失,所以从整体来看,应首先采用提高用电设备自然功率因数的方法。但当功率因数还达不到《电力设计技术规范》所要求的数值时,则需采用专门的补偿设备来提高功率因数。应用人工补偿无功功率的方法通常有采用移相电容器(即静电电容器)、同步电动机和同步调相机等3种方法。

同步电动机在过励磁方式运行(0.8~0.9超前)时,就向电力系统输送无功功率,提高工业企业的功率因数。一般在满足工艺条件下,采用或不采用同步电动机来提高企业的功率因数,应进行技术经济比较。通常对低速、恒速且长期连续工作的容量较大的电动机,宜采用同步电动机组,如轧钢的电动机组、球磨机、空压机、鼓风机、水泵等设备。这些设备采用同步电动机为原动机时,其容量一般在250 kW以上,环境与启动条件均能满足同步电动机的要求,而且停歇时间较少,因此对改善功率因数能起很大作用。但是同步电动机结构复杂,并且附有一套启动控制设备,维护工作量大,价格较异步电动机贵,而且目前高压移相电容器价格普遍降低,这就相应地提高了“异步电动机加移相电容器的补偿方案”的优越性。移相电容器由于具有功率损耗小、运行维修方便、短路电流小等优点而在工业企业中被广泛用作人工补偿装置。

综上所述,提高功率因数必然对国家的能源利用、企业的经济效益起到促进作用,是保证电力系统电能质量、电压质量、降低网络损耗以及安全运行所不可缺少的条件,应根据不同情况采取相应措施来提高功率因数、降低无功损耗,从而提高经济效益。

6　三相正弦交流电路

工业和民用的电能几乎都由三相电源供给,上一节讨论的单相交流电通常也由三相电源的一相提供。三相供电之所以普遍使用,是因为三相供电与单相供电相比有以下一些优点:①输电电压等级相同,输电距离、输送功率和输电线路损耗功率相等的情况下,三相输电线路导线材料的用量仅为单相输电线路导线材料用量的3/4,换句话说,三相输电比单相输电经济;②工业用电的主要设备之一是交流电动机,三相交流电动机的特性比单相交流电动机好、效率高,这也是工业上普遍使用三相供电的原因之一。

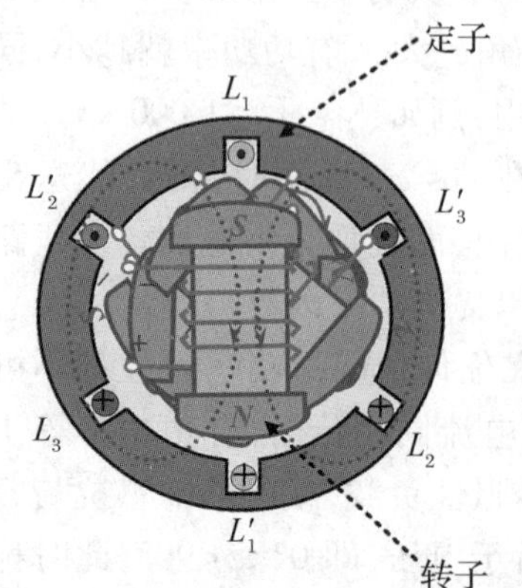

图2-13　三相交流发电机示意

工业、农业和生活用三相交流电大多是由三相交流发电机产生的,图2-13是三相交流发电机示意。

3个完全相同的线圈放置在发电机定子凹槽内,3个绕组在空间上的位置互差120°。转子绕组通入直流励磁电流 I 后,产生磁场并使磁通沿转子表面按正弦规律分布,当转子由其他动力机械拖动并以恒定转速运转时,就会使定子凹槽内放置的三个绕组中产生按正弦规律变化的感应电动势。在这3个绕组,即 $A-X$、$B-Y$ 和 $C-Z$ 间产生大小、频率相同但相位依次相差120°的电动势 e_A、e_B 和 e_C。如以 A 相为参考,则可得出

$$\begin{cases} e_A = E_m\sin\omega t \\ e_B = E_m\sin(\omega t - 120^\circ) \\ e_C = E_m\sin(\omega t + 120^\circ) \end{cases} \tag{2-7}$$

用矢量和正弦波形来表示三相交流电，则如图 2－14 所示。三相交流电出现正幅值（或相应零值）的顺序称为相序。在图 2－14 中，相序是 $A \to B \to C$。不难看出，三相电动势的瞬时值之和为零，即

$$e_A + e_B + e_C = 0 \tag{2-8}$$

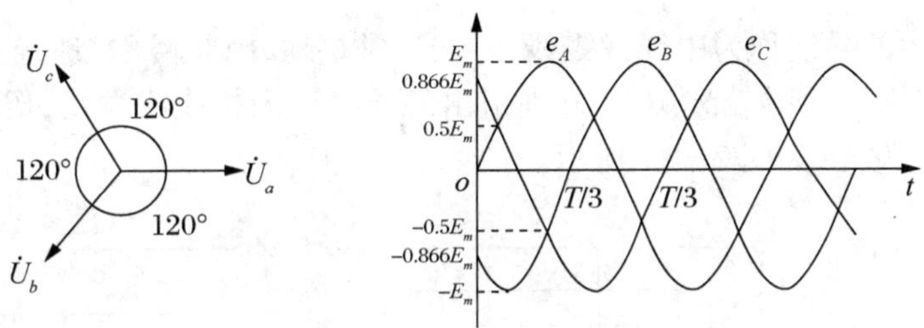

图 2－14　三相交流电的矢量和波形

三相交流发电机的每一相线圈都可作为一个独立的电源，各用一对导线从每相线圈的头尾两端来接通它的负载，如图 2－15 所示。这样三相电路之间彼此没有联系，且必须用三对导线输电，在实际使用时很不经济。实用上都把三相线圈彼此间适当连接，通常有两种连接方法：一种称为星形连接（或 Y 形连接），另一种称为三角形连接（或△连接）。

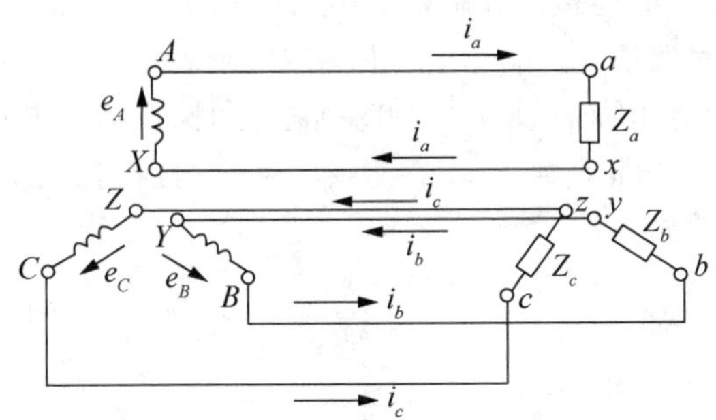

图 2－15　每相电路接通负载示意

6.1　星形（Y 形）连接

把发电机的三相绕组的末端 X、Y、Z 连在一起，成为一公共点 O，此点即称为中点（或中性点）。同时把三个负载的一端也连在一起，成为 O' 点。由此可见，O、O' 之间的三根导线很自然地可以合而为一。这样就把互不连接的三个单相电路，连成如图 2－16 所示的星形连接的三相电路。显然，省去两根导线，但对负载的工作却毫无影响，因为这时各相负载所承受的电压仍同图 2－15 中的一样。

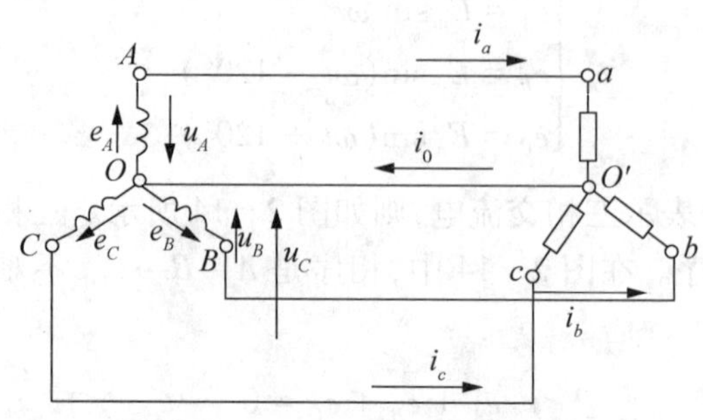

图 2－16　三相电路的星形连接

从中点 O 引出的导线称为中线或零线，零线通常接地，因此俗称“地线”，它不能使验电笔的氖气管发光。从三个始端 A、B、C 分别引出的导线称为相线或端线，俗称“火线”，它能使验电笔的氖气管发光，如图 2－17 所示。

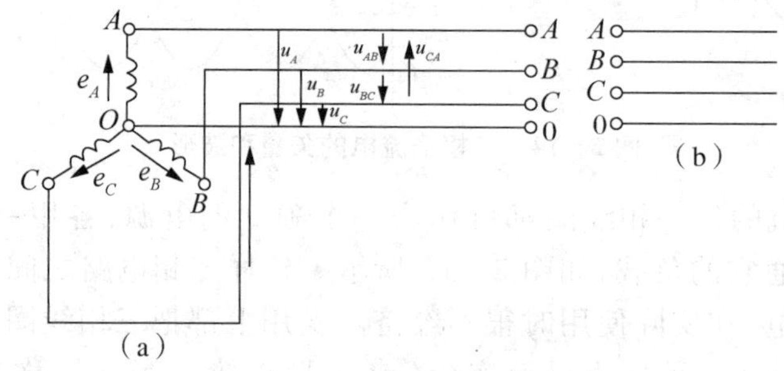

图 2－17　地线和火线示意

三相发电机的绕组作星形连接时，端线与中线之间的电压，即各相绕组的始端与末端之间的电压称为相电压，其有效值 U_A、U_B、U_C 一般用 $U_{相}$ 来表示。

发电机三相绕组内的电压降一般较小，如果略去不计，则各个相电压就可以看作与各该相绕组内的感应电动势相等，即 $U_A = E_A$、$U_B = E_B$、$U_C = E_C$，且在相位上互差 120°，其矢量图如图 2－18 所示。

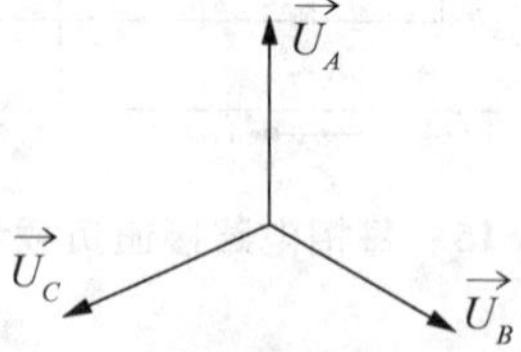

图 2－18　三相交流电源各相的矢量图

规定相电压的正方向是从中线指向端线。由于三相绕组的末端已连接在一起，所以端线与端线之间也存在着电压，此电压称为线电压。线电压的有效值 U_{AB}、U_{BC}、U_{CA} 一般用 $U_{线}$ 来表示。线电压的正方向系由注脚字母的先后次序来标明。例如，A、B 两端线间的电压的正方向是由 A 线指向 B 线，用 U_{AB} 表示，否则将在相位上相差 180°。

任意两根端线之间之所以存在有线电压，是两个有关的相电压共同作用的结果，所以线电压和相电压虽不相同但有联系。在图 2－18 中，A、B 两点间电压的瞬时值等于 A 相电压

与 B 相电压之差,即

$$u_{AB}=u_A-u_B$$

同理可得 $u_{BC}=u_B-u_C$,$u_{CA}=u_C-u_A$。

线电压的瞬时值等于有关的两个相电压的瞬时值之差。由此可见,三个线电压的有效值分别等于有关的两个相电压有效值的矢量差,即

$$\begin{cases}\vec{U}_{AB}=\vec{U}_A-\vec{U}_B\\ \vec{U}_{BC}=\vec{U}_B-\vec{U}_C\\ \vec{U}_{CA}=\vec{U}_C-\vec{U}_A\end{cases} \tag{2-9}$$

运用图 2-19 所示的矢量图,便可求得线电压与相电压的关系,可得 $\frac{U_{AB}}{2}=U_A\cos 30°=\frac{\sqrt{3}}{2}U_A$,所以有 $U_{AB}=\sqrt{3}U_A$。同理 $U_{BC}=\sqrt{3}U_B$,$U_{CA}=\sqrt{3}U_C$,即

$$U_{Y线}=\sqrt{3}U_{Y相} \tag{2-10}$$

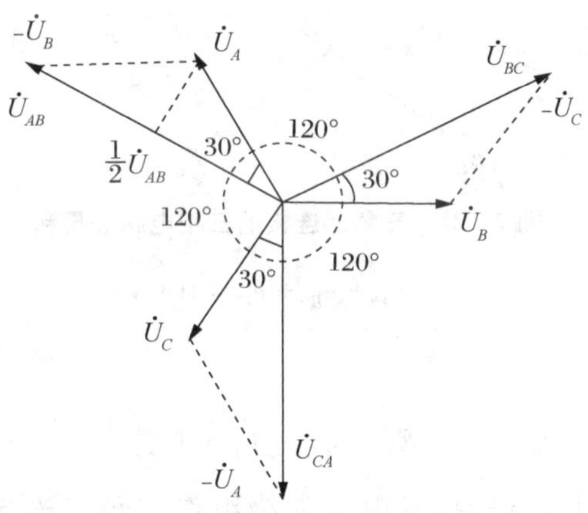

图 2-19　线电压和相电压矢量关系

综上所述,线电压在数值上等于相电压的 $\sqrt{3}$ 倍,在相位上互差 120°,所以它们也对称。当三相发电机的绕组作星形连接时,线路中存在着两种电压,其一为三个对称的相电压,其二为三个对称的线电压。每个线电压的数值是相电压的 $\sqrt{3}$ 倍,在相位上要比它所对应的相电压超前 30°。

6.2　三角形(△形)连接

三相发电机的绕组也可以作三角形连接,但实际上用得极少。这种连接方法是把每一相绕组的末端同它相邻的另一相绕组的始端依次相连,即 X 同 B 连、Y 同 C 连、Z 同 A 连,使三相绕组构成一闭合回路。从三个连接点 A、B、C 上分别引出三根端线供连接负载之用。这种只用三端线供电的方式称为三相三线制,如图 2-20 所示。

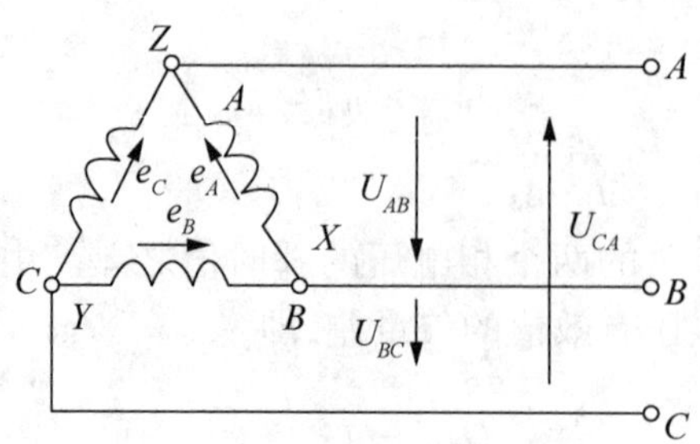

图 2-20　三相三线制

在三相三线制电路中，三相绕组的闭合回路中有三相电动势同时作用，但由于三相电动势的瞬时值的代数和或有效值的矢量和（见图 2-21）等于零（如式(2-11)和式(2-12)所示），所以回路中的总电动势为零，不至于发生短路而引起很大的电流。但若三相电动势不对称，或是把线路接错，则此三个电动势的矢量和不为零，在三相绕组中便会产生很大的环流，致使发电机烧毁。因此，发电机通常很少作三角形连接。

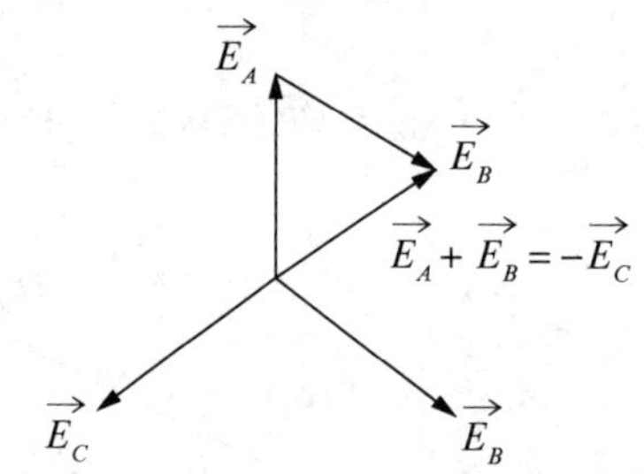

图 2-21　三角形连接的三相电源矢量和

$$e_A + e_B + e_C = 0 \tag{2-11}$$

或

$$\vec{E}_A + \vec{E}_B + \vec{E}_C = 0 \tag{2-12}$$

从图 2-20 可以看出，当三相发电机的绕组作三角形连接时，线路中仅有一种电压，即端线与端线之间的线电压 U_{AB}、U_{BC}、U_{CA}。显然，任意两根端线都是从发电机一相绕组的始端和末端引出，因此线电压就等于相电压，即 $U_{AB}=U_A$、$U_{BC}=U_B$、$U_{CA}=U_C$，一般记为 $U_{\triangle线}=U_{\triangle相}$。

同一台发电机作星形连接时的线电压为相电压的$\sqrt{3}$倍。如果改作三角形连接，则线电压等于相电压，两者必须分清，不可混淆。

【例 2-5】有一台三相发电机，每相电动势为 127 V，分别求出当三相绕组作星形连接和三角形连接时的线电压和相电压。

解：在作星形连接时，线路中有两种电压，即 $U_{Y相}=127\ V$，$U_{Y线}=\sqrt{3}\,U_{Y相}=220\ V$。在作三角形连接时，$U_{\triangle线}=U_{\triangle相}=127\ V$。

6.3　三相负载的星形连接

单相负载包括白炽灯、日光灯、小功率的电热器以及单相感应电动机等。此类负载可接在三相电源中的任意一相上工作。还有一类负载必须接上三相电压方能正常工作，例如三相异步电动机即为其中最典型的一种。接在三相电路中的三相用电器，或是分别接在各相电路中的三组单相用电器，统称为三相负载。如果三相负载的每一相的电阻相等，电抗也相等，而且性质相同，即 $R_A=R_B=R_C$、$X_A=X_B=X_C$，于是 $Z_A=Z_B=Z_C$，这种负载便称为三相对称负载。否则，就称为三相不对称负载。对于三相不对称负载，通常必须采用三相四线制供电线路，而对于三相对称负载则也可采用三相三线制供电方式。

图 2－22 所示的是常用的市电网三相四线制供电电路，其线电压为 380 V，每一相的相电压为 220 V。通常电灯（单相负载）的额定电压为 220 V，因此要接在相线与中性线之间。电灯负载是大量使用的，不能集中接在同一相中，从总的线路来说，它们应当比较均匀地分配在各相之中。电灯的这种连接法称为星形连接。至于其他单相负载（如单相电动机、电炉、继电器吸引线圈等），该接在相线之间还是相线与中性线之间，应视额定电压是 380 V 还是 220 V 而定。如果负载的额定电压不等于电源电压，则需用变压。

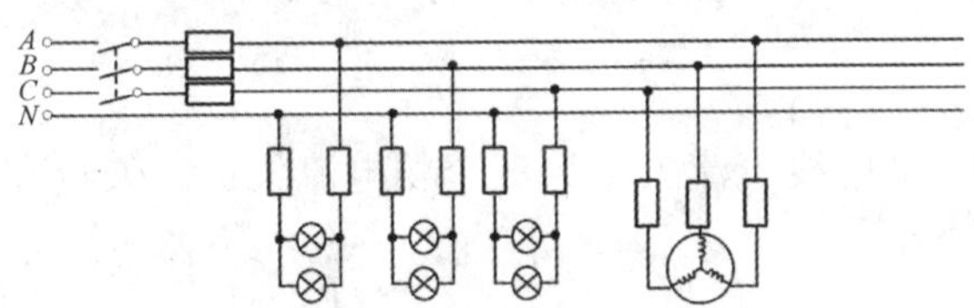

图 2－22　三相四线制供电电路

三相电动机的 3 个接线端总与电源的 3 根相线相连。但电动机本身的三相绕组可以连成星形或三角形。它的连接方法在铭牌上标出，如 380 VY 接法或 380 V△接法。

三相电路中的电流也有相电流与线电流之分。每相负载中的电流 I_P 称为相电流，而每根相线中的电流 I_L 称为线电流。在负载为星形连接时，显然相电流即为线电流（$I_P=I_L$）。三相电路中的各相阻抗、电流、功率等可按解单相电路的方法来进行计算。应用阻抗三角形可分别求得各相负载的阻抗为

$$\begin{cases} |Z_A|=\sqrt{R_A^2+X_A^2} \\ |Z_B|=\sqrt{R_B^2+X_B^2} \\ |Z_C|=\sqrt{R_C^2+X_C^2} \end{cases} \tag{2-13}$$

各相电流的大小为

$$\begin{cases} I_A=\dfrac{U_A}{Z_A}=\dfrac{U_{相}}{Z_A}=\dfrac{U_{相}}{\sqrt{3}Z_A} \\ I_B=\dfrac{U_B}{Z_B}=\dfrac{U_{相}}{Z_B}=\dfrac{U_{相}}{\sqrt{3}Z_B} \\ I_C=\dfrac{U_A}{Z_C}=\dfrac{U_{相}}{Z_C}=\dfrac{U_{相}}{\sqrt{3}Z_C} \end{cases} \tag{2-14}$$

各相负载的电流与电压间的相位差可由下列公式求得

$$\begin{cases}\varphi_A = \arccos \dfrac{R_A}{Z_A} = \arctan \dfrac{X_A}{R_A} \\ \varphi_B = \arccos \dfrac{R_B}{Z_B} = \arctan \dfrac{X_B}{R_B} \\ \varphi_C = \arccos \dfrac{R_C}{Z_C} = \arctan \dfrac{X_C}{R_C}\end{cases} \tag{2-15}$$

各相负载的有功功率分别为

$$\begin{cases}P_A = U_A I_A \cos \varphi_A \\ P_B = U_B I_B \cos \varphi_B \\ P_C = U_C I_C \cos \varphi_C\end{cases} \tag{2-16}$$

式中：U_A、U_B、U_C 为相电压；I_A、I_B、I_C 为相电流。由于中线为三相电路的公共回路，所以中线电流 i_N 应为三个相电流瞬时值的代数和，即

$$i_N = i_A + i_B + i_C$$

若用旋转矢量表示，则中线电流矢量为三个相电流矢量的矢量和，即

$$\vec{I}_N = \vec{I}_A + \vec{I}_B + \vec{I}_C$$

在通常情况下，中线电流总是小于线电流，而且各相负载越接近对称，中线电流就越小。例如，三相负载完全对称，则中线电流为零，此时可不用中线。因此，中线的导线截面可以比端线的小一些。

【例 2-6】如图 2-23 所示，星形连接的三相对称负载，每相的电阻 $R=6\ \Omega$，感抗 $X_L=8\ \Omega$，电源电压也对称，设 $u_{AB}=380\sqrt{2}\sin(\omega t+30°)$ V，试求电流。

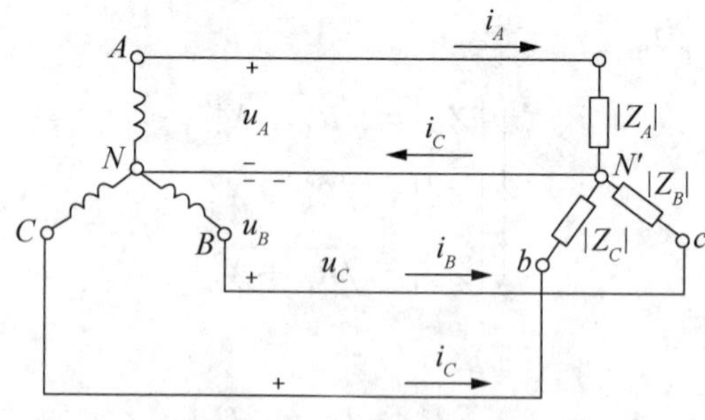

图 2-23 例 2-6 图

解：因为负载对称，只需计算一相（如 A 相）即可。由图 2-19 的矢量图可知

$$U_A = \frac{U_{AB}}{\sqrt{3}} = 220\ \text{V}$$

u_A 比 u_{AB} 滞后 30°，即 $u_A=220\sqrt{2}\sin\omega t$ V。A 相电流为

$$I_A = \frac{U_A}{|Z_A|} = 22\ \text{A}$$

i_A 比 u_A 滞后 φ 角，即 $\varphi_A = \arctan\dfrac{X_L}{R} = 53°$。

因此，$i_A = 22\sqrt{2}\sin(\omega t - 53°)$ A，由于电流对称，其他两相的电流则为 $i_B = 22\sqrt{2}\sin(\omega t - 53° - 120°)$ A $= 22\sqrt{2}\sin(\omega t - 173°)$ A，$i_C = 22\sqrt{2}\sin(\omega t - 53° + 120°)$ A $= 22\sqrt{2}\sin(\omega t + 67°)$ A。

【例 2－7】图 2－24 电路中各相负载分别为纯电阻（电灯组），且 $R_A = R_B = 20\ \Omega$，$R_C = 10\ \Omega$，已知电源的线电压为 380 V，求各相电流、线电流和中线电流。

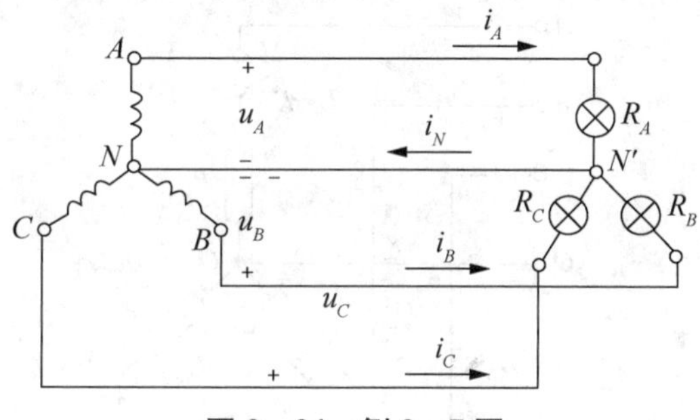

图 2－24　例 2－7 图

解：每相负载所承受的相电压为

$$U_{相} = U_A = U_B = U_C = \frac{U_{相}}{\sqrt{3}} = 220\ \text{V}$$

各相电流的有效值为

$$I_A = I_B = \frac{U_A}{R_A} = \frac{U_B}{R_B} = 11\ \text{A}$$

$$I_C = \frac{U_C}{R_C} = 22\ \text{A}$$

线电流等于相电流。

由于各相电流与相电压同相，所以 3 个相电流之间的相位差为 120°。如图 2－25 所示，用矢量加法即可求得相电流 $\vec{I}_A$ 和 $\vec{I}_B$ 之和等于 11 A，且与 $\vec{I}_C$ 的相位差为 180°，由此可以得到中线电流 $I_N = 11$ A，且与 $\vec{I}_C$ 同相位。

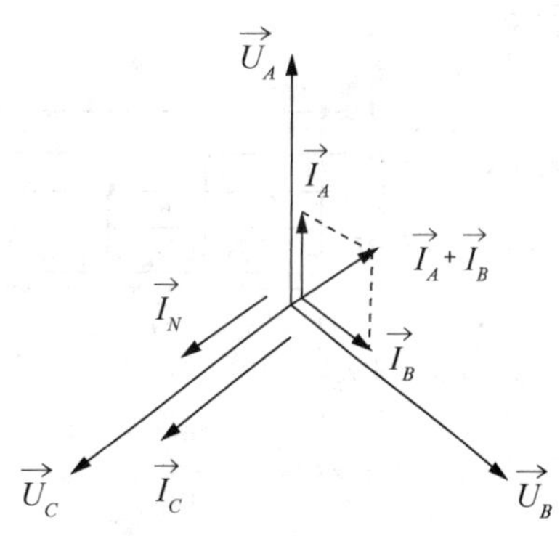

图 2－25　例 2－7 矢量图法

在三相不对称负载的星形连接中，中线的作用在于能使三相负载成为 3 个互不影响的独立电路。因此，不论负载有无变动，每相负载均承受对称的电源相电压，从而能保证负载正常工作。一旦中线断开，虽然线电压对称，但各相负载所承受的对称相电压则遭到破坏。可以证明，有的负载所承受的电压将低

于其额定电压,有的则超过其额定电压,因此使负载不能正常工作,且能造成严重事故。举例说明,设在例 2-6 中的 A 相负载处于断路状态,而中线又由于某种原因断开,如图 2-26 所示。这时,B、C 两相则变成接在线电压 U_{BC} 上的串联电路。由于 B、C 两相负载的电阻不相等,但通过的电流都一样,均为

$$i_{BC}=\frac{U_{BC}}{R_B+R_C}=12.67\ \text{A}$$

因此,电阻较大的 B 相负载所承受的电压等于 $i_{BC}\times R_B=253.4\ \text{V}$,而电阻较小的 C 相负载所承受的电压则为 $i_{BC}\times R_C=126.7\ \text{V}$。

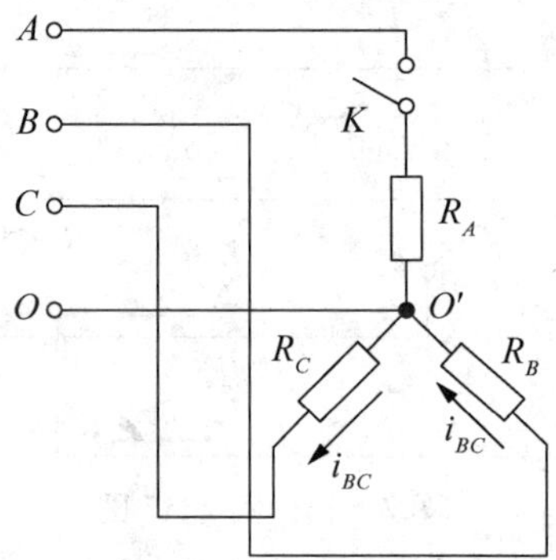

图 2-26　例 2-6 中断开一相电路

由此可见,电阻较大的一相负载所承受的电压超过其额定电压,有可能会烧毁负载;而电阻较小的一相所承受的电压则又低于额定电压而不能正常工作。因此,为防止上述现象以及其他不正常情况的产生,在三相四线制中,规定中线不准安装熔丝(保险丝)和开关,有时中线还采用钢芯导线来加强机械强度,以免断开,但其流经的电流比其他端线小,故其导线截面通常比端线小。

6.4　三相负载的三角形连接

三相负载也可采用三角形连接,其连接方法是把各相负载依次接在两端线之间。这时不论负载是否对称,各相负载所承受的电压均为对称的电源线电压,其线路如图 2-27 所示。

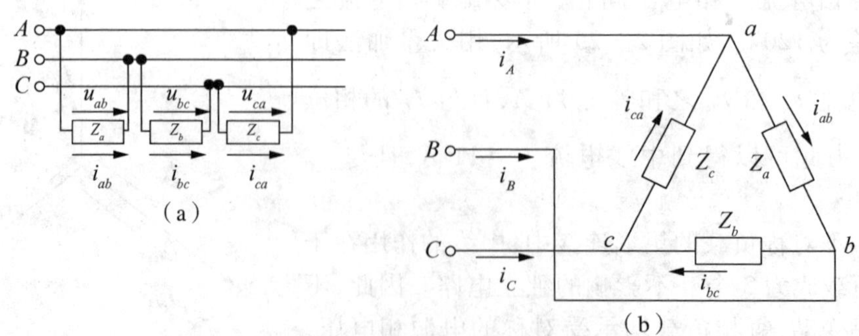

图 2-27　三角形连接的三相负载

在对称负载的情况下,各相阻抗相等,性质相同,因此各相电流也对称,即

$$I_{ab}=I_{bc}=I_{ca}=I_{相}=\frac{U_{相}}{z_{相}}=\frac{U_{线}}{z_{线}}$$

$$\varphi_a=\varphi_b=\varphi_c=\varphi_{相}=\arccos\frac{R_{相}}{z_{相}}$$

其矢量图如图 2-28 所示。各相电流的正方向是由加在该相电压的正方向来确定的,例如相电流 I_{ab} 的正方向是从 a 点指向 b 点,同电压 U_{ab} 的指向一致。在三角形连接的各个端点(即连接点)上,均有三条分支电路,因而线电流不等于相电流,这与星形连接的情况不相同。

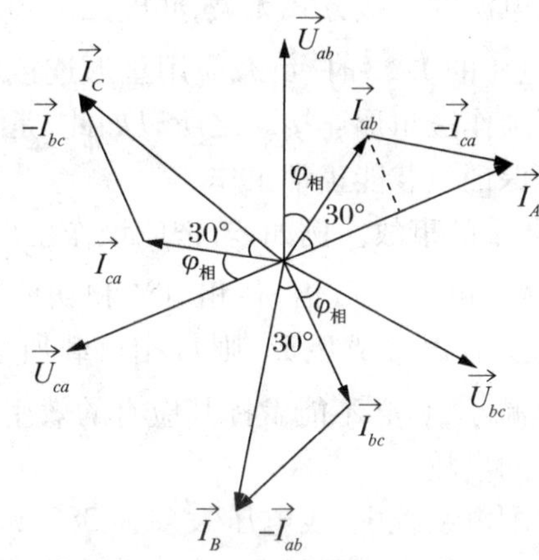

图 2-28　三角形连接负载的电压电流矢量图

由图 2-28 可以看出,任一端线上的线电流就等于同它相连的两相负载中的相电流的矢量差,即

$$\begin{cases}\vec{I}_A=\vec{I}_{ab}-\vec{I}_{ca}\\ \vec{I}_B=\vec{I}_{bc}-\vec{I}_{ba}\\ \vec{I}_C=\vec{I}_{ca}-\vec{I}_{bc}\end{cases}\tag{2-17}$$

应用矢量运算,即可求得线电流的大小为

$$I_A=2I_{ab}\cos 30°=\sqrt{3}I_{ab}$$

同理 $I_B=\sqrt{3}I_{bc}$,$I_C=\sqrt{3}I_{ca}$。

三个相电流对称,所以三个线电流也必然对称,且在相位上互差 120°。其大小均为

$$I_{\triangle线}=\sqrt{3}I_{\triangle相}\tag{2-18}$$

由图 2-28 可知,三个线电流分别较其对应的相电流滞后 30°。必须指出,如果三相负载不对称,则不存在这种关系,此时必须应用式(2-17)分别计算各个线电流。由此可见,当三相对称负载作三角形连接时,具有下列两个特点:①各相负载所承受的电压为对称的电

源线电压;②当负载对称时,线电流等于负载的相电流的$\sqrt{3}$倍。

如果负载对称,则同星形连接的情况一样,电路消耗的总功率为

$$P = 3P_{相} = 3U_{相} I_{相} \cos \varphi_{相} = 3U_{线} \frac{I_{线}}{\sqrt{3}} \cos \varphi_{相} = \sqrt{3} U_{线} I_{线} \cos \varphi_{相} \qquad (2-19)$$

因此,三相对称负载不论作星形或三角形连接,均可用公式来计算电路的总功率。此式在应用上较为方便,尤其对中点不外露的星形连接或端点难于拆开的三角形连接的负载(如三相异步电动机)而言,只需测量线路的线电压和线电流即可计算出 P 值,这要比测量它的相电压和相电流容易得多。

总之,三相负载究竟应采用星形连接或是三角形连接,必须根据每相负载的额定电压与电源线电压的关系而定,而同电源的连接方式无关,亦即无须知道电源的连接情况。当各相负载的额定电压等于电源线电压的 $1/\sqrt{3}$ 时,负载应用星形连接。如果各相负载的额定电压等于电源的线电压,负载就必须作三角形连接。之所以如此,是为了使每相负载所承受的电压正好等于其额定电压,从而保证负载能正常工作。

错误的连接有时会引起严重的事故。例如,若把应该作星形连接的负载误接成三角形,则每相负载所承受的电压为额定电压的$\sqrt{3}$倍,各相电流和功率均随之增大,致使负载烧毁。反之,若把应作三角形连接的负载误接成星形,则每相负载所承受的电压仅为额定电压的 $1/\sqrt{3}$,各相电流和功率均随之减小,势必不能发挥其应有的效用,如出现灯光不足、电动机转矩不够等现象,甚至产生严重的事故。

目前,在我国的低压三相配电系统中,线电压大多为 380 V。当三相异步电动机各相绕组的额定电压为 220 V 时,此电动机应采用星形连接。各相绕组的额定电压为 380 V 时,应采用三角形连接。单相负载的额定电压一般是 220 V,如电灯、电阻炉等,但也有 380 V 的,如机床用的电磁铁、接触器等。因此,必须根据铭牌上的规定,分别把这些负载接在端线与中线或端线与端线之间。

【例 2-8】设在例 2-6 中的三相对称负载的各相额定电压为 220 V,问当电源线电压为 220 V 时,该负载应作何种连接才能保证其正常工作?求相电流、线电流及总功率,并画出线路图及矢量图。

解: 该负载应用三角形连接,其线路图如图 2-29 所示。

$$I_{\triangle相} = \frac{U_{线}}{z_{线}} = 22\ \text{A}$$

$$I_{\triangle线} = \sqrt{3} I_{\triangle相} = 38\ \text{A}$$

因为 $\cos \varphi_{相} = \frac{R_{相}}{z_{相}} = 0.6$,所以 $\varphi_{相} = 53°10'$。

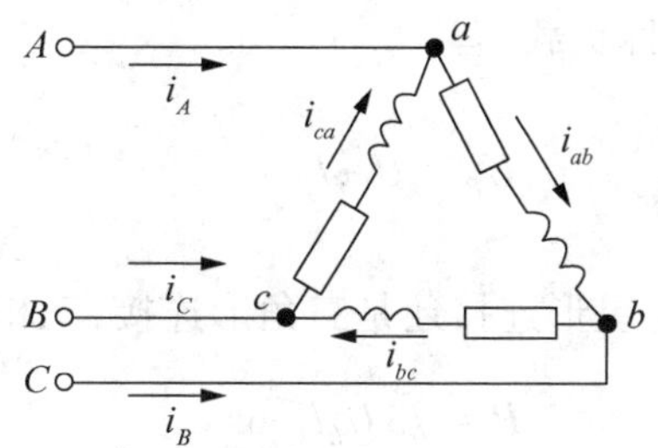

图 2-29　例 2-8 的线路图

矢量图如图 2-30 所示。

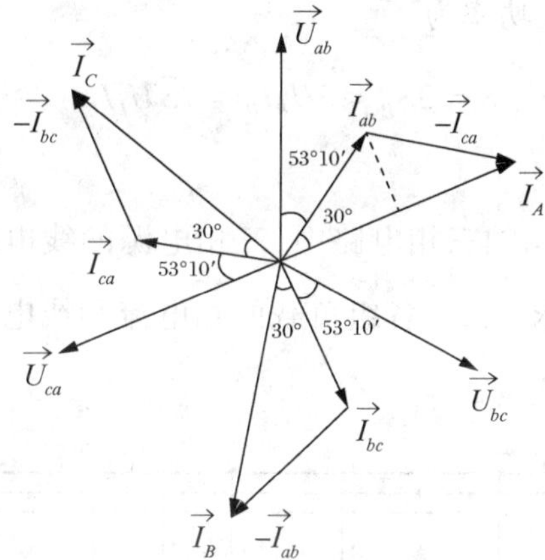

图 2-30　例 2-8 的电压电流的矢量图

总功率 $P=\sqrt{3}U_{线}\ I_{线}\ \cos\ \varphi_{相}=8\ 712\ \mathrm{W}$。

7　三相正弦交流电路的功率

三相负载无论对称与否,三相负载的总有功功率等于各相有功功率之和,即

$$P=P_a+P_b+P_c=U_aI_a\cos\varphi_a+U_bI_b\cos\varphi_b+U_cI_c\cos\varphi_c \tag{2-20}$$

其中:电压指的是相电压的有效值;电流指的是相电流的有效值;相位差指的是相电压与相电流的相位差(即每相阻抗的阻抗角)。在对称三相电路中,因为各相负载阻抗相同,所以各相负载所消耗的有功功率相等,则总功率可表示为

$$P=3P_P=3U_PI_P\cos\varphi \tag{2-21}$$

在电子工程中广泛应用的三相设备(如三相变压器、三相异步电动机等),设备铭牌上标注的额定电压和额定电流都是用线值表示的,因为线电压和线电流的数值容易测量。以下公式用线电压和线电流表示。

(1) 对于星形连接的对称负载,有

$$U_P=\frac{U_L}{\sqrt{3}},I_P=I_L \tag{2-22}$$

(2) 对于三角形连接的对称负载,有

$$U_P = U_L, I_P = \frac{I_L}{\sqrt{3}} \tag{2-23}$$

(3) 在负载对称时,不管是星形连接还是三角形连接,三相总有功功率为

$$P = \sqrt{3} U_L I_L \cos \varphi \tag{2-24}$$

(4) 三相对称负载的总无功功率为

$$Q = Q_a + Q_b + Q_c = 3Q_P = 3U_P I_P \sin \varphi = \sqrt{3} U_L I_L \sin \varphi \tag{2-25}$$

(5) 三相对称负载的视在功率为

$$S = 3S_P = 3U_P I_P = \sqrt{3} U_L I_L \tag{2-26}$$

可见,$S = \sqrt{P^2 + Q^2}$。

【例 2-9】如图 2-31 所示的三相电路中,三相电源的线电压为 380 V,已知$Z_\triangle = 20\ \Omega$(电阻),$Z_Y = 10\angle 51.3°\ \Omega$。求:(1) 各组负载的相电流和线电流;(2) 电路的线电流$\dot{I}_{A\triangle}$;(3) 三相电路的有功功率。

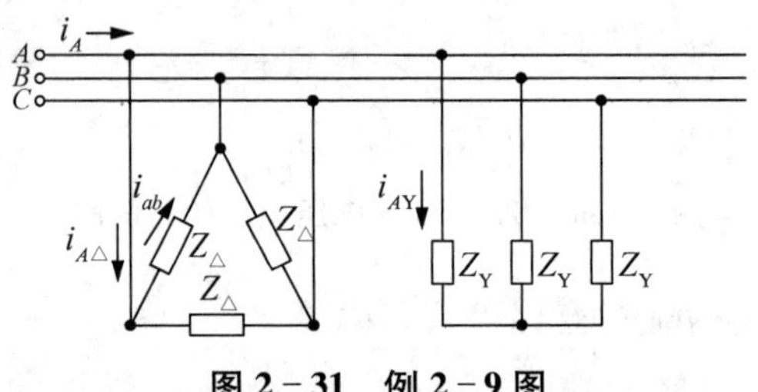

图 2-31 例 2-9 图

解: 设 $\dot{U}_{ab} = 380\angle 0°$ V,则相电压 $\dot{U}_a = 220\angle -30°$ V。

(1) 三角形连接负载的相电流为

$$\dot{I}_{ab} = \frac{\dot{U}_{ab}}{Z_\triangle} = 19\angle 0°\ \text{A}$$

三角形连接负载的线电流为

$$\dot{I}_{A\triangle} = \sqrt{3}\dot{I}_{ab} - 30° = 19\sqrt{3}\angle -30°\ \text{A}$$

星形连接负载线电流等于相电流,即

$$\dot{I}_{AY} = \frac{\dot{U}_a}{Z_Y} = 22\angle -83.1°\ \text{A}$$

（2）线路的线电流 $\dot{I}_A$ 为

$$\dot{I}_A = \dot{I}_{A\triangle} + \dot{I}_{AY} = 49.35\angle -50.88°\ \text{A}$$

一相电路的电压电流矢量图如图 2－32 所示。

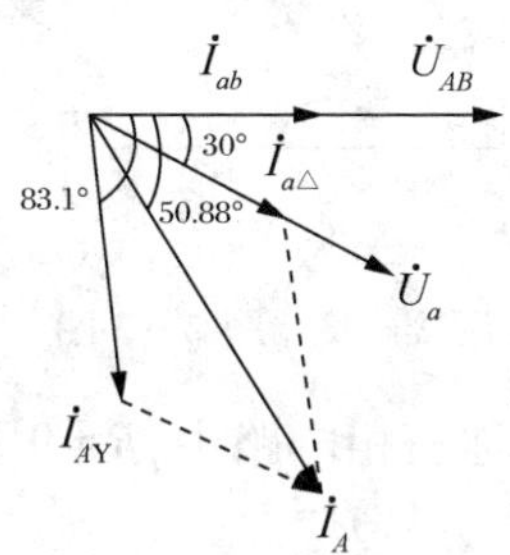

图 2－32 例 2－9 一相电路的电压电流矢量图

（3）三相总有功功率为

$$P = P_\triangle + P_Y = \sqrt{3}U_\triangle I_\triangle \cos\varphi_\triangle + \sqrt{3}U_Y I_Y \cos\varphi_Y = 30.35\ \text{kW}$$

习题

【题 2－1】 已知正弦电流 $i_1 = 14.14\cos(314t+30°)$ A 和 $i_2 = -14.14\sin(10^2 t-45°)$ A，求两个电流的微分，并对比微分形式与原正弦形式的区别及关系。

【题 2－2】 已知一段电路的电压、电流为

$$u = 12\sin(10^4 t - 30°)\ \text{V}$$
$$i = 4\cos(10^4 t - 60°)\ \text{A}$$

（1）求出它们的有效值、频率和周期；

（2）画出矢量图，并求出相位差。

【题 2－3】 如图 2－33 所示电路，3 个电压源的电压分别为

$$u_a = 220\sqrt{2}\cos(\omega t + 20°)\ \text{V}$$
$$u_b = 220\sqrt{2}\cos(\omega t - 100°)\ \text{V}$$
$$u_c = 220\sqrt{2}\cos(\omega t + 140°)\ \text{V}$$

（1）求 3 个电压的和；

（2）求 u_{ab}、u_{bc}；

（3）画出 u_a、u_b 和 u_c 的矢量图。

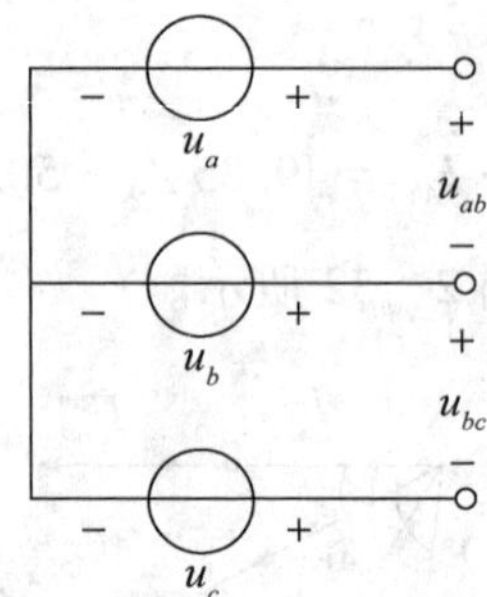

图 2-33　题 2-3 图

【题 2-4】　如图 2-34 所示对称三相电路中，$R=9\ \Omega$，传输线电阻为 $Z_L=2\ \Omega$，电源线电压为 380 V。求三相电源供给的总功率 P。

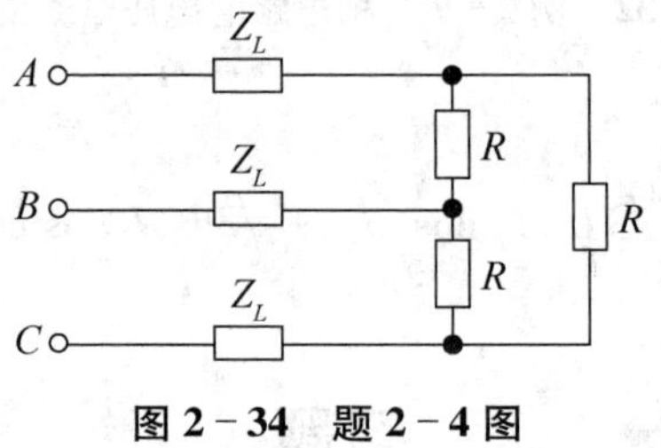

图 2-34　题 2-4 图

【题 2-5】　已知 $u(t)=100\sqrt{2}\cos(\omega t)$ V，$i(t)=4\sqrt{2}\cos(\omega t-60°)$ A，电路如图 2-35 所示，求电压源发出的平均功率。

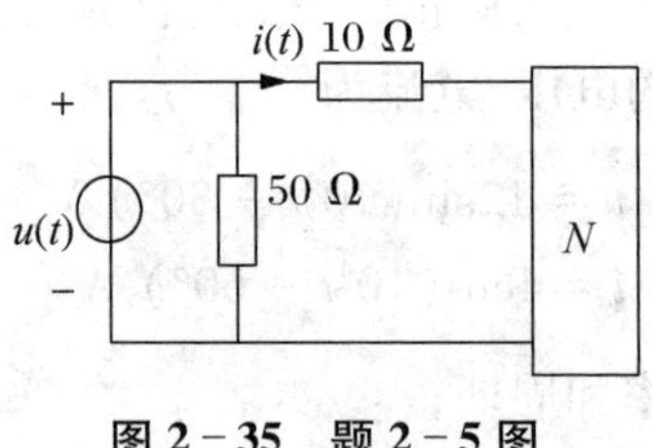

图 2-35　题 2-5 图

第三章　电容器

1　电容器和电容量

电容器是指由两片接近并相互绝缘的导体制成的电极组成的储存电荷和电能的器件。电容器通常简称为电容,用字母 C 表示。电容器,顾名思义是一种容纳电荷的器件。电容是电子设备中大量使用的电子元件之一,广泛应用于电路中的隔直通交、耦合、旁路、滤波、调谐回路、能量转换和控制等方面。常见电容器如图 3－1 所示。

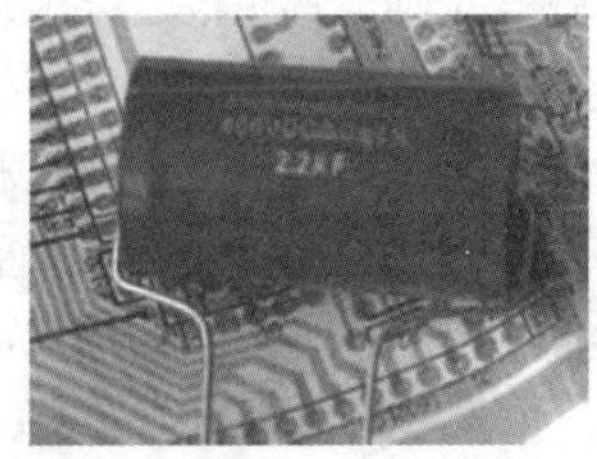

图 3－1　常见电容器

电容(Capacitance)亦称作“电容量”,是指在给定电位差下的电荷储藏量。一般来说,电荷在电场中会受力而移动,若导体之间有介质,则会阻碍电荷移动而使得电荷累积在导体上,造成电荷的累积储存,储存的电荷量则称为电容。电容(或称电容量)是表现电容器容纳电荷本领的物理量。电容标记为 C,采用国际单位制,单位是法拉(farad),标记为 F。

由于法拉这个单位太大,所以常用的电容单位有毫法(mF)、微法(μF)、纳法(nF)和皮法(pF)等,换算关系是: 1 法拉(F)= 1 000 毫法(mF)= 1 000 000 微法(μF);1 微法(μF)= 1 000 纳法(nF)= 1 000 000 皮法(pF)。

1.1　电容的作用

(1) 旁路。旁路电容是为本地器件提供能量的储能器件,它能使稳压器的输出均匀化,降低负载需求。就像小型可充电电池一样,旁路电容能够被充电,并向器件进行放电。为尽量减少阻抗,旁路电容要尽量靠近负载器件的供电电源管脚和地管脚。这能够很好地防止输入值过大而导致的地电位抬高和噪声。地电位是地连接处在通过大电流毛刺时的电压降。

(2) 去耦。去耦又称解耦。从电路来说,总是可以区分为驱动的源和被驱动的负载。如果负载电容比较大,驱动电路要把电容充电、放电,才能完成信号的跳变,在上升沿比较陡峭的时候,电流比较大,这样驱动的电流就会吸收很大的电源电流。由于电路中的电感、电阻(特别是芯片管脚上的电感,会产生反弹),这种电流相对于正常情况来说实际上就是一种噪声,会影响前级的正常工作,这就是所谓的“耦合”。

去耦电容就是起到一个“电池”的作用,满足驱动电路电流的变化,避免相互间的耦合干扰,在电路中进一步减小电源与参考地之间的高频干扰阻抗。将旁路电容和去耦电容结合起来将更容易理解。旁路电容实际也是去耦合,只是旁路电容一般是指高频旁路,也就是给高频的开关噪声提供一条低阻抗泄防漏的途径。高频旁路电容一般比较小,根据谐振频率一般取 0.1 μF、0.01 μF 等;而去耦合电容的容量一般较大,可能是 10 μF 或者更大,依据电路中分布参数以及驱动电流的变化大小来确定。旁路是把输入信号中的干扰作为滤除对象,而去耦是把输出信号的干扰作为滤除对象,防止干扰信号返回电源,这是两者的本质区别。

(3) 滤波。从理论上说(即假设电容为纯电容),电容越大,阻抗越小,通过的频率也越高。但实际上超过 1 μF 的电容大多为电解电容,有很大的电感成分,所以频率高后反而阻抗会增大。有时一个电容量较大电解电容并联一个小电容后,出现大电容通低频,小电容通高频。电容的作用就是通高频阻低频。电容越大低频越不容易通过。具体用在滤波中,大电容(1 000 μF)滤低频,小电容(20 pF)滤高频。由于电容的两端电压不会突变,由此可知,信号频率越高则衰减越大,可很形象地说电容像个水塘,不会因几滴水的加入或蒸发而引起水量的变化。它把电压的变动转化为电流的变化,频率越高,峰值电流就越大,从而缓冲了电压。滤波就是充电、放电的过程。

(4) 储能。储能型电容器通过整流器收集电荷,并将存储的能量通过变换器引线传送至电源的输出端。电压额定值为 40~450 V(DC)、电容值在 220~150 000 μF 之间的铝电解电容器(如 EPCOS 公司的 B43504 或 B43505)较为常用。根据不同的电源要求,器件有时会采用串联、并联或其组合的形式,对于功率级超过 10 kW 的电源,通常采用体积较大的罐形螺旋端子电容器。

1.2 相关公式

一个电容器,当带有 1 C 的电量时两级间的电势差是 1 V,这个电容器的电容就是 1 F,即 $C=Q/U$。但电容的大小不由 Q(带电量)或 U(电压)决定,而是

$$C = \varepsilon S/d = \varepsilon S/4\pi kd(\text{真空}) \tag{3-1}$$

式中:ε 是一个常数;S 为电容极板的正对面积;d 为电容极板的距离;k 则是静电力常量。常见的平行板电容器,电容为 $C=\varepsilon S/d$(ε 为极板间介质的介电常数,S 为极板面积,d 为极板间的距离)。

电容器的电势能计算公式为

$$E = CU^2/2 = QU/2 = Q^2/(2C) \tag{3-2}$$

多电容器并联计算公式为

$$C = C_1 + C_2 + C_3 + \cdots + C_n \tag{3-3}$$

多电容器串联计算公式为

$$1/C = 1/C_1 + 1/C_2 + 1/C_3 + \cdots + 1/C_n \tag{3-4}$$

三电容器串联为

$$C = C_1C_2C_3/(C_1C_2 + C_2C_3 + C_1C_3) \tag{3-5}$$

2　电容器的充电和放电

2.1　电容器的充电过程

电容器的充电过程，即使电容器带电的过程，见图 3－2。

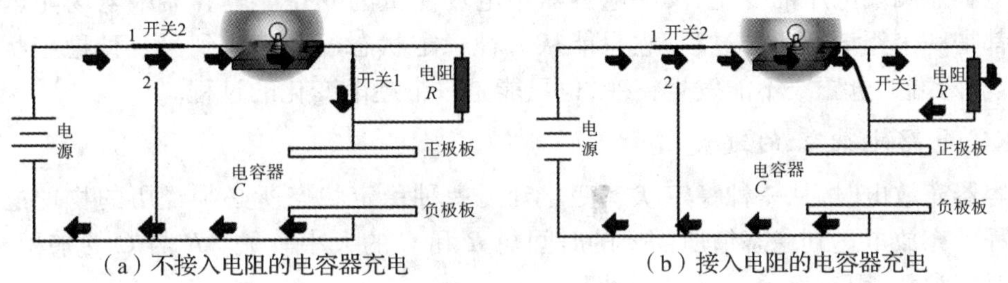

图 3－2　电容器充电过程

2.2　电容器的放电过程

电容器的放电过程，即使充电后的电容器失去电荷的过程，见图 3－3。

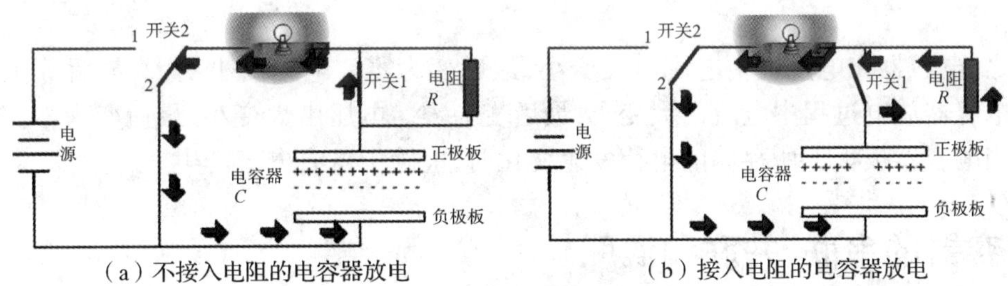

图 3－3　电容器放电过程

2.3　电容器与水容器的比较

电容器与水容器的比较见表 3－1。

表 3－1　电容器与水容器的比较

名称	电容器	水容器
充电/蓄水	充电电流流入电容器 电容器两端电压上升 电荷被储存在电容器中	蓄水水流流入水容器 水容器中的水位上升 水被储存在水容器中
放电/放水	放电电流流出电容器 电容器两端电压下降 电容器中电荷被释放	放水水流流出水容器 水容器中的水位下降 水容器中的水被放出

2.4 电容器的电场能

当电容器充电时,两个极板上的正、负电荷不断累积,两极板间形成电场,电容器在储存电荷的同时也储存能量。充电电容器储存的电场能可表示为

$$W_C = \frac{1}{2}QU_C = \frac{1}{2}CU_C^2 \tag{3-6}$$

电容器中储存的电场能量与电容器的电容成正比,表明电容反映电容器储存电场能量的能力。电容器只与电源进行能量的转换,它本身并不消耗能量,所以说电容器是一种储能元件。电容器两端电压的变化,反映电容器中电场能量的变化。电容器中电场能量的积累和释放都是一个逐渐变化的过程,它只能从一种稳定状态逐渐变化到另一种稳定状态。因此,电容器两端的电压决不能发生突变,也只能是一个逐渐变化的过程。

2.5 RC电路电容器的过渡过程

电容器充放电时,从一种稳定状态变化到另一种稳定状态所必须经历的物理过程称作过渡过程。充放电达到稳态值所需要的时间与 R 和 C 的大小有关。R 与 C 的乘积称为RC电路的时间常数,用 τ 表示,单位为s,即

$$\tau = RC \tag{3-7}$$

τ 越大,充电越慢,放电也越慢,即过渡过程就越长。反之,τ 越小,过渡过程就越短。在实际应用中,当过渡过程经过(3~5)τ 时间后,可认为过渡过程基本结束,已进入稳定状态。

总之,电容器充电过程中电流由大变小,最后变为零。电压由小变大,最后等于电源电动势。电容器放电过程中电流由大变小,最后变为零。电压由大变小,最后变为零。充放电过程中当电容器极板上所存储的电荷发生变化时,电路中就有电流产生。

3 电容器的串联、并联和混联

3.1 电容器的串联

把多个电容器的首尾相接,连成一个无分支电路的方式,叫作电容器的串联。其特点为:

(1) 每个电容器带的电量都相等,根据静电感应,各极极板带电量都相等。

(2) 总电压等于各个电容器的电压之和。

(3) 总电容的倒数等于各个电容器电容的倒数之和。

(4) 电容相等时,各电容器两端的电压相等。电容不等时,各电容器两端的电压分配与其电容的大小成反比,即电容大,分得的电压就小;电容小,分得的电压就大。

【例3-1】如图3-4所示两只电容器串联,其中一只电容器的电容为200 μF,额定工作电压为50 V,另一只电容器的电容为100 μF,额定工作电压为60 V,电源电压为200 V,求:

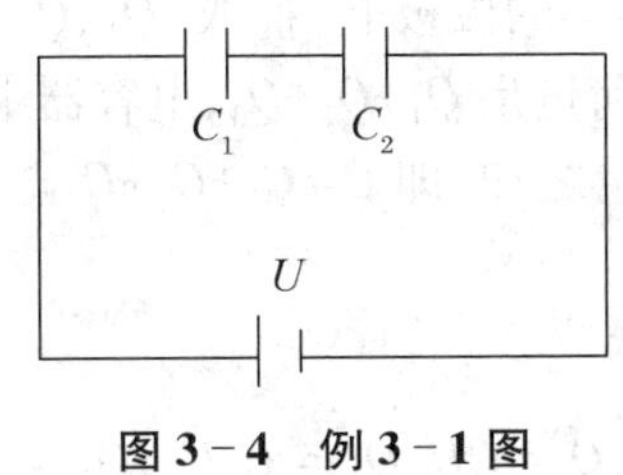

图 3-4　例 3-1 图

(1) 这组串联电容器的等效电容为多少?

(2) 每个电容器带多大电量?

(3) 每只电容器两端的电压为多大?

解: 两只电容器串联后的等效电容是$\frac{1}{C}=\frac{1}{C_1}+\frac{1}{C_2}$,则

$$C=\frac{C_1C_2}{C_1+C_2}\approx 66.7\ \mu\text{F}$$

串联后每个电容器带电量为

$$q=q_1=q_2=CU=1.33\times 10^{-2}\ \text{C}$$

串联后每个电容器两端的电压分别为

$$U_1=\frac{q}{C_1}=66.5\ \text{V}$$

$$U_2=\frac{q}{C_2}=133\ \text{V}$$

3.2　电容器的并联

将多个电容器的一端连接在一起,另一端连接在一起的连接方式叫作电容器的并联,如图 3-5 所示。

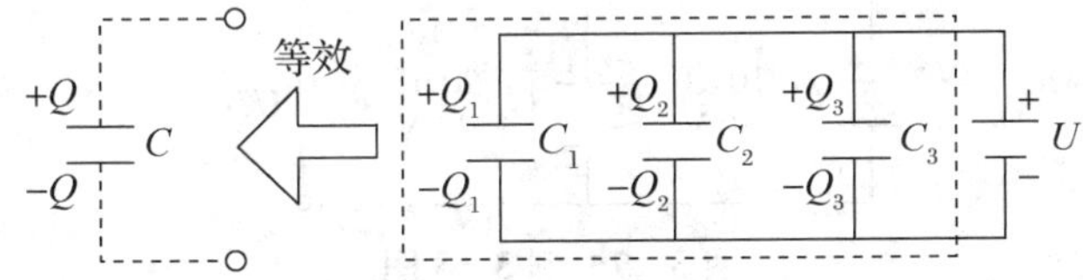

图 3-5　电容量的并联

电容器并联(三个电容器并联)有如下特点:

(1) 各个电容器承受的电压相等且等于电源的端电压,即 $U=U_1=U_2=U_3$。这是因为电源从与电源负极连接的电容器极板上“抽取”正电荷,并将其送到与电源正极连接的极板上。只要电容器极板间的电压小于电源的端电压,电源就会继续抽取电荷送电,直至电容器极板间的电压等于电源的端电压,所以各个电容器极间的电压等于电源的端电压,即各个电容器承受的电压相等且等于电源的端电压。

(2) 并联电容器组的总带电量等于各电容器的带电量之和,即 $Q=Q_1+Q_2+Q_3$。这是因为

电源分别从与电源负极连接的电容器的极板上“抽取”Q_1、Q_2、Q_3，并将它们分别送到与电源正极连接的极板上，电路中流动的电荷量是 $Q_1+Q_2+Q_3$，电容器组的总带电量就是 $Q_1+Q_2+Q_3$。

（3）总电容等于各电容器容量之和，即 $C=C_1+C_2+C_3$。

推导如下：

由于

$$Q = Q_1 + Q_2 + Q_3, Q = CU, Q_1 = C_1U_1, Q_2 = C_2U_2, Q_3 = C_3U_3$$

所以

$$CU = C_1U_1 + C_2U_2 + C_3U_3 = C_1U + C_2U + C_3U = (C_1 + C_2 + C_3)U$$

则

$$C = C_1 + C_2 + C_3$$

电容器并联后，相当于增大两极板的面积。因此，总电容大于每个电容器的电容。

【例 3－2】图 3－6 中电容器 C_1 的容量为 200 μF，其耐压为 30 V，电容器 C_2 的容量为 1 000 μF，其耐压为 150 V。若将 C_1、C_2 并联，求它们的等效电容及电容器组允许的最大工作电压。

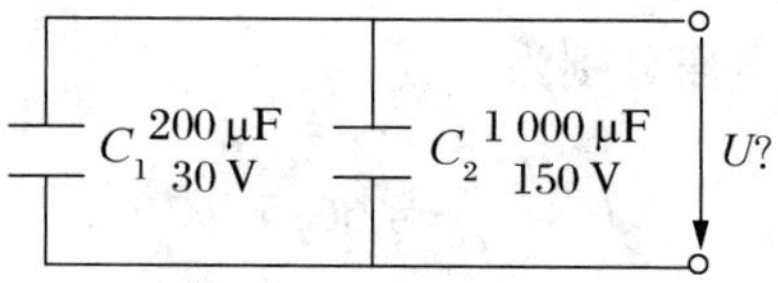

图 3－6　例 3－2 图

解：$C=C_1+C_2=1\ 200$ μF。电容器组的最大工作电压 $U=30$ V。

【例 3－3】图 3－7 中电容器 C_1 的容量为 10 μF，充电后电压为 30 V，电容器 C_2 的容量为 20 μF，充电后电压为 15 V。C_1、C_2 并联（正极与正极连接，负极与负极连接）后电压是多少？

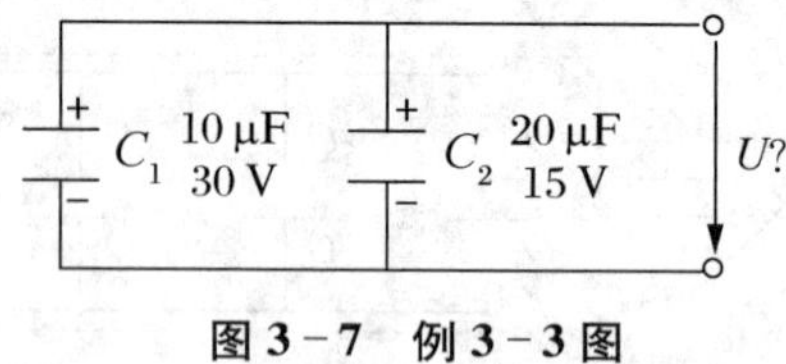

图 3－7　例 3－3 图

解：总电容 $C=C_1+C_2=30$ μF；总电量 $Q=Q_1+Q_2=C_1U_1+C_2U_2=600$ μC；并联后电压 $U=\frac{Q}{C}=20$ V。

3.3　电容器的混联

既有电容器的串联，又有电容器并联的连接方式叫作电容器的混联，如图 3－8 所示。

C3
8 μF
C2
4 μF
C1
12 μF

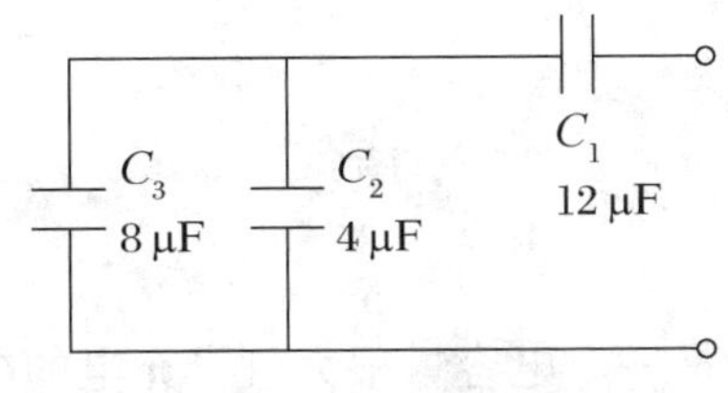

图 3－8　电容器的混联

（1）混联电容器组电容量的计算。计算混联电容器电路时，要先分清各电容器的连接关系，然后按电容器串联和并联的特点计算。

【例 3－4】求图 3－9 所示电容器组的等效电容。

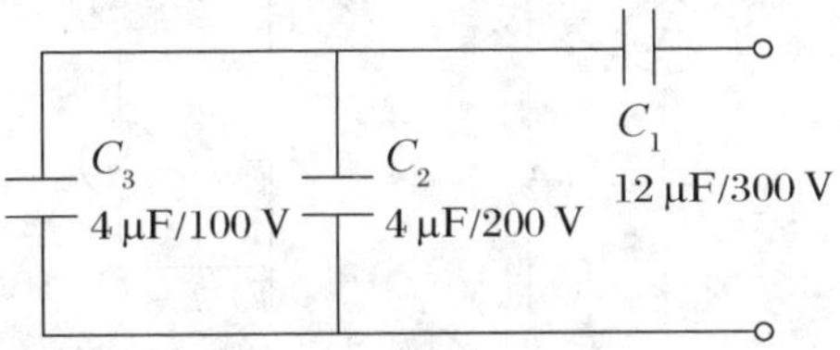

C3
4 μF/100 V
C2
4 μF/200 V
C1
12 μF/300 V

图 3－9　例 3－4 图

解：$C_{23}=C_2+C_3=12\ \mu\text{F}$；$C_{123}=\dfrac{C_1C_{23}}{C_1+C_{23}}=6\ \mu\text{F}$。

（2）混联电容器组耐压的计算。混联电容器组耐压的计算包括以下 2 个部分：①若最后一步化简以串联形式联结，则以各组成部分中最小的允许带电量作为电容器组的允许带电量计算耐压；②若最后一步化简以并联形式联结，则以各组成部分中最小的允许电压作为电容器组的耐压。

【例 3－5】求图 3－9 所示电容器组的耐压。

解：$C_{23}=8\ \mu\text{F}$，$U_{N23}=100\ \text{V}$；C_1 和 C_{23} 并联，则 $C_{123}=\dfrac{C_1C_{23}}{C_1+C_{23}}=4.8\ \mu\text{F}$。由于 $Q_{N23}=800\ \mu\text{C}$，$Q_{N1}=2\ 400\ \mu\text{C}$，所以 $Q_{N23}<Q_{N1}$，须以 Q_{N23} 作为电容器组的允许带电量来计算电容器组的耐压。因此，电容器组的耐压为 $U_{N123}=\dfrac{Q_{N1}}{C_{123}}=200\ \text{V}$。

【例 3－6】求图 3－10 电容器组的耐压。

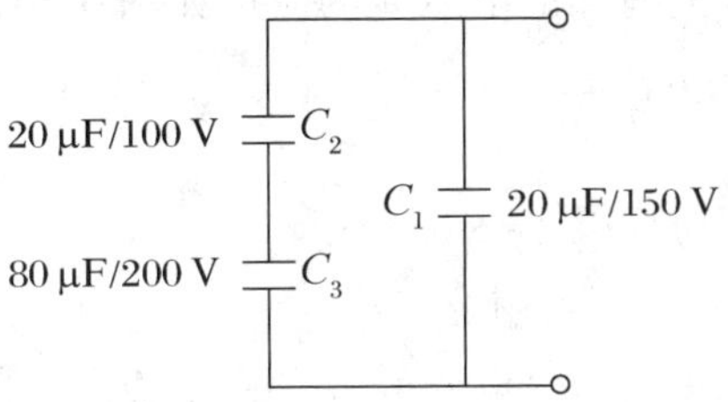

20 μF/100 V
C2
80 μF/200 V
C3
C1
20 μF/150 V

图 3－10　例 3－6 图

解：$C_{23}=16\ \mu\text{F}$，C_1 与 C_{23} 并联，则 $C_{123}=C_1+C_{23}=36\ \mu\text{F}$。由于 $U_{23}=\dfrac{Q_{N2}}{C_{23}}=125\ \text{V}<U_{N1}=150\ \text{V}$，所以 $U_{N123}=125\ \text{V}$。

习题

【题3-1】 如图3-11，C 是一个电容量很大且未充电的电容器，当 S 合向1时，可以看到白炽灯 E_L 开始________，然后逐渐________，电流表 A_1 度数为________，电压表 V 读数为________。（　）

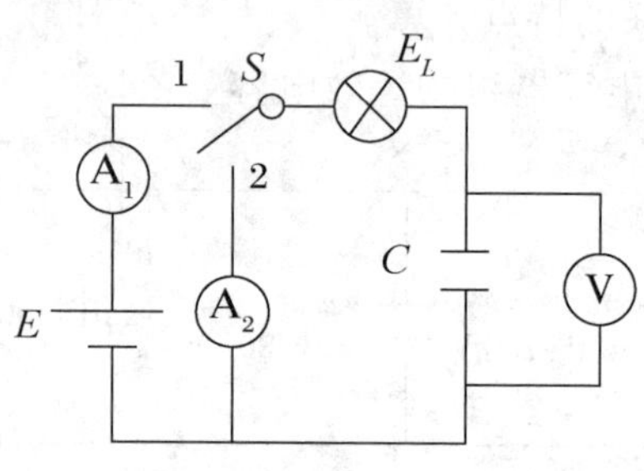

图3-11　题3-1图

A. 较亮、变暗、0、E　　　　B. 较暗、变亮、0、E

C. 较亮、变暗、0、E　　　　D. 较暗、变亮、0、E

【题3-2】 电容器 C_1 和 C_2 串联后接在直流电路中，若 $C_1=3C_2$，则 C_1 两端的电压是 C_2 两端电压的(　　)。

A. 3倍　　B. 9倍　　C. 1/9　　D. 1/3

【题3-3】 求图3-12所示电路中 a、b 端的等效电容。

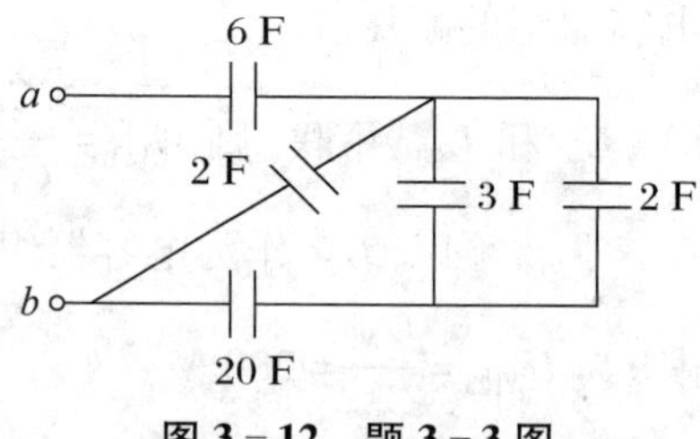

图3-12　题3-3图

【题3-4】 2 μF的电容上所加的电压 u 的波形如图3-13所示。求：

(1) 电容电流 i；

(2) 电容电荷 q。

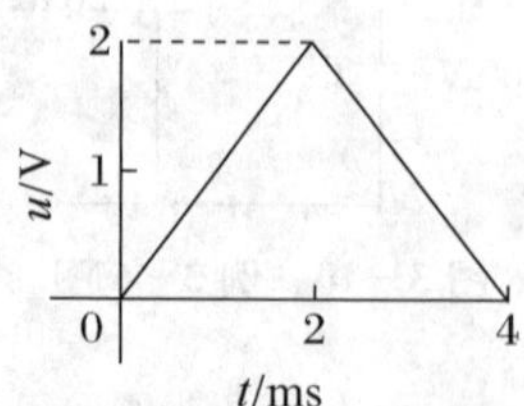

图3-13　题3-4图

第四章　磁与电磁

在电磁学里，当两块磁铁或磁石相互吸引或排斥时，或当载流导线在周围产生磁场，促使磁针偏转指向时，或当闭电路移动于不均匀磁场时，会有电流出现于闭电路，这些都是与磁有关的现象。凡是与磁有关的现象也都会与磁场有关。

磁性是物质响应磁场作用的属性。每一种物质或多或少地会被磁场影响。铁磁性是最强烈、最为人知的一种磁性。由于具有铁磁性，磁石或磁铁会产生磁场。另外，顺磁性物质会趋向于朝着磁场较强的区域移动，即被磁场吸引；反磁性物质则会趋向于朝着磁场较弱的区域移动，即被磁场排斥；还有一些物质会与磁场有更复杂的关系，如自旋玻璃的性质、反铁磁性等。外磁场对于某些物质的影响非常微弱。

物质的磁态与温度、压强、外磁场等有关，依照温度或其他参数的不同，物质会显示出不同的磁性。

1　电流的磁效应

长期以来，磁现象与电现象被分别进行研究，特别是吉尔伯特对磁现象与电现象进行深入分析对比后断言电与磁是两种截然不同的现象，没有什么一致性。之后，许多科学家都认为电与磁没有联系，连库仑也曾断言，电与磁是两种完全不同的实体，它们不可能相互作用或转化。但是电与磁是否有一定的联系的疑问一直萦绕在一些有志探索的科学家的心头。1731 年，一名英国商人发现，雷电过后，他的一箱刀叉竟然有了磁性。1751 年，富兰克林发现莱顿瓶放电可使缝衣针磁化。

1820 年 7 月 21 日，奥斯特向世界公开“电生磁”的重要成果，即通电的导线能产生磁场，如图 4－1 所示。

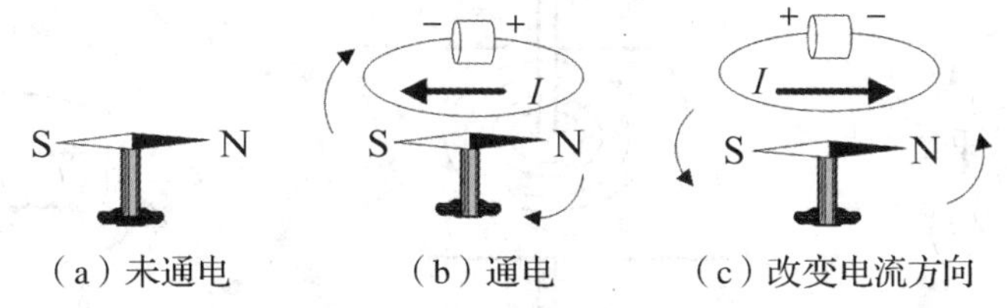

图 4－1　电流的磁效应

安培定则，也叫右手螺旋定则，是表示电流和电流激发磁场的磁感线方向间关系的定则。通电直导线中的安培定则（安培定则一，如图 4－2）：用右手握住通电直导线，让大拇指指向电流的方向，那么四指的指向就是磁感线的环绕方向。通电螺线管中的安培定则（安培定则二,如图 4-3):用右手握住通电螺线管,使四指弯曲与电流方向一致,那么大拇指所指的那一端是通电螺线管的 N 极。

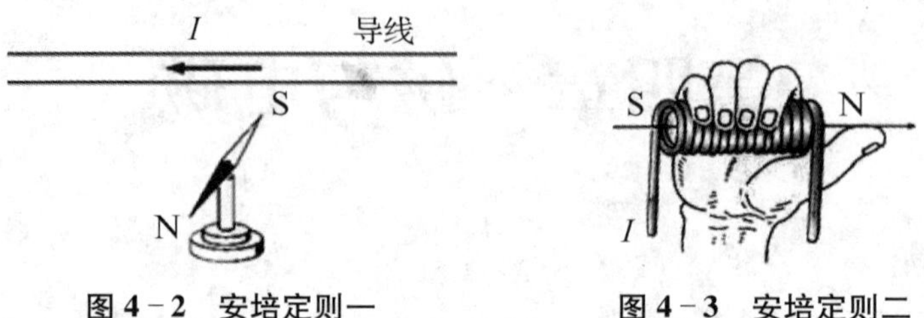

图 4-2 安培定则一　　图 4-3 安培定则二

2 表征磁场的几个基本物理量

收录机用于记录声音的器件是磁头和磁带。磁头由环形铁芯、绕在铁芯两侧的线圈和工作气隙组成。环形铁芯由软磁材料制成。收录机中的磁头包括录音磁头和放音磁头。声音的录音原理利用磁场的特点与性质,首先将声音变成电信号,然后将电信号记录在磁带上;放音原理同样利用磁场的特点与性质,再将记录在磁带上的电信号变换成声音播放出来。

2.1 磁体与磁感线

将一根磁铁放在另一根磁铁的附近,两根磁铁的磁极之间会产生互相作用的磁力,同名磁极互相排斥,异名磁极互相吸引。磁极之间相互作用的磁力,是通过磁极周围的磁场传递的。磁极在自己周围空间里产生的磁场,对处在它里面的磁极均产生磁场力的作用。

磁场可以用磁感线来表示,磁感线存在于磁极之间的空间中。磁感线的方向从 N 极出来,进入 S 极,磁感线在磁极处密集,并在该处产生最大磁场强度,离磁极越远,磁感线越疏。

2.2 磁场与磁场方向判定

磁铁在自己周围的空间产生磁场,通电导体在其周围的空间也产生磁场。条形磁铁周围的磁场方向如图 4-4 所示。通电直导线产生的磁场如图 4-5 所示,磁感线(磁场)方向可用安培定则(也叫右手螺旋法则)来判定。通电线圈产生的磁场如图 4-6 所示,磁感线是一些围绕线圈的闭合曲线,其方向也可用安培定则来判定。

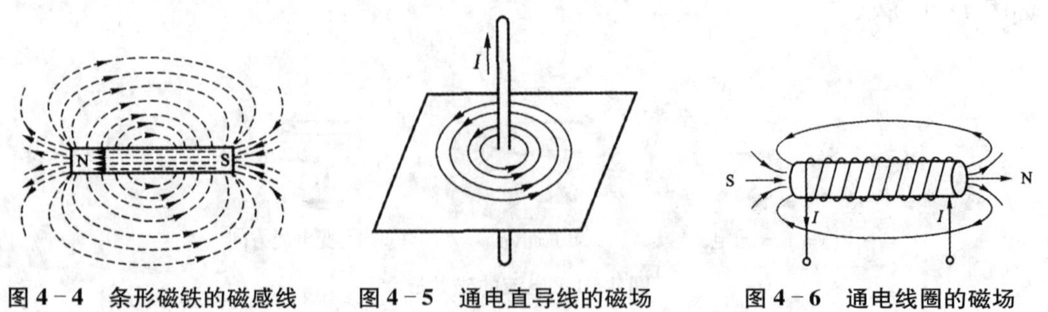

图 4-4 条形磁铁的磁感线　　图 4-5 通电直导线的磁场　　图 4-6 通电线圈的磁场

2.3 磁场中的基本物理量

磁感应强度 B 是表征磁场中某点的磁场强弱和方向的物理量,表示与磁场方向相垂直的单位面积上通过的磁通(磁力线),可用磁感线的疏密程度来表示,磁感线的密集度称为磁通密度。在磁感线密的地方磁感应强度大,在磁感线疏的地方磁感应强度小。

$$B=\frac{\Phi}{S} \tag{4-1}$$

式中:B 为磁感应强度,特斯拉(T),1 特斯拉(T)= 1.0×10^4 高斯(Gs)。

磁通量 Φ 是磁感应强度 B 与垂直于磁场方向的面积 A 的乘积,称为通过该面积的磁通 φ,如式(4-2)。磁通量的单位为韦伯(Wb),工程上用麦克斯韦(Mx),1 Wb = 10 Mx。

$$\Phi=BA \text{ 或 } B=\frac{\Phi}{A} \tag{4-2}$$

磁导率 μ 是一个用来表示磁场媒质磁性的物理量,也就是用来衡量物质导磁能力的物理量。真空中的磁导率是一个常数,用 μ_0 表示,即 $\mu_0=4\pi\times10^{-7}$ H/m。其他任一媒质的磁导率与真空的磁导率的比值称为相对磁导率,用 μ_r 表示,即

$$\mu_r=\frac{\mu}{\mu_0} \text{ 或 } \mu=\mu_0\mu_r \tag{4-3}$$

磁场强度 H 是指在磁场中,各点磁场强度的大小只与电流的大小和导体的形状有关,而与媒质的性质无关。H 的方向与 B 相同,在数值上为 $B=\mu H$,H 的单位为安/米(A/m)。

3　磁化与磁性材料

磁化是指使原来不具有磁性的物质获得磁性的过程。一些物体在磁体或电流的作用下会获得磁性,这种现象叫作磁化。磁性材料里面分成很多微小的区域,每一个微小区域就叫一个磁畴,每一个磁畴都有自己的磁矩(即一个微小的磁场)。一般情况下,各个磁畴的磁矩方向不同,磁场互相抵消,所以整个材料对外就不显磁性。当各个磁畴的方向趋于一致时,整块材料对外就显示出磁性。

所谓的磁化就是要让磁性材料中磁畴的磁矩方向变得一致。当对外不显磁性的材料被放进另一个强磁场中时就会被磁化,但是并非所有材料都可以磁化,只有少数金属及金属化合物可以被磁化,也就是磁性材料。磁性材料根据材质不同可以分为:

(1) 软磁材料,是指矫顽力小、容易磁化和退磁的磁性材料。其特点有磁滞回线细而长、高磁导率、低矫顽力、容易磁化也容易去磁。其主要用于导磁,可用作变压器、线圈、继电器等电子元件的导磁体。常见的软磁材料有金属软磁材料和软磁铁氧体两类。

常用的软磁材料有电工用纯铁、电工用硅钢片、铁镍合金与铁铝合金、非晶态合金。电工用纯铁含碳量极低、纯度在 99.95%以上,常用于铁芯、磁极、磁路等,影响性能的因素有结晶轴对磁化方向的取向、杂质、晶粒大小、金属的塑性变形等。电工用硅钢片可分为热轧非织构(无取向)硅钢片、冷轧非织构(无取向)硅钢片、冷轧高斯织构(单取向)硅钢片、冷轧立方织构(双取向)硅钢片。电工用硅钢片常用于电机、发电机、变压器、扼流圈、电磁机构、继电器、测量仪表,影响的因素有硅含量、晶粒大小、结晶结构、有害杂质(硝、氧、氢等)含量分布状况以及钢板厚度。铁镍合金与铁铝合金主要成分是铁、镍、铬、铜等元素,在弱磁场及中

等磁场下具有高磁导率、低饱和磁感应强度、低矫顽力、低损耗等优点。铁铝合金成本低、应用范围很广。含铝量在6%~16%时可以热轧成板材或带材。铁铝合金具有电阻率高、高硬度和耐磨性、比重小的特点。铁铝合金在使用时,随时间及环境温度的变化,磁性能会发生变化。非晶态合金包括铁基、钴基和铁镍基三种,其中:铁基非晶态软磁合金具有饱和磁感应强度高、损耗低的优点,但磁致伸缩系数大;钴基非晶态软磁合金的饱和磁感应强度较低、磁导率高、矫顽力低、损耗小,磁致伸缩系数趋近于零;铁镍基非晶态软磁合金的性能基本上介于两者之间。非晶态合金与晶态软磁材料相比,具有磁导率高、电阻大的特点。

(2) 硬磁材料,是指材料被外磁场磁化以后,去掉外磁场仍然保持着较强剩磁的材料,也称为永磁材料。评价永磁材料性能好的指标包括剩余磁感应强度、矫顽力、最大磁能积和凸起系数。

硬磁材料主要用来储藏和供给磁能,作为磁场源。硬磁材料在电子工业中广泛用于各种电声器件,在微波技术的磁控管中亦有应用。

(3) 磁记录材料,也称为磁头材料。其基本性能要求是具有高磁导率、高饱和磁感应强度、高电阻率和耐磨性。常用的磁头铁芯材料有合金、铁氧体、非晶态合金、薄膜磁头材料等。

(4) 其他磁性材料,主要有超磁致伸缩材料、巨磁电阻材料、巨磁化强度材料、软磁合金材料、磁光效应材料。其中:超磁致伸缩材料具有磁致伸缩现象,也就是铁磁性材料在磁场中被磁化时,沿外磁场方向其尺寸会发生微小变化,一般材料的磁致伸缩因数在$(30\sim60)\times10^{-6}$,超磁致伸缩材料的磁致伸缩因数在$(1\sim2)\times10^{-3}$;巨磁电阻材料具有磁电阻效应,即由磁场引起材料电阻发生变化;巨磁化强度材料也称为高磁化强度材料,饱和磁化强度高于传统的铁基和铁-钴基软磁合金的材料;磁光效应材料具有磁光记录功能。

4 磁路欧姆定律

一个磁路中的磁阻等于“磁动势”与磁通量的比值。这个定义可以表示为

$$\Phi = F/R_m \tag{4-4}$$

式中:R_m是磁阻,安培匝每韦伯或匝数每亨利;F是磁动势,安培匝;Φ是磁通量,韦伯。磁路中的磁通Φ等于作用在该磁路上的磁动势F除以磁路的磁阻R_m,即磁路欧姆定律。这个定律也称为霍普金森定律,被称为磁路欧姆定律的原因是其表达形式与电路欧姆定律类似。磁路与电路的对比见表4-1。

表4-1 磁路与电路的对比

<table>
<tr><td rowspan="2">磁路</td><td rowspan="2">Φ
I N</td><td rowspan="2">磁动势
$F=NI$</td><td rowspan="2">磁通 Φ</td><td rowspan="2">磁压降
HL</td><td rowspan="2">欧姆定律
$\Phi=\frac{F}{R_m}$</td><td rowspan="2">磁阻
$R_m=\frac{L}{\mu s}$</td><td rowspan="2">磁感应强度
$B=\frac{\Phi}{S}$</td><td colspan="2">安培环路定律</td></tr>
<tr><td>$\sum NI=\sum HL$</td><td>$\sum\Phi=0$</td></tr>
<tr><td>电路</td><td>I
+ E - U R</td><td>电动势
E</td><td>电流 I</td><td>电压降
U</td><td>欧姆定律
$I=\frac{E}{R}$</td><td>电阻
$R=\frac{L}{\rho s}$</td><td>电流强度
$J=\frac{I}{S}$</td><td>KVL
$\sum E=\sum U$</td><td>KCL
$\sum I=0$</td></tr>
</table>

磁通量总是形成一个闭合回路,但路径与周围物质的磁阻有关(如图 4-7),对于均匀磁路有

$$NI = HL = \frac{B}{\mu}L = \frac{\varphi}{S\mu}L \qquad (4-5)$$

令 $R_m = \frac{L}{\mu s}$,则

$$F = NI = \frac{\varphi}{S\mu}L = R_m\varphi \qquad (4-6)$$

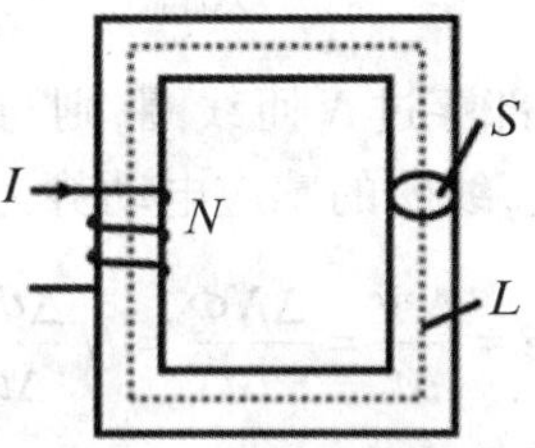

图 4-7　磁通量示意

5　电磁感应

现代社会工农业生产和日常生活都离不开电能,而我们使用的电能如何产生?交流发电机是电能生产的关键部件,而交流发电机就是利用电磁感应原理发出交流电。

在如图 4-8(a)所示的匀强磁场中,放置一根导线 AB,导线 AB 的两端分别与灵敏电流计的两个接线柱相连接,形成闭合回路。当导线 AB 在磁场中垂直磁感线方向运动时,电流计指针发生偏转,表明由感应电动势产生电流。如图 4-8(b)所示,将磁铁插入线圈,或从线圈抽出时,同样也会产生感应电流。也就是说,只要与导线或线圈交链的磁通发生变化(包括方向、大小的变化),就会在导线或线圈中感应电动势,当感应电动势与外电路相接,形成闭合回路时,回路中就有电流通过。这种现象称为电磁感应。

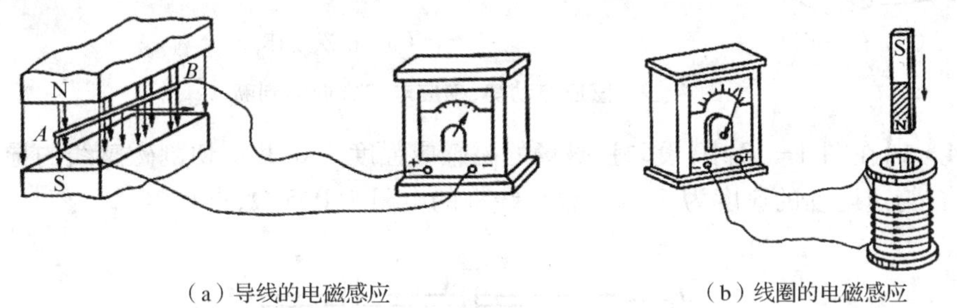

(a)导线的电磁感应　　(b)线圈的电磁感应

图 4-8　电磁感应实验

如果导线在磁场中做切割磁感线运动,就会在导线中感应电动势。其大小为

$$E = Blv \qquad (4-7)$$

当导线运动方向与导线本身垂直,而与磁感线方向成 θ 角时,导线切割磁感线产生的感应电动势为

$$E = Blv\sin\theta \tag{4-8}$$

感应电动势的方向可用右手定则判定，即伸开右手，让拇指与其余四指垂直，让磁感线垂直穿过手心，拇指指向导体的运动方向，四指所指的就是感应电动势的方向，如图 4-9(a)所示。感应电动势的大小可由法拉第定律得到，即当与线圈交链的磁场发生变化时，线圈中将产生感应电动势，感应电动势的大小与线圈交链的磁通变化率成正比。感应电动势 e 为

$$e = \frac{\Delta\Phi}{\Delta t} \tag{4-9}$$

如果线圈有 N 匝，而且磁通全部穿过 N 匝线圈，则与线圈相交链的总磁通为 N_{Φ}，称为磁链，用 Ψ 表示，单位还是 Wb。因此，线圈的感应电动势为

$$e = \frac{\Delta\Psi}{\Delta t} = \frac{\Delta N\Phi}{\Delta t} = N\frac{\Delta\Phi}{\Delta t} \tag{4-10}$$

当导体在磁场中做切割磁感线运动时，在导体中产生感应电动势，如果导体与外电路形成闭合回路，就会在闭合回路中产生感应电流，感应电流的方向与感应电动势的方向相同，也可用右手定则来判定，即感应电流产生的磁通总是阻碍原磁通的变化，这就是楞次定律。如图 4-9(b)所示，将磁铁插入线圈，或从线圈抽出时，线圈中将产生感应电流，而感应电流产生的磁通总是阻碍线圈中原磁通的变化。

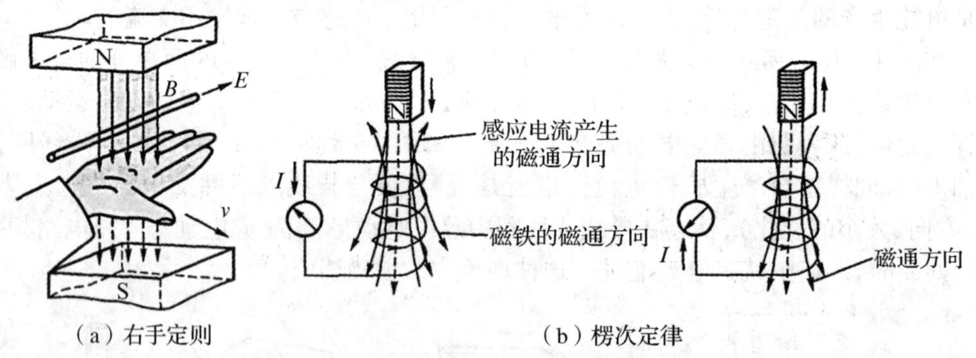

(a) 右手定则　　(b) 楞次定律

图 4-9　感应电动势、感应电流方向的判断

【例 4-1】在图 4-10 中，设匀强磁场的磁感应强度为 0.1 T，切割磁感线的导线长度为 40 cm，向右匀速运动的速度为 5 m/s，整个线框的电阻为 0.5 Ω，求：

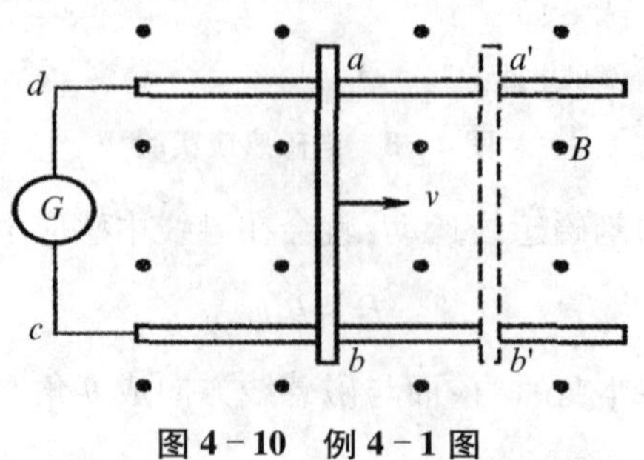

图 4-10　例 4-1 图

（1）感应电动势的大小；

（2）感应电流的大小和方向。

解：（1）线圈中的感应电动势为

$$E = Blv = 0.2 \text{ V}$$

（2）线圈中的感应电流为

$$I = \frac{E}{R} = 0.4 \text{ A}$$

利用楞次定律或右手定则，可以确定线圈中感应电流的方向是沿 $abcd$ 方向。

【例 4-2】在一个 $B=0.01$ T 的匀强磁场里，放一个面积为 0.001 m^2 的线圈，其匝数为 500 匝。在 0.1 s 内，把线圈从平行于磁感线的方向转过 90°，变成与磁感线方向垂直。求感应电动势的平均值。

解：在时间 0.1 s 里，线圈转过 90°，穿过它的磁通是从 0 变成

$$\Phi = BS = 1.0 \times 10^{-5} \text{ Wb}$$

在这段时间内，磁通量的平均变化率为

$$\frac{\Delta\Phi}{\Delta t} = \frac{\Phi - 0}{\Delta t} = 1.0 \times 10^{-4} \text{ Wb/s}$$

因此，磁感应电动势为

$$e = N\frac{\Delta\Phi}{\Delta t} = 0.05 \text{ V}$$

【例 4-3】如果将一个线圈按图 4-11 所示放置在磁铁中，让其在磁场中做切割磁力线运动，试判断线圈中产生的感应电动势的方向，并分析由此可以得出什么结论？

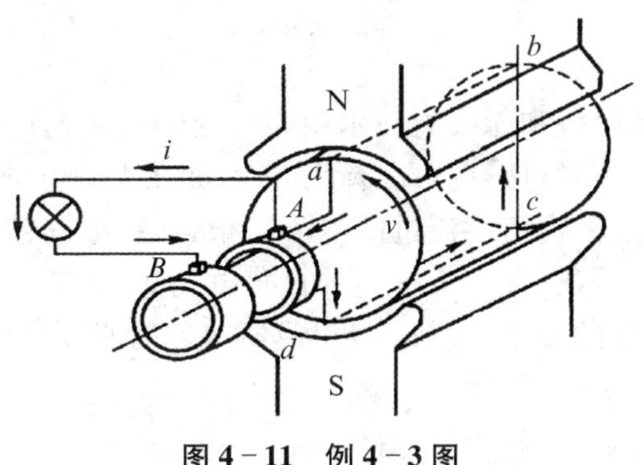

图 4-11　例 4-3 图

解：根据右手定则判断感应电动势的方向，如图 4-11 所示。若将线圈中的感应电动势从线圈两端引出，便获得一个交变电压，这就是发电机的原理。

6 自感和互感

6.1 自感

自感现象是电磁感应现象中的一种特殊情形。这种由于流过线圈本身电流变化引起感应电动势的现象,称为自感现象。这个感应电动势称为自感电动势。当电流流过回路时,在回路内要产生磁通,此磁通称为自感磁通,用符号 Φ_L 表示。当电流流过匝数为 N 的线圈时,线圈的每一匝都有自感磁通穿过,如果穿过线圈每一匝的磁通都一样,那么这个线圈的自感磁链为

$$\Psi_L = N\Phi_L \tag{4-11}$$

为了表明各个线圈产生自感磁链的能力,将线圈的自感磁链与电流的比值叫作线圈(或回路)的自感系数(或自感量),简称电感,用符号 L 表示,即

$$L = \frac{\Psi_L}{I} \tag{4-12}$$

根据法拉第电磁感应定律,则自感电动势的表达式为

$$e_L = \frac{\Delta\Psi}{\Delta t} \tag{4-13}$$

将 $\Psi_L = LI$ 代入,得

$$e_L = \frac{\Psi_{L2} - \Psi_{L1}}{\Delta t} = \frac{LI_2 - LI_1}{\Delta t} \tag{4-14}$$

即

$$e_L = L\frac{\Delta I}{\Delta t} \tag{4-15}$$

自感现象在各种电器设备和无线电技术中有广泛的应用,日光灯的镇流器就是利用线圈自感现象的一个例子。同时自感现象也有危害性,如在大型电动机的定子绕组中,定子绕组的自感系数很大,而且定子绕组中流过的电流又很强,在电路被切断的瞬间,由于电流在很短的时间内发生很大的变化,会产生很高的自感电动势,在断开处形成电弧,这不仅会烧坏开关,甚至危及工作人员的安全。因此,切断这类电路时必须采用特制的安全开关。

6.2 互感

在两个有磁耦合的线圈中,互感磁链与产生此磁链的电流比值,叫作这两个线圈的互感系数(或互感量),简称互感,用符号 M 表示,即

$$M = \frac{\Psi_{21}}{i_1} = \frac{\Psi_{12}}{i_2} \tag{4-16}$$

互感系数的单位和自感系数一样,也是亨利(H)。互感系数取决于两个耦合线圈的几何尺寸、匝数、相对位置和磁介质。当磁介质为非铁磁性物质时,M 是常数。工程上常用耦

合系数表示两个线圈磁耦合的紧密程度，耦合系数定义为

$$k=\frac{M}{\sqrt{L_1L_2}} \tag{4-17}$$

显然，$k\leqslant1$。当 k 近似为 1 时，为强耦合；当 k 接近于 0 时，为弱耦合；当 $k=1$ 时，称两个线圈为全耦合，此时自感磁通全部为互感磁通。

在图 4-12(a)中，当线圈Ⅰ中电流 i_1 变化时，线圈Ⅱ中产生变化的互感磁链 $\varPsi_{21}$，而 $\varPsi_{21}$ 的变化将在线圈Ⅱ中产生互感电动势 e_{M2}。若电流 i_1 与 $\varPsi_{21}$ 的参考方向以及 e_{M2} 与 $\varPsi_{21}$ 的参考方向都符合右手螺旋定则，则根据电磁感应定律可得

$$e_{M2}=\frac{\Delta\varPsi_{21}}{\Delta t}=M\frac{\Delta i_1}{\Delta t} \tag{4-18}$$

同理，在图 4-12(b)中，当线圈Ⅱ中的电流 i_2 变化时，在线圈Ⅰ中也会产生互感电动势 e_{M1}，若 i_2 与 $\varPsi_{12}$ 以及 $\varPsi_{12}$ 与 e_{M1} 的参考方向均符合右手螺旋定则，则有

$$e_{M1}=\frac{\Delta\varPsi_{12}}{\Delta t}=M\frac{\Delta i_2}{\Delta t} \tag{4-19}$$

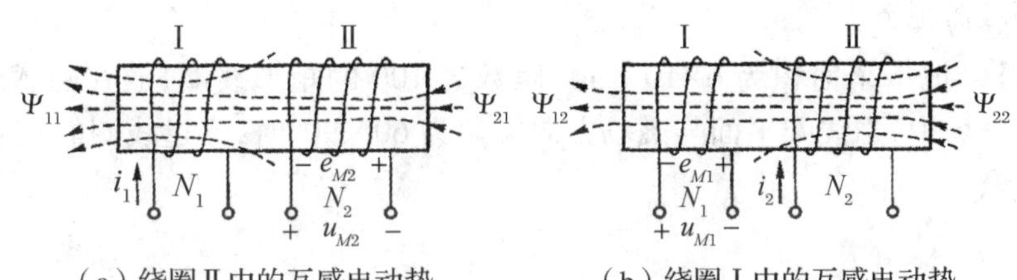

（a）绕圈Ⅱ中的互感电动势　（b）绕圈Ⅰ中的互感电动势

图 4-12　线圈中的互感电动势

7　磁场对电流的作用

7.1　磁场对电流的作用

当通电导体附近有磁体时，通电导体会受到力的作用。物理学上把磁场对通电导体（或电流）的作用力称为安培力。

安培定律：在匀强磁场中，当通电直导线与磁场方向垂直时，通电导线所受的安培力最大，等于磁感应强度 B、电流 I 和导线长度 L 的乘积，即 $F=BIL$。

7.2　影响安培力方向的因素

安培力方向不仅与磁场方向有关，还与电流方向有关。通电直导线所受安培力方向的判定方法为左手定则。

左手定则规定：伸开左手，让拇指与其余四个手指垂直，并与手掌在同一平面内，让磁感线垂直穿过手心，四指指向电流方向，则拇指所指方向即为通电导线在磁场中的受力方向。左手定则是用来判断安培力 F 方向与电流和磁场方向之间的关系。

习题

【题 4-1】 关于垂直于磁场方向的通电直导线所受磁场作用力的方向，正确的说法是（　　）

A. 跟磁场方向垂直，跟电流方向平行

B. 跟电流方向垂直，跟磁场方向平行

C. 既跟磁场方向垂直，又跟电流方向垂直

D. 既不跟磁场方向垂直，也不跟电流方向垂直

【题 4-2】 关于磁感应强度，下列说法正确的是（　　）（多选）

A. 磁感应强度的大小反映磁场的强弱

B. 磁感应强度是描述磁场的强弱和方向的物理量

C. 磁感应强度的方向就是通电导线在磁场中受作用力的方向

D. 磁感应强度的方向就是通电导线在磁场中受作用力的方向

【题 4-3】 一电磁铁横截面积为 5.0 cm^2，已知垂直穿过此面积的磁通量为 3.75×10^{-4} Wb，求磁感应强度。

【题 4-4】 把一个面积为 6×10^{-2} m^2、匝数为 100 的矩形线圈，放在磁感应强度为 4×10^{-2} T 的匀强磁场中，当线圈平面与磁场方向夹角为 60°、90°时，穿过线圈的磁通量是多少？

第五章　变压器

变压器是一种静止的电气设备，利用电磁感应原理，可用来把某一数值的交变电压电能变换为同频率的另一数值的交变电压电能。此外，变压器还能够进行交流电流的变换以及阻抗变换。

在电力系统中，借助电力变压器可以实现电压等级的变换、传输和分配等功能。在电力输电方面，当输送功率 $P=UI\cos\Phi$ 及负载功率因数 $\cos\Phi$ 为一定时，电压 U 愈高，则线路电流 I 愈小。这不仅可以减小输电线的截面积，节省材料，同时还可减小线路的功率损耗。例如，输电距离在 200~400 km，输送容量为 200~300 MW 的输电线，输电电压需要 220 kV。比如，我国从葛洲坝水力发电厂到上海的输电线路电压高达 500 kV。因此，在输电时必须利用升压变压器将电压升高。在用电方面，用户使用的电压对大型动力设备多采用 6 kV 或 10 kV，对小型动力设备和照明用电则为 380/220 V，特殊的地方用 36 V 或 12 V。为了保证用电安全和合乎用电设备的电压要求，电能输送到用电区后，要经过降压变压器将高电压降低到用户需要的电压等级供使用。因此，变压器在电力系统中被广泛应用，比如船舶电力系统。

在一般工业和民用产品中，借助变压器可以实现电源与负载的阻抗匹配、电路隔离、高压或者大电流的测量等功能，比如：电源变压器、阻抗变换器、电压互感器、电流互感器等。在电子线路中，除电源变压器外，变压器还用来耦合电路，传递信号，并实现阻抗匹配等功能。

此外，还有自耦变压器、互感器以及各种专用变压器（用于电焊、电炉及整流等）。变压器的种类很多，但是它们的基本构造和工作原理是相同的。

1　变压器的基本结构和原理

1.1　基本结构

变压器主要由铁芯和绕组两部分组成。铁芯既是变压器的磁路构成部分，又是套装绕组的骨架，采用相互绝缘的薄硅钢片叠成。铁芯由芯柱和铁轭两部分组成。芯柱用来套装绕组，铁轭将芯柱连接起来，形成闭合回路。绕在变压器铁芯上的线圈，称为变压器的绕组。将与交流电源一侧相连的绕组称为原边（也称一次绕组或初级绕组）；与负载一侧相连的绕组称为副边（也称二次绕组或次级绕组）。变压器结构示意及表示符号见图 5－1。

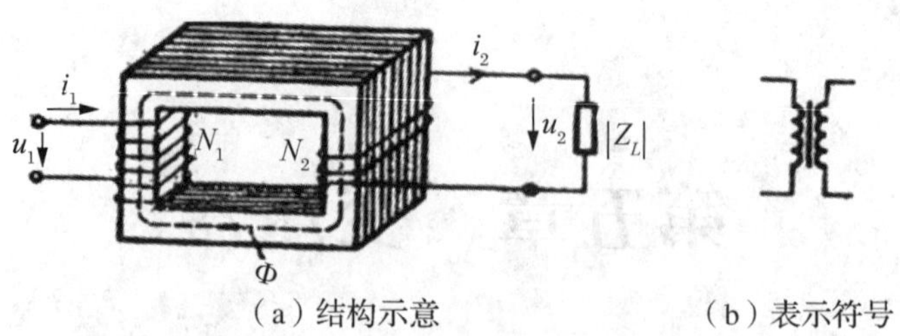

（a）结构示意　　（b）表示符号

图 5-1　变压器结构示意及表示符号

根据铁芯的形状及高低压绕组的相对位置，变压器可分为心式和壳式两种结构。心式变压器的铁芯为“口”字形，其原副边绕组分别套在两边的铁芯柱上，而壳式变压器的铁芯为“日”字形，其原副边绕组同套在它的中心铁柱上，见图 5-2。

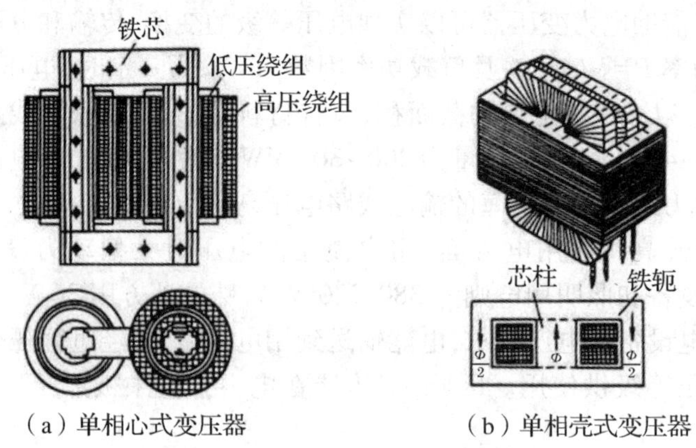

（a）单相心式变压器　　（b）单相壳式变压器

图 5-2　单相变压器的结构

根据冷却方式的不同，变压器一般分为两种：一种是利用自身周围空气的流通进行冷却的干式变压器；另一种是将变压器浸在变压器油中，利用油的对流进行冷却的湿式变压器。为了避免变压器油可能带来的火灾隐患，目前船舶电力系统中都采用干式变压器。

1.2　变压器的额定值

额定容量 S_N，额定电压 U_{1N}、U_{2N}，额定电流 I_{1N}、I_{2N}。对于单相变压器，有 $S_N = U_{1N}I_{1N} = U_{2N}I_{2N}$；对于三相变压器，有 $S_N = \sqrt{3}\,U_{1N}I_{1N} = \sqrt{3}\,U_{2N}I_{2N}$。

变压器的二次绕组的额定电压是指一次绕组接额定电压的电源，二次绕组开路时的线电压。

1.3　基本原理

变压器的基本原理是电磁感应原理，现以单相双绕组变压器为例说明其基本工作原理（如图 5-3）：当一次侧绕组上加上电压 $\dot{U}_1$ 时，流过电流 $\dot{I}_1$，在铁芯中就产生交变磁通 $\dot{\Phi}_1$，这些磁通称为主磁通，在其作用下，两侧绕组分别感应电势 $\dot{E}_1$、$\dot{E}_2$，感应电势公式为

$$E = 4.44fN\Phi_m \tag{5-1}$$

式中：E 为感应电势有效值；f 为频率；N 为匝数；Φ_m 为主磁通最大值。

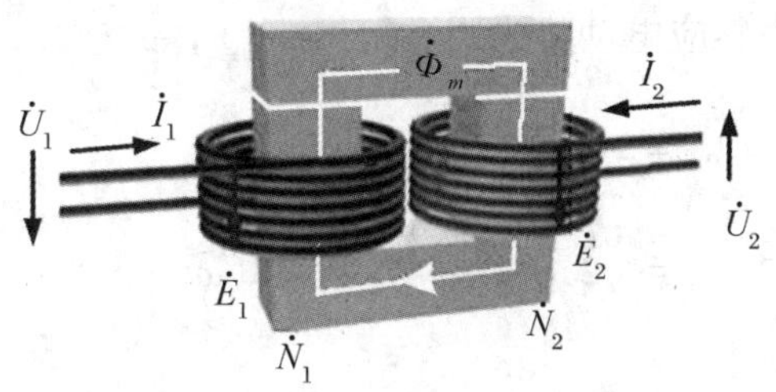

图 5-3　单相双绕组变压器

由于二次绕组与一次绕组匝数不同,感应电势 $\dot{E}_1$ 和 $\dot{E}_2$ 大小也不同,当略去内阻抗压降后,电压 $\dot{U}_1$ 和 $\dot{U}_2$ 大小也就不同。

当变压器二次侧空载时,一次侧仅流过主磁通的电流(i_0),这个电流称为励磁电流。当二次侧加负载流过负载电流 $\dot{I}_2$ 时,也在铁芯中产生磁通,力图改变主磁通,但一次电压不变时,主磁通是不变的,一次侧就要流过两部分电流,一部分为励磁电流 i_0,一部分为用来平衡 i_2,所以这部分电流随着 i_2 变化而变化。当电流乘以匝数时,就是磁势。变压器的负载运行见图 5-4。

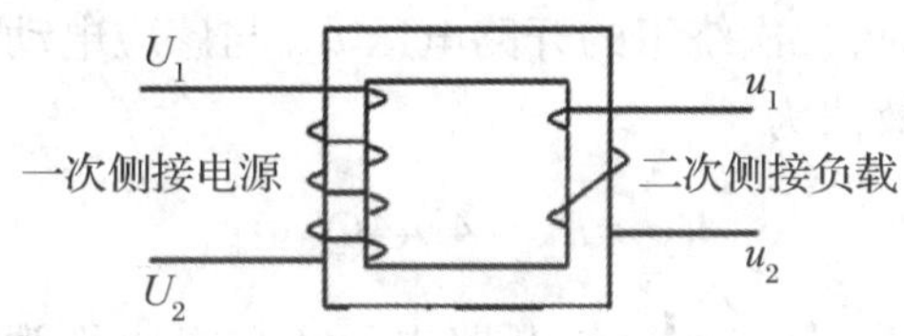

图 5-4　变压器的负载运行

上述的平衡作用实质上是磁势平衡作用,变压器就是通过磁势平衡作用实现一、二次侧的能量传递。

$$K = U_1/U_2 = N_1/N_2 \tag{5-2}$$

式中:K 为变压器原副边绕组的匝数比,也称变压比或变比。

2　变压器空载运行

如果忽略漏磁通的影响,并设铁芯内主磁通 Φ 按正弦规律变化,即认为 $\Phi = \Phi_m \sin \omega t$,则变压器一、二次绕组内产生的感应电动势 e_1、e_2 分别为

$$\begin{aligned} e_1 &= -N_1 \frac{\mathrm{d}\Phi}{\mathrm{d}t} \\ &= -N_1 \omega \Phi_m \cos \omega t = -N_1 2\pi f \Phi_m \cos \omega t \\ &= \sqrt{2} \times 4.44 f N_1 \Phi_m \sin(\omega t - 90°) \end{aligned} \tag{5-3}$$

感应电动势 e_1 的有效值为

$$E_1 = 4.44fN_1\Phi_m \tag{5-4}$$

同理可知，二次绕组内感应电动势为

$$\begin{aligned} e_2 &= -N_2\frac{\mathrm{d}\Phi}{\mathrm{d}t} \\ &= \sqrt{2}\times 4.44fN_2\Phi_m\sin(\omega t - 90°) \end{aligned} \tag{5-5}$$

e_2 的有效值为

$$E_2 = 4.44fN_2\Phi_m \tag{5-6}$$

在忽略漏磁通及一次绕组导线电阻影响后，一次绕组的电压 u_1 与感应电动势 e_1 之间关系为 $u_1 \approx -e_1$。

由此可知 $U_1 \approx E_1$，得

$$\Phi_m \approx \frac{U_1}{4.44fN_1} \tag{5-7}$$

磁通的最大值 Φ_m 由原边电压有效值 U_1 决定，这个结论在讨论交流铁芯线圈问题时已经得出。

变压器二次绕组开路时，二次绕组的开路电压 u_{20} 与感应电动势 e_2 的关系为 $u_{20}=e_2$。

二次绕组开路电压有效值为

$$U_{20} = E_2 = 4.44fN_2\Phi_m \tag{5-8}$$

变压器一次绕组电压 U_1 与二次绕组开路电压 U_{20} 之比称为变压器的变压比，简称变比，用字母 k 表示，即

$$k = \frac{U_1}{U_{20}} \approx \frac{N_1}{N_2} \tag{5-9}$$

变压器的变比，习惯上总是用高压绕组的圈数与低压绕组的圈数相比，因此变比 k 总是大于 1。

只要 $N_1 \neq N_2$，$k \neq 1$，一次、二次绕组的电压也就不相等，实现变压的目的。$k>1$ 是降压变压器；$k<1$ 是升压变压器。变压器一次绕组接额定电压，二次绕组开路，称为变压器空载运行。此时，变压器一次绕组流过一个很小的电流，称为空载电流 i_0，占额定电流的 2%~5%，因此空载时变压器的铜损耗是很小的。

又

$$\begin{cases} U_1 = E_1 = 4.44fN_1\Phi_m \\ U_2 = E_2 = 4.44fN_2\Phi_m \end{cases} \tag{5-10}$$

空载时，由于电压是额定电压，因此铁芯中的磁通幅值已经是额定运行时的数值（其实还要略高些），此时变压器的铁损就已经达到额定运行时的数值。

根据物理量正方向的规定，得空载运行时的电压方程式为

$$\begin{cases}\dot{U}_1=-\dot{E}_1+j\dot{I}_0X_1+\dot{I}_0R_1\\ \dot{U}_2=\dot{E}_2\end{cases} \tag{5-11}$$

再定义励磁电阻和励磁电抗,一次绕组的电压方程变为

$$\dot{U}_1=\dot{I}_0(R_m+jX_m+R_1+jX_1) \tag{5-12}$$

得等效电路如图 5-5。根据一次绕组的电压方程式,得相量图 5-6。

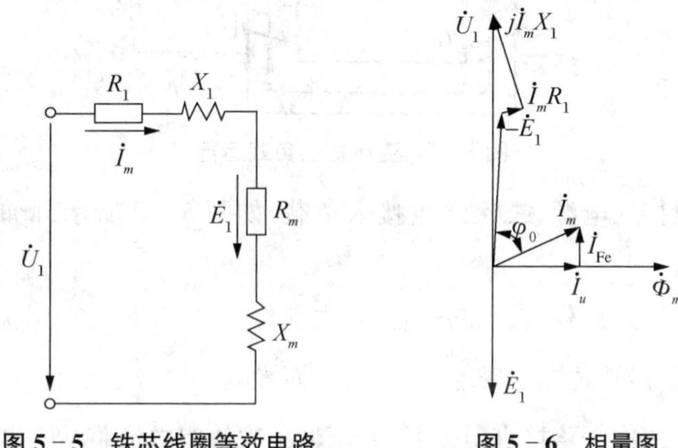

图 5-5　铁芯线圈等效电路　　　　图 5-6　相量图

3　变压器的负载运行

不管是空载运行还是负载运行,可以认为绕组中的感应电动势基本不变,因此铁芯中的主磁通基本不变,这是分析负载运行的一个基本出发点。

根据变压器的原理,当二次绕组中出现电流时,一次绕组的电流也将发生变化,但由于铁芯中的主磁通基本不变,因此一次绕组和二次绕组的合成磁势也基本不变。空载时变压器铁芯中的磁势是由一次绕组电流单独建立的;负载时铁芯内的磁势是由一次绕组和二次绕组电流共同产生的,但合成磁势与空载时相比基本不变。

3.1　负载运行时的方程式

根据图 5-7 中的参考方向,磁势平衡式为

$$\dot{I}_1N_1+\dot{I}_2N_2=\dot{I}_mN_1$$

电压平衡式为

$$\begin{cases}\dot{U}_1=-\dot{E}_1+\dot{I}_1Z_1\\ \dot{U}_2=\dot{E}_2-\dot{I}_2Z_2\end{cases}$$

其中

$$\begin{cases}Z_1 = R_1 + jX_1 \\ Z_2 = R_2 + jX_2\end{cases}$$

式中：X_1 为一次绕组漏抗；X_2 为二次绕组漏抗。

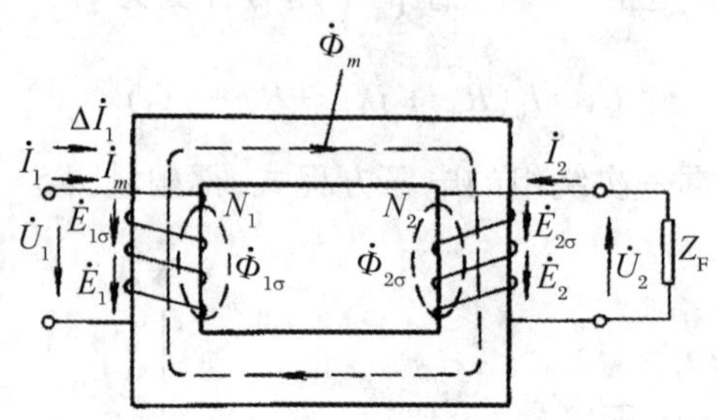

图 5－7　变压器的负载运行

变压器一次绕组接入电源，二次绕组接入负载，如图 5－7 所示，此时称变压器为负载运行。

变压器二次绕组接入负载后，电路闭合，在电动势 e_2 作用下，二次电路出现电流 $\dot{I}_2$。电流 $\dot{I}_2$ 的出现将对变压器铁芯内的磁通有影响，从而影响一、二次绕组内的感应电动势，影响一次绕组内的电流。二次电路接有负载后，变压器一次绕组电流将从空载电流 $\dot{I}_{10}$ 变为 $\dot{I}_1$。

随着变压器二次绕组电流 $\dot{I}_2$ 的增大，变压器输出功率也增加，根据能量守恒原理，这时必然导致电源传给变压器一次绕组的电功率增加，在电压不变的情况下，欲使一次变电功率增加，只能是一次绕组的电流 $\dot{I}_1$ 随着 $\dot{I}_2$ 的增大而增大。

在忽略漏磁和一次绕组电阻的损耗时，电流之比与变压比正好相反，即

$$\frac{I_1}{I_2} = \frac{N_2}{N_1} = \frac{1}{k} = \frac{U_2}{U_1} \tag{5-13}$$

也就是说，变压器的电流比等于变比 k 的倒数。

3.2　阻抗变换

在某些电路中，常对负载阻抗的大小有要求，以便使负载获得较大的功率。当负载阻抗难于达到匹配要求时，可以用变压器进行阻抗变换，即只要适当选择变压器的变比，就可以使负载与电路进行匹配，获得较大的功率。

如图 5－7 所示变压器，二次电路接入的负载电阻为 R_L，从变压器一次输入端点得到的等效阻抗模为

$$|Z_1| = \frac{U_1}{I_1}$$

变压器二次电路接入的阻抗模 $|Z_2|$ 为

$$|Z_2| = \frac{U_2}{I_2}$$

于是,有

$$|Z_1|=\frac{U_1}{I_1}=\frac{kU_2}{I_2/k}=k^2\frac{U_2}{I_2}=k^2|Z_2| \tag{5-14}$$

式(5－14)表明,若变压器二次电路负载阻抗为 Z_2,则一次电路的等效阻抗值为 $k^2|Z_2|$。$k^2|Z_2|$称为二次电路阻抗折合成的一次电路值,并用字母$|Z_2'|$表示。

因此,只要改变变压器的变比就可以获得所需的匹配阻抗值。

【例5－1】一台降压变压器,一次绕组额定电压 $U_{1N}=220$ V,二次绕组电压 $U_{2N}=36$ V,铁芯内磁通最大值 $\Phi_m=10\times10^{-4}$ Wb,电源频率 $f=50$ Hz。

(1) 求变压器一、二次绕组的匝数。

(2) 如果二次绕组负载电阻 $R_2=30\ \Omega$,变压器一、二次绕组电流各是多少 A(励磁电流 I_{10} 忽略不计)。

解:(1) 由式(5－7)可知变压器一次绕组的匝数为

$$N_1\approx\frac{U_1}{4.44f\Phi_m}=1\ 000$$

二次线组的匝数为

$$N_2=\frac{U_2}{U_1}N_1=164$$

(2) 负载电阻 $R_2=30\ \Omega$,所以二次绕组电流为

$$I_2=\frac{U_2}{R_2}=1.2\ \text{A}$$

一次绕组电流为

$$I_1\approx\frac{I_2}{k}=0.196\ \text{A}$$

【例5－2】信号源电压 $U_S=10$ V,内阻 $R_S=0.4$ kΩ。负载电阻 $R_L=8\ \Omega$。为使负载能够获得最大功率,在信号源与负载 R_L 间接入一个变压器,如图 5－8 所示。求变压器的变比及变压器一、二次电压、电流有效值和负载 R_L 的功率。

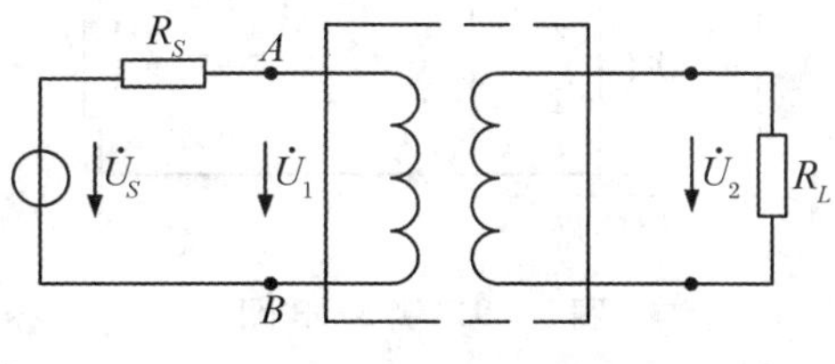

图5－8　例5－2图

解:(1) 求变比。根据 $R_L'=R_S$ 时,负载获得最大功率,由式(5－14)知

$$R_L'=k^2R_L$$

变比为

$$k = \sqrt{\frac{R'_L}{R_L}} = \sqrt{\frac{R_S}{R_L}} = 7.1$$

（2）变压器变比 $k=7.1$ 时，A 和 B 之间的等效电阻 $R'_L=k^2R_L$ 为 0.4 kΩ。在 $R'_L=R_S$ 时，电压为

$$U_1 = \frac{1}{2}U_S = 5\ \text{V}$$

二次电压为

$$U_2 = \frac{U_1}{k} = 0.71\ \text{V}$$

二次电流为

$$I_2 = \frac{U_2}{R_2} = 88\ \text{mA}$$

一次电流为

$$I_1 = \frac{I_2}{k} = 12.5\ \text{mA}$$

负载功率为

$$P_2 = U_2 I_2 = 63\ \text{mW}$$

【例 5－3】在图 5－9 中，交流信号源的电动势 $E=120$ V，内阻 $R_0=800\ \Omega$，负载电阻 $R_L=8\ \Omega$。

（1）当 R_L 折算到原边的等效电阻 $R'_L=R_0$ 时，求变压器的匝数比和信号源输出的功率。

（2）当将负载直接与信号源连接时，信号源输出多大功率？

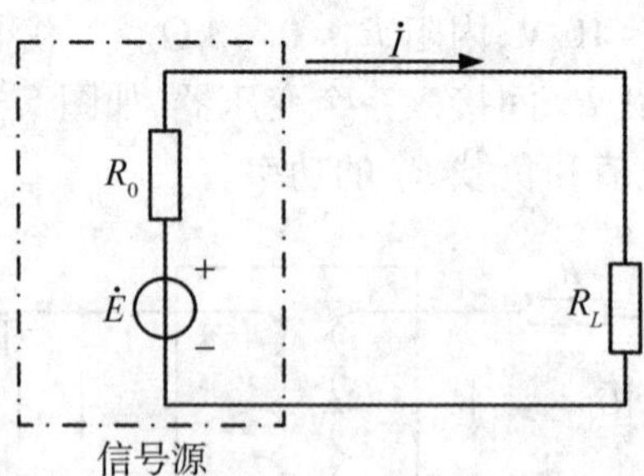

图 5－9　例 5－3 图

解：（1）变压器的匝数比应为

$$\frac{N_1}{N_2} = \sqrt{\frac{R'_L}{R_L}} = 10$$

信号源的输出功率为

$$P = \left(\frac{E}{R_0 + R'_L}\right)^2 R'_L = 4.5\ \text{W}$$

(2) 当将负载直接接在信号源上时,有

$$P = \left(\frac{E}{R_0 + R'_L}\right)^2 \times R_L = 0.176\ \text{W}$$

4　变压器的功率关系、效率及铭牌

变压器运行时,改变负载就会影响二次输出电压与电流的大小。在变压器负载阻抗 Z_2 改变时,二次电压与二次电流之间的关系 $U_2 = f(I_2)$ 称为变压器的外特性。

变压器的外特性及效率是变压器运行时的两个重要问题。

4.1　变压器的外特性

交流供电系统中用电设备通常要通过变压器接入电源。在变压器一次接入额定电压、二次开路时,二次的开路电压为 U_{20},这个数值是变压器二次的额定电压,即 $U_{2N} = U_{20}$。

变压器二次接入负载后,有电流输出,二次绕组产生压降,输出电压变为 U_2。变压器二次输出电压 U_2 随输出电流 I_2 改变的关系,即 $U_2 = f(I_2)$ 关系称为变压器的外特性。根据 $U_2 = f(I_2)$ 关系绘制的曲线称为变压器的外特性曲线,如图 5-10 所示。为了满足不同负载的工作要求,不同用途的变压器具有不同的外特性。例如,照明用变压器应当有一条较为平直的外特性,但是有些负载则要求变压器具有下垂的外特性,如电焊设备用的变压器。

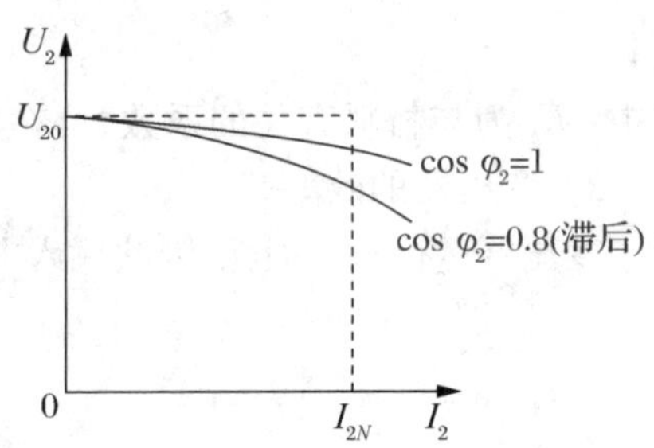

图 5-10　变压器的外特性曲线

造成变压器二次输出电压 U_2 随输出电流 I_2 的增大而下降的原因是,变压器一、二次电路中的漏阻抗及导线电阻上的电压随电流 I_2 的增加而加大,从而使得 U_2 随之下降。

变压器的外特性通常是在一次电压 U_1、负载功率因数 $\cos\varphi_2$ 为定值的情况下测试出来的。一般变压器二次输出电压 U_2 随电流 I_2 的增加而减小,从空载时的电压 U_{2N}(即 U_{20})到电流达到额定值 I_{2N} 时,二次电压降至 U_2,如图 5-10 所示,变化的程度用电压变化率表示。

$$\Delta U\% = \frac{U_{2N} - U_2}{U_{2N}} \times 100\% \qquad (5-15)$$

一般电力变压器(如工厂动力用变压器、居民照明用变压器)电压变化率小于 5%~10%。

4.2　变压器的效率

变压器工作时是有损耗的,损耗的来源主要有两个部分,即导线电阻产生的损耗,称为铜损耗,以及由于铁芯发热产生的铁损耗。

1）铜损耗

变压器一、二次绕组导线存在有电阻，有电流时就会有损耗，这部分损耗习惯上称为变压器的铜损。

变压器的铜损耗的大小与导线通过的电流大小有关，额定电流下损耗最大，其值为

$$P_{Cu}=I_{1N}^2R_1+I_{2N}^2R_2 \tag{5-16}$$

式中：R_1、R_2 分别为变压器一、二次绕组的导线电阻。

2）铁损耗

变压器的铁损耗 P_{Fe} 是由磁滞损耗 P_h 及涡流损耗 P_e 两部分构成的。

（1）磁滞损耗。磁滞损耗是由铁磁场质的磁滞现象引起的，铁磁材料每交变磁化一次，单位体积所损耗的能量正比于磁滞回线的面积。磁滞损耗 P_h 可以用经验公式计算，即

$$P_h=K_hfB_m^2 \tag{5-17}$$

式中：K_h 为与材料有关的系数，可在电工手册中查出；f 为电源频率；B_m 为铁芯内的磁感应强度。

（2）涡流损耗。铁磁材料在交变磁通作用下，在垂直于磁通 Φ 的截面上会出现感应电流，称为涡流。涡流将会引起铁芯发热造成功率损耗，称涡流损耗 P_e。涡流损耗的经验计算公式为

$$P_e=K_efB_m^2 \tag{5-18}$$

式中：K_e 为与材料有关的系数，可在电工手册中查出。

3）变压器的效率

变压器运行时有损耗，因此输入电功率 P_1 要比输出的电功率 P_2 大。变压器的效率 η 为

$$\eta=\frac{P_2}{P_1}\times 100\% \tag{5-19}$$

一般变压器的效率都比较高，通常在95%以上。例如，大型电力变压器的效率可达99%，电子设备中使用的小变压器效率稍低些。

测量变压器的效率时（特别是容量较大的变压器），直接给它接入满负载有困难而且也不经济，通常采用无载试验测出变压器的铁损耗 P_{Fe}，短路试验测定出变压器的铜损耗 P_{Cu}，按下述公式可计算出变压器的效率，即

$$\eta=\frac{P_2}{P_1}=\frac{P_2}{P_2+P_{Fe}+P_{Cu}}\times 100\% \tag{5-20}$$

式中：P_2 是变压器输出功率，$P_2=U_2I_2\cos\varphi_2$。

4.3 变压器的额定值及型号

额定值是国家（或有关部门）对变压器正常运行时所作的使用规定。在额定工作状态下运行可以保证变压器长期可靠地工作，并且有良好的性能。变压器的主要额定值分述如下。

1）额定容量 S_N

额定容量又称视在功率，其值等于变压器额定电压 U_N 与额定电流 I_N 的乘积，单位是VA或kVA。

三相变压器的容量为

$$S_N = \sqrt{3}U_{1N}I_{1N} = \sqrt{3}U_{2N}I_{2N} \tag{5-21}$$

式中：U_{1N}、I_{1N}（U_{2N}、I_{2N}）是变压器一（二）次的线电压、线电流。

单相变压器的容量为

$$S_N = U_{1N}I_{1N} = U_{2N}I_{2N} \tag{5-22}$$

变压器的额定容量反映该变压器能传送电功率的能力。变压器运行时，输出功率大小与负载功率因数 $\cos\varphi$ 有关。

例如容量 $S_N = 10$ kVA 的变压器，二次绕组接入 $\cos\varphi = 0.8$ 的负载，在输出电流 $I_2 = I_{2N}$ 时，变压器的输出功率 $P_2 = \sqrt{3}U_{2N}I_{2N}\cos\varphi$，为 8 kW。

2）额定电压 U_N

变压器的额定电压是指变压器二次绕组空载时各绕组的电压。对于三相变压器额定电压是指线电压。使用变压器时应当注意接入的电源电压是否与绕组的额定电压值相符合（一般允许有一定的变化范围，例如±（5%～10%）），如果电压值不符，有可能造成重大事故。

例如额定电压为 220 V 的变压器接在 380 V 电源线上，电压几乎增高一倍，这样铁芯中的磁通 Φ_m 也将增大约一倍。但磁通 Φ_m 的增加与励磁电流 I_{10} 的增加不是线性关系，在铁芯中 Φ_m 已经很高的情况下若其值再增大 1 倍，励磁电流将会较正常值增大很多倍（几十或上百倍），这样将造成变压器的铁损耗与铜损耗大大增加，引起发热，将严重地损坏变压器。因此，变压器一定要在额定电压下运行。

3）额定电流 I

变压器的额定电流是以容量除以额定电压计算得出。例如一台三相双绕组电力变压器，$S_N = 100$ kVA，$U_{1N} = 6$ kV，$U_{2N} = 400$ V，这台变压器一、二次绕组的额定电流分别为

$$I_{1N} = \frac{S_N}{\sqrt{3}U_{1N}} = 9.36\ \text{A},\ I_{2N} = \frac{S_N}{\sqrt{3}U_{2N}} = 144\ \text{A}$$

使变压器二次电流达到额定值的负载称为变压器的额定负载。

变压器在额定电流下运行，使用寿命是有保障的（一般可使用 20 a 以上）；但是若电流长期超过额定电流运行，铜损耗增加，发热加剧，变压器温度升高，会使绕组的绝缘材料迅速老化甚至烧毁，致使变压器的使用寿命大大缩短，所以使用变压器时注意不要使电流较长时间地超过额定值运行。

变压器的额定值除上述之外，还有额定频率 f_N（我国电力变压器是 50 Hz，国外有的为 60 Hz）、相数 m 等，这些数据通常都标注在变压器的铭牌上，所以额定值有时又称为铭牌值。

变压器的铭牌上还标志出变压器的接线图、连接组别、运行方式（是长期运行还是短时运行等）和冷却方式等使用条件。

4）变压器的型号

变压器型号（国家标准 GB 1094—79）是由基本代号及其后用一横线分开加注额定容量（kVA）/高压绕组电压等级（kV）。变压器的基本代号由产品类别、相数、冷却方式及其他结构特征四部分组成。变压器型号的表示方法如下：

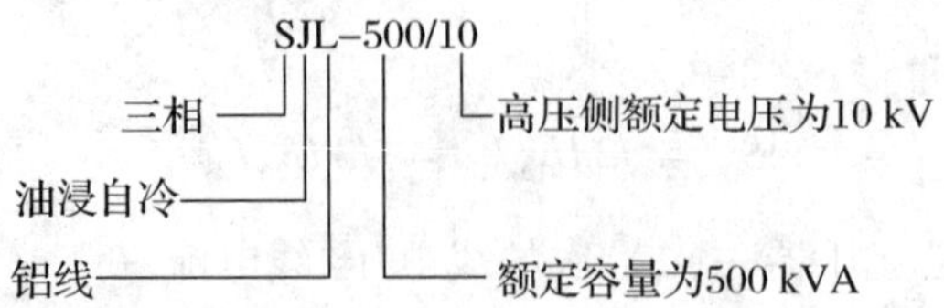

5）变压器无载与短路试验

（1）变压器无载试验。单相变压器无载试验的电路如图 5－11 所示。变压器做无载试验时，一次绕组加入额定电压，这时铁芯内的磁通及铁损耗是运行时的数值。由于是无载，一次绕组内的电流是励磁电流，通常变压器的励磁电流为额定电流的 2%～10%，由励磁电流产生的铜损耗可忽略不计，这时一次输入的功率全部供给铁损耗 P_{Fe}。

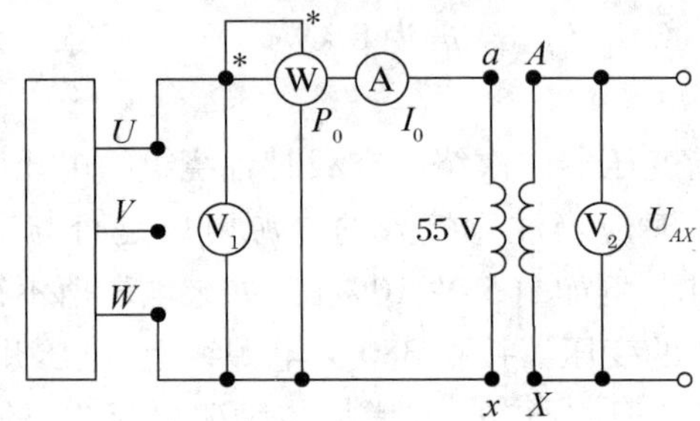

图 5－11　单相变压器无载试验

（2）变压器短路试验。单相变压器的短路试验电路如图 5－12 所示。变压器进行短路试验时，二次绕组短路，一次绕组电压通过自耦调压器供给，其值比额定电压低很多，以一次绕组电流达到额定值为限。短路试验时一次绕组接入的电压较额定电压低得多但电流达到额定值，这时铁损耗可以忽略，一次绕组输入的功率可认为全是铜损耗。

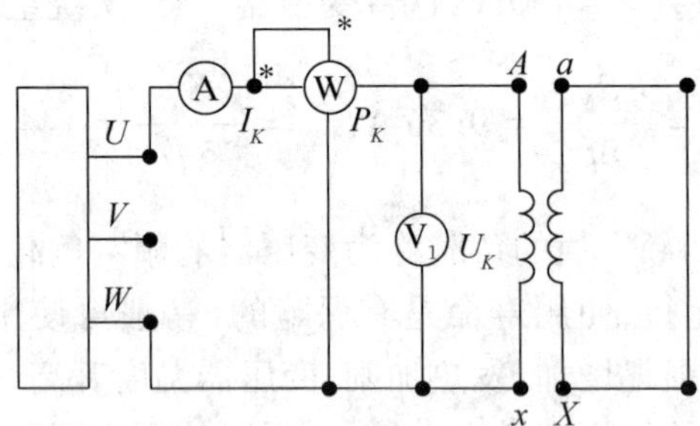

图 5－12　单相变压器短路试验

5　常用变压器结构及其类型

5.1　三相变压器的结构

现代交流电能的产生和输送基本采用三相制。欲把某一数值的三相电压变换为同频率的另一数值的三相电压，可用三台单相变压器连接成三相变压器组或用一台三相变压器来实现。三相变压器主要由铁芯、油箱、绝缘套管、分接开关以及防爆管等构成，其外形如图 5－13 所示。

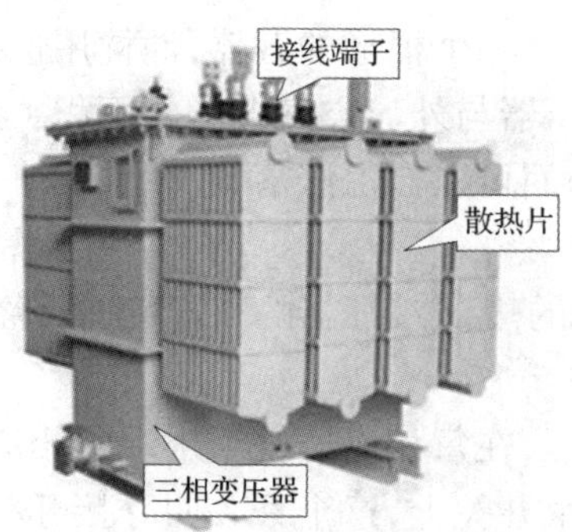

图 5-13　三相变压器的外形

1）铁芯

铁芯是变压器中的磁路部分，为了减少铁芯的磁滞损耗和涡流损耗，铁芯通常是用厚度为 0.35~0.50 mm 的硅钢片（含 4%~5%的硅）叠装而成，片与片之间用绝缘漆绝缘。铁芯分为铁柱和铁轭两部分，铁柱上套装有绕组，铁轭则作为闭合磁路之用。

另一种新型渐开线铁芯的结构，如图 5-14 所示。它是由 3 个渐开线铁芯柱及两个△形卷片式的铁轭对接而装成的。采用渐开线铁芯的变压器，其主要优点是结构紧凑，高度和体积都可减小，材料可节省 20%左右，而且生产过程便于自动化，从而大大降低制造成本。

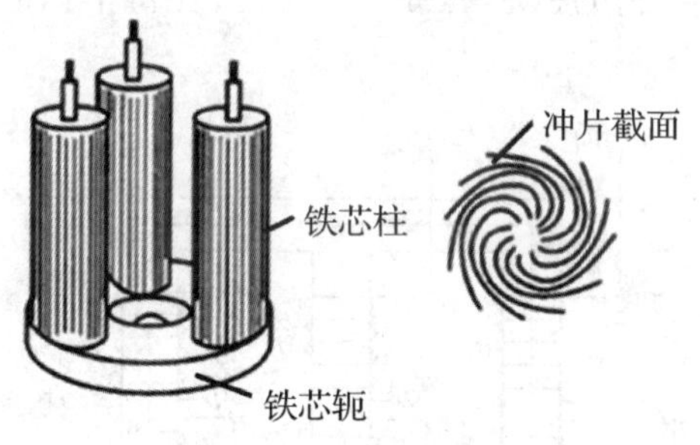

图 5-14　渐开线铁芯

2）绕组

绕组是变压器的电路部分，一般用绝缘的圆形或扁形铜线或铝线绕成。绕制方法多采用圆筒形，低压绕组套在铁芯上，高压绕组套在低压绕组外面。高、低压绕组之间以及低压绕组与铁芯之间都用绝缘纸筒绝缘。

铝线变压器具有成本低、节省铜材料等优点，因此铝线变压器在我国已有很大发展，数万千伏安以上的大容量铝线变压器已相继制成。

近年来，我国还制造成一种新型的铝箔干式变压器。这种变压器的结构特点是绕组采用铝箔卷制而成，再用环氧树脂浇注，不用变压器油，因此具有体积小、重量轻、造价低、功率因数高等一系列优点。

3）油箱

油箱是油浸式变压器的外壳，它是由钢板做成的。油箱一方面作盛变压器油和装置铁芯绕组用，另一方面还有散热作用。

变压器油是一种上等的绝缘油，它不仅可以冷却绕组和铁芯，同时还有增强各层绕组之间、绕组和铁芯之间绝缘性能的作用。

油枕位于变压器的顶盖上,是一个桶形的容器,油枕用连接管与油箱联通。

设置油枕的目的是减少变压器与外界空气接触的面积。此外,在油枕内装有呼吸管,使油面的空气与外界相通,使得油面可以自由涨落。

4）绝缘套管

变压器的外壳和铁芯是接地的,因此变压器的高压和低压绕组的出线端需经绝缘套管引出。

5）分接开关

为了调整变压器的输出电压,在每相高压绕组末端的相应位置上通常有±5%的抽头,并将这些抽头接到油箱盖上的一个开关上,这个开关叫分接开关。

在电网电压偏离额定值时,用分接开关调整高压绕组的匝数来保证二次电压为额定值。

6）防爆管

防爆管是变压器顶盖上一个喇叭形的管子,管口用膜片封住。

防爆管的作用是保护变压器,当变压器内部发生故障时,温度升高,油箱压力增大,防爆管的膜片首先破碎,油及气体由此喷出,油箱内压力减小,这样可以防止油箱的爆炸或变形。

小型变压器一般都没有油枕和防爆管,我国生产的变压器,在 100 kVA 以上才装有油枕,1 000 kVA 以上才有防爆管。

5.2　三相电压的变换

图 5 - 15 是三相变压器,它的铁芯具有三个芯柱,在每个铁芯柱上各装有一个一次绕组和一个二次绕组。

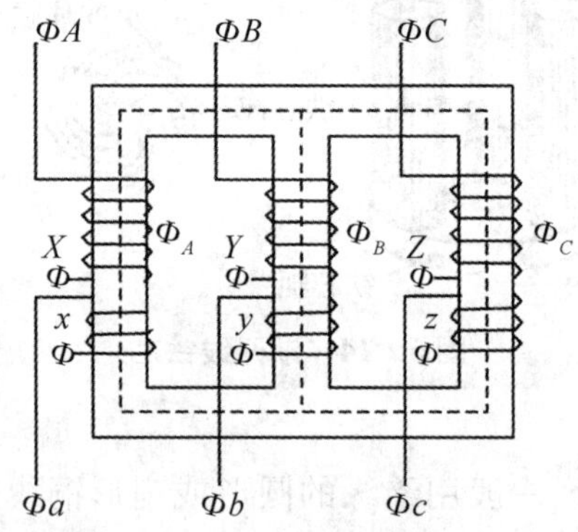

图 5 - 15　三相变压器结构

各相高压绕组的始端和末端分别用 A、B、C 和 X、Y、Z 表示;低压绕组的始端和末端则分别用 a、b、c 和 x、y、z 表示。三相变压器每一相的工作情况和单相变压器完全相同。

三相电力变压器绕组的接法,常用的有下列三种: Y/Y_0、$Y/\triangle$、$Y_0/\triangle$。在上述符号中,分子表示三相高压绕组的接法,分母表示三相低压绕组的接法。当三相绕组接成星形并具有中点引出线时,则用 Y_0 表示。

5.3　几种常用的变压器

1）自耦变压器

图 5 - 16 所示的是一种自耦变压器,其结构特点是二次绕组是一次绕组的一部分。至于一次、二次绕组电压之比和电流之比也是

$$\frac{U_1}{U_2}=\frac{N_1}{N_2}=k,\frac{I_1}{I_2}=\frac{N_2}{N_1}=\frac{1}{k}$$

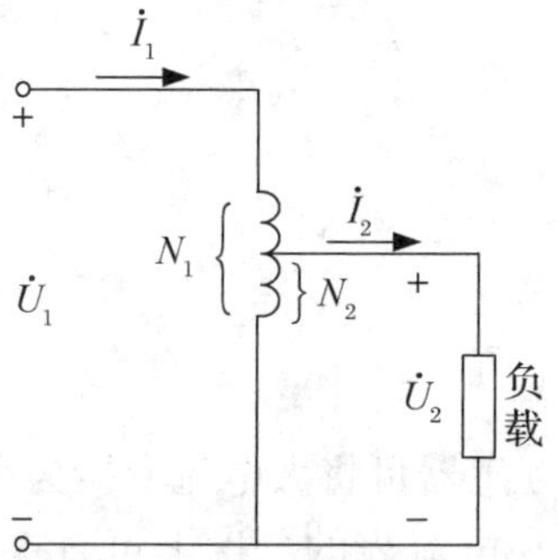

图 5-16 自耦变压器

实验室中常用的调压器就是一种可改变二次绕组匝数的自耦变压器,其外形和电路如图 5-17 所示。

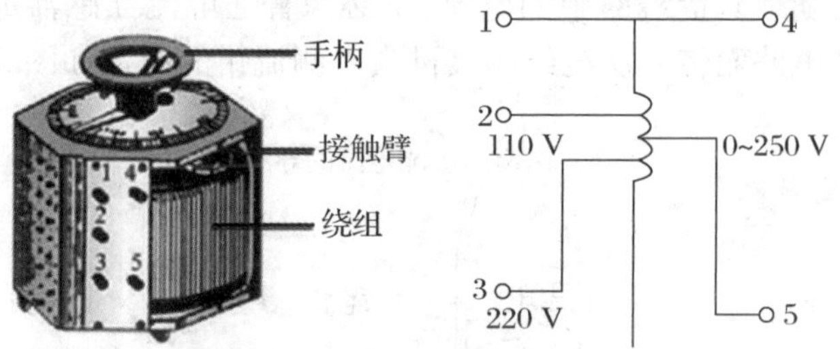

图 5-17 调压器的外形及电路

2) 电流互感器

电流互感器是根据变压器的原理制成的,它主要是用来扩大测量交流电流的量程。因为要测量交流电路的大电流(如测量容量较大的电动机、工频炉、电焊机等的电流),通常电流表的量程是不够的。

此外,使用电流互感器也是为了使测量仪表与高压电路隔开,以保证人身与设备的安全。

电流互感器接线图及其符号如图 5-18 所示。一次绕组的匝数很少(只有一匝或几匝),它串联在被测电路中。二次绕组的匝数较多,它与电流表或其他仪表及继电器的电流线圈相连接。

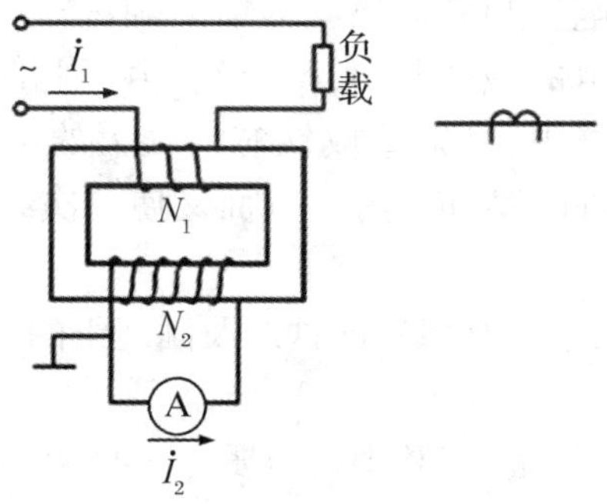

图 5-18 电流互感器接线图及其符号

根据变压器原理,可认为

$$\frac{I_1}{I_2}=\frac{N_2}{N_1}=K_i$$

或

$$I_1=\frac{N_2}{N_1}I_2=K_iI_2 \tag{5-23}$$

式中:K_i 是电流互感器的变换系数。

由式(5-23)可见,利用电流互感器可将大电流变换为小电流。电流表的读数 I_2 乘以变换系数 K_i 即为被测的大电流 I_1(在电流表的刻度上可直接标出被测电流值)。通常电流互感器二次绕组的额定电流都规定为 5 A 或 1 A。

测流钳是电流互感器的一种变形。它的铁芯如同一个钳子,用弹簧压紧。测量时将钳压开而引入被测导线。这时该导线就是一次绕组,二次绕组绕在铁芯上并与电流表接通。利用测流钳可以随时随地测量线路中的电流,不必像普通电流互感器那样必须固定在一处或者在测量时要断开电路而将一次绕组串接进去。测流钳的原理如图 5-19 所示。

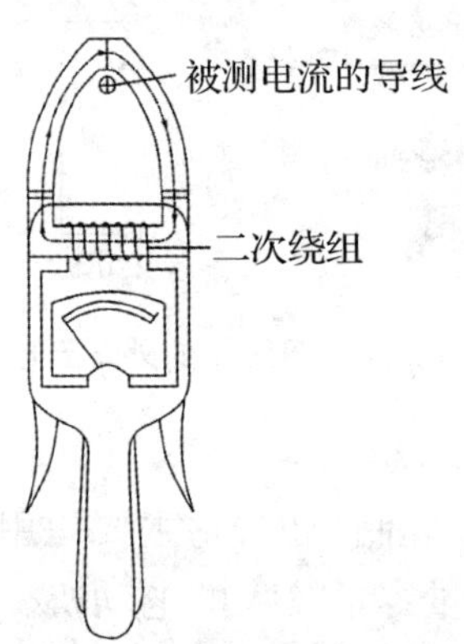

图 5-19　测流钳原理

在使用电流互感器时,副绕组(二次绕组)电路是不允许断开的。这点和普通变压器不一样。因为它的一次绕组是与负载串联的,其中电流 I_1 的大小决定于负载的大小,不决定于二次绕组电流 I_2,所以当副绕组(二次绕组)电路断开时(譬如在拆下仪表时未将二次绕组短接),二次绕组的电流和磁通势立即消失,但是原一次绕组的电流 I_1 未变。这时铁芯内的磁通全由一次绕组的磁通势 N_1I_1 产生,由于此时二次绕组的磁通势为零,不能对原绕组的磁通势起去磁作用,结果造成铁芯内很大的磁通。这一方面使铁损大大增加,从而使铁芯发热到不能容许的程度,另一方面又使二次绕组的感应电动势增高到危险的程度。

此外,为了使用安全起见,电流互感器的铁芯及副绕组的一端应该接地。

3) 电焊变压器

交流电焊在工业生产中应用很广,其中把金属焊接起来,要用到交流电焊变压器。电焊变压器如图 5-20 所示。

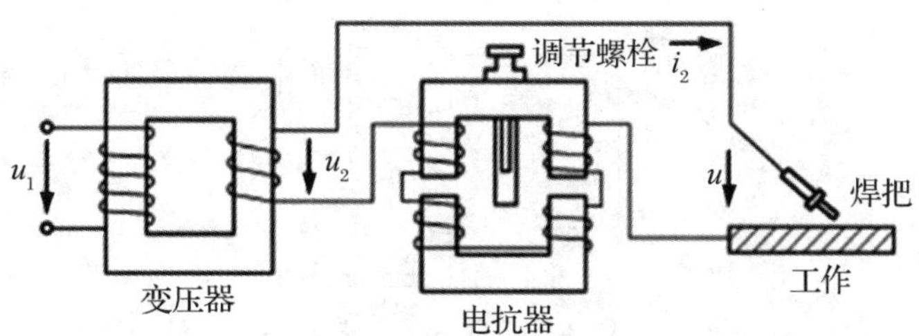

图 5－20　电焊变压器原理

电焊变压器的特点是：

(1) 电焊变压器是降压变压器，从市电 220/380 V 降到空载电压 60～80 V，保证容易点火形成电弧。

(2) 当焊接点火，即有载时二次绕组电压迅速下降，其外特性如图 5－21 中曲线 2 所示，曲线 1 为普通电力变压器的外特性。

这样当焊条和焊件接触时短路电流不会过大，焊条提起后焊条与焊件之间所产生的电弧压降约为 30 V。

(3) 为了适应不同焊件和不同规格的焊条，需要调节焊接电流大小，在焊接变压器的二次绕组中串联一个可调铁芯电抗器，改变电抗器空气隙的长度可以调节焊接电流的大小。

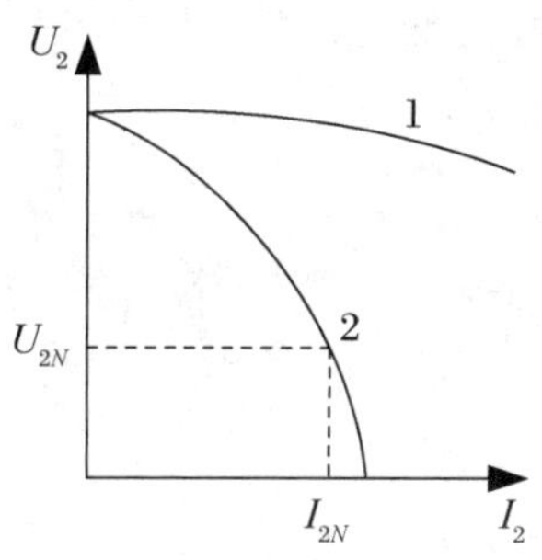

图 5－21　普通变压器与电焊变压器外特性比较

6　变压器绕组的极性判别

当电流流入(或流出)两个线圈时，若产生的磁通方向相同，则两个流入端称为同极性端(同名端)。或者说，当铁芯中的磁通变化(增大或减小)时，在两线圈中产生的感应电动势极性相同的两端为同极性端。图 5－22 中，带黑点“·”的即为同名端。

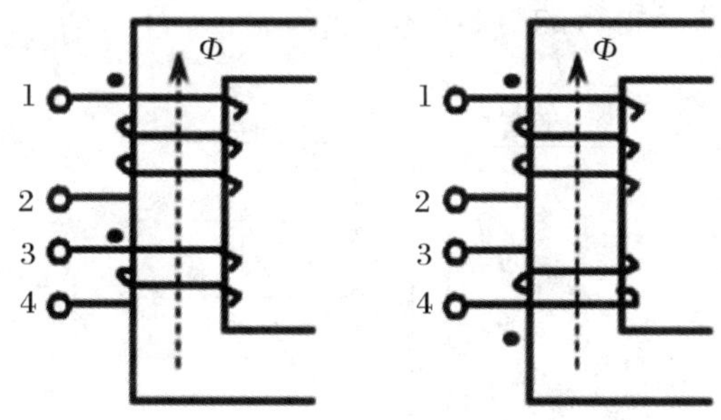

图 5－22　变压器绕组的极性

同极性端的测定方法有以下 2 种：

(1) 交流法(图 5－23)。①把两个线圈的任意两端(2—4)连接，然后在 1、2 上加一小电压 u。②分别测量 U_{12}、U_{34}、U_{13}。若 $U_{13}=U_{12}-U_{34}$，说明 1 与 3 或 2 与 4 是同极性端；若 $U_{13}=U_{12}+U_{34}$，说明 1 与 4 或 2 与 3 是同极性端。

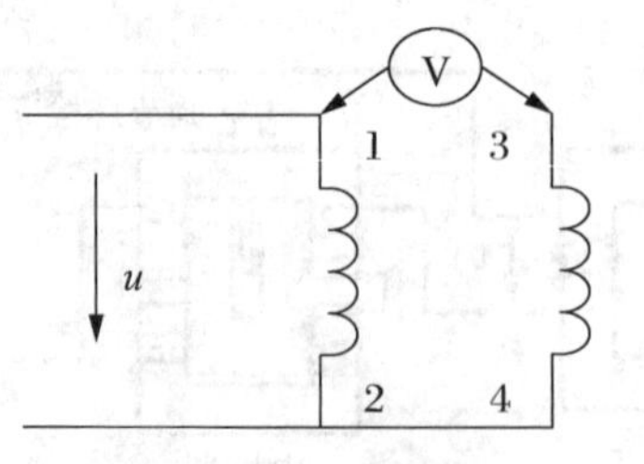

图 5-23　交流法

（2）直流法（图 5-24）。设 S 闭合时 i、Φ 增加。感应电动势的方向，阻止 Φ 的增加。当 S 闭合时，mA 表正偏，则 1—3 为同极性端；当 S 闭合时，mA 表反偏，则 1—4 为同极性端。

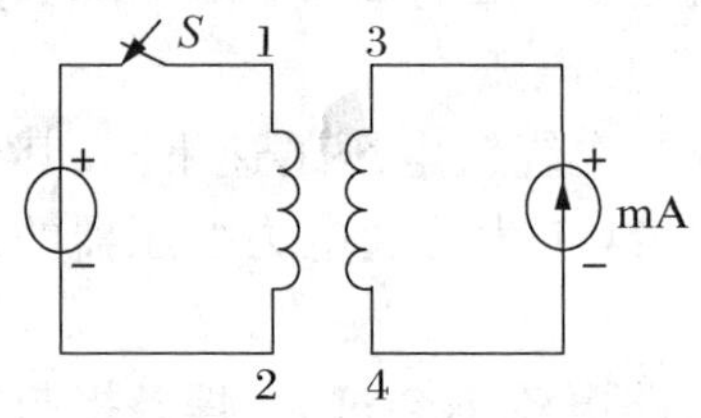

图 5-24　直流法

7　小型单相变压器的计算

变压器是通过电磁耦合关系传递电能的设备，主要用途为经济地输送电能、合理地分配电能、安全地使用电能。实际上，它在变压的同时还能改变电流，还可改变阻抗和相数。

小型变压器指的是容量 1 000 VA 以下的变压器。最简单的小型单相变压器由一个闭合的铁芯（构成磁路）和绕在铁芯上的两个匝数不同、彼此绝缘的绕组（构成电路）构成。这类变压器在生活中的应用非常广泛。

【例 5-4】如图 5-25 所示，取 $U_1=220$ V、$U_2=300$ V、$U_3=50$ V、$I_2=0.2$ A、$I_3=0.1$ A，计算变压器的主要参数，并选择可行的材料。

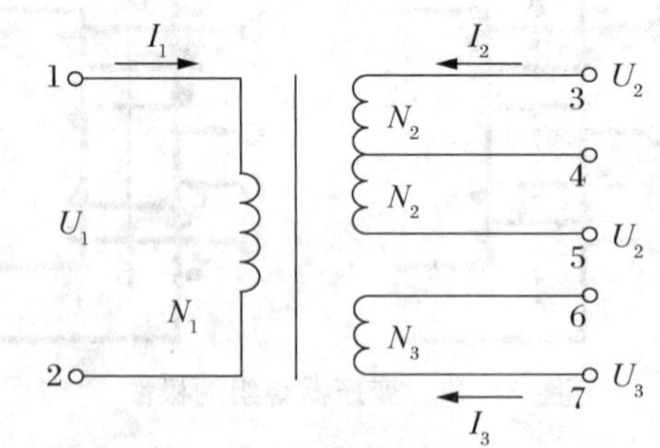

图 5-25　例 5-4 图

解：（1）计算变压器的额定容量 S_N：

副边的容量为

$$S_2 = U_2I_2 + U_3I_3 = 65\ \text{VA}$$

小型单相变压器的效率 η 的估算值可以取 $\eta=0.82$，则原边的容量为

$$S_1 = S_2/\eta = 79.3\ \text{VA}$$

因此，变压器的额定容量为

$$S_N = \frac{1}{2}(S_1 + S_2) = 72.2\ \text{VA}$$

考虑到存在着一定的损耗，故可以定变压器的额定容量近似取 75 VA。

（2）铁芯尺寸的选定：

截面积计算系数 K_0 的估算值可以取 $K_0=1.40$，则铁芯截面积 A 为

$$A = K_0\sqrt{S_N} = 12.1\ \text{cm}^2$$

铁芯中柱宽度 a 可近似取 $a=28$ mm，则铁芯叠厚 b 为

$$b = 110\ A/a = 47.5\ \text{mm}$$

此时满足 $b=(1.2\sim2.0)a$ 的通常要求。

（3）计算绕组线圈匝数：

每伏电压应绕的匝数为

$$N_0 = \frac{N}{E} = \frac{1.0\times10^3}{4.44fB_m}A = 3.4\ \text{匝}/\text{V}$$

式中：$B_m=1.1$ T（铁芯材料为热轧硅钢片）。

根据 N_0 和各线圈额定电压求出各线圈的匝数为

$$N_1 = N_0U_1 = 748$$
$$N_2 = (1.05\sim1.10)N_0U_2 = 1\ 122$$
$$N_3 = (1.05\sim1.10)N_0U_3 = 187$$

（4）计算导线直径 d：

导线的截面积为

$$A_c = I/j$$
$$I_1 = (1.1\sim1.2)\frac{S}{U_1} = 0.415\ \text{A}$$
$$A_{c1} = I_1/i_1 = 0.17\ \text{mm}^2$$

于是，可得

$$d_1 = \sqrt{\frac{4}{\pi}\sqrt{\frac{I}{j}}} = 0.46\ \text{mm}$$

同理有

$$A_{c2} = 0.08\ \text{mm}^2, d_2 = 0.32\ \text{mm}$$
$$A_{c3} = 0.04\ \text{mm}^2, d_3 = 0.23\ \text{mm}$$

习题

【题 5 - 1】 什么叫变压器的主磁通,什么叫漏磁通？空载和负载时,主磁通的大小取决于哪些因素？

【题 5 - 2】 一台 50 Hz 的变压器接到 60 Hz 的电源上运行时,若额定电压不变,问励磁电流、铁耗、漏抗会怎样变化？

【题 5 - 3】 变压器额定电压为 220/110 V,如不慎将低压侧误接到 220 V 电源后,将会发生什么现象？

【题 5 - 4】 变压器二次侧接电阻、电感和电容性负载时,从一次侧输入的无功功率有何不同？为什么？

【题 5 - 5】 一台单相变压器,额定容量 $S_N = 250$ kVA,额定电压 $U_{1N}/U_{2N} = 10/0.4$ kV,试求一、二次侧的额定电流。

【题 5 - 6】 有一单相照明变压器,容量为 10 kVA,电压为 3 300/220 V。今欲在二次绕组(副绕组)接上 60 W/220 V 的白炽灯,变压器在额定情况下运行时,可接多少个这样的白炽灯？试求此时的一次和二次绕组中的额定电流。

【题 5 - 7】 晶体管功率放大器从输出信号来说相当于一个交流电源,若其电动势为 $E_S = 8.5$ V,内阻为 $R_S = 72\ \Omega$。另有一扬声器,电阻为 $R = 8\ \Omega$。先采用两种方法把扬声器接入放大器电路作负载,一种是直接接入,一种是经过变比 $k = 3$ 的变压器接入。若忽略变压器的漏阻抗及励磁电流,问:(1) 两种接法时扬声器获得的功率。(2) 欲使放大器输出功率最大,变压器变比应设计为多少？(3) 变压器在电路中的作用是什么？

【题 5 - 8】 在图 5 - 26 中,输出变压器的二次绕组(副绕组)有中间抽头,以便接 8 Ω 或 3.5 Ω 的扬声器,两者都能达到阻抗匹配。试求二次绕组(副绕组)两部分匝数之比 $N_2/N_3 = ?$

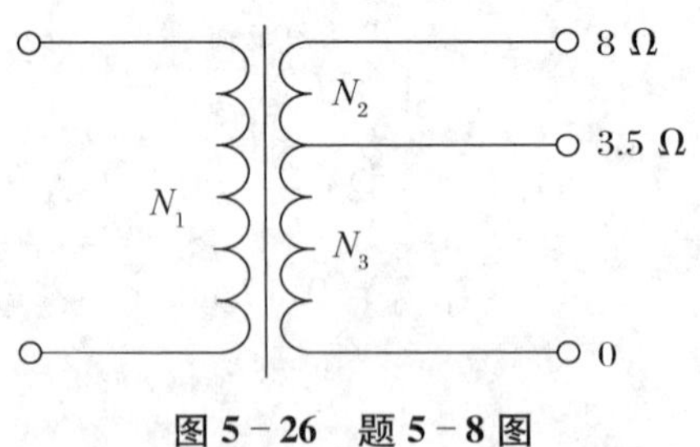

图 5 - 26　题 5 - 8 图

【题 5 - 9】 图 5 - 27 所示是一电源变压器,一次绕组(原绕组)有 550 匝,接 220 V 电压。二次绕组(副绕组)有两个:一个电压 36 V,负载 36 W;一个电压 12 V,负载 24 W。两个都是纯电阻负载。试求一次绕组(原绕组)电流 I_1 和两个二次绕组(副绕组)的匝数。

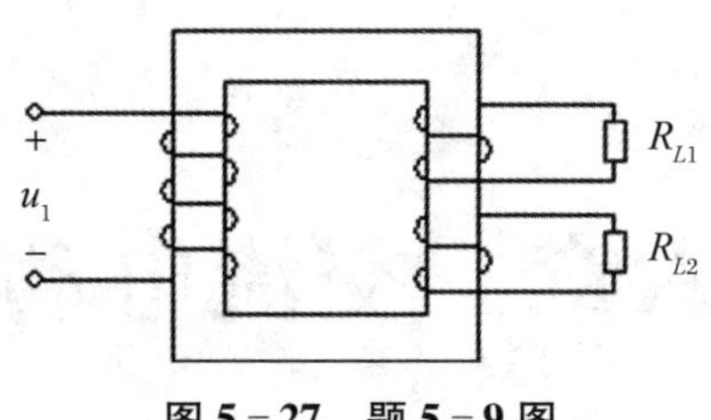

图 5-27　题 5-9 图

【题 5-10】　有一台三相变压器,额定容量 $S_N = 5\,000$ kVA,额定电压 $U_{1N}/U_{2N} = 10$ kV/6.3 kV,Y,与 d 联接,试求:(1) 一次、二次侧的额定电流;(2) 一次、二次侧的额定相电压和相电流。

【题 5-11】　有一台三相变压器,$S_N = 5\,600$ kVA,$U_{1N}/U_{2N} = 10$ kV/6.3 kV,Y,d11 联结组。试求一次侧加额定电压时:(1) 归算到一次侧时近似等效电路的参数(实际值和标幺值);(2) 满载且 $\cos\varphi_2 = 0.8$(滞后)时,二次侧电压 $\dot{U}_2$ 和一次侧电流 $\dot{I}_1$;(3) 满载且 $\cos\varphi_2 = 0.8$(滞后)时的额定电压调整率和额定效率。

变压器的开路及短路试验数据见表 5-1。

表 5-1　题 5-11 表

试验名称	线电压/V	线电流/A	三相功率/W	备注
开路试验	6 300	7.4	6 800	电压加在低压侧
短路试验	550	323	18 000	电压加在高压侧

第六章　交流电动机

电动机的作用是将电能转换为机械能。不论陆上还是船舶上的各种生产设备都广泛应用电动机来驱动，电动机可分为交流电动机和直流电动机两大类。交流电动机又分为异步电动机（或称感应电动机）和同步电动机两种。电动机根据使用场合的不同又分为动力用电动机和控制用电动机。动力用电动机中以交流电动机使用最为广泛，特别是三相异步电动机，其在船上被广泛用来驱动起重机、锚机、通风机及水泵等，仅在需要均匀调速的机械上，以及在某些牵引和起重设备中才采用直流电动机。控制用微电机则在自动控制系统和船用通信导航设备中应用极为广泛。

对于电动机，着重介绍以下几个方面的问题：①基本构造；②工作原理；③启动、反转、调速及制动的基本原理和方法；④应用方法。

1　三相交流异步电动机的基本构造

三相异步电动机分成两个基本部分：定子（固定部分）和转子（旋转部分）。图 6－1 所示是三相异步电动机的构造。

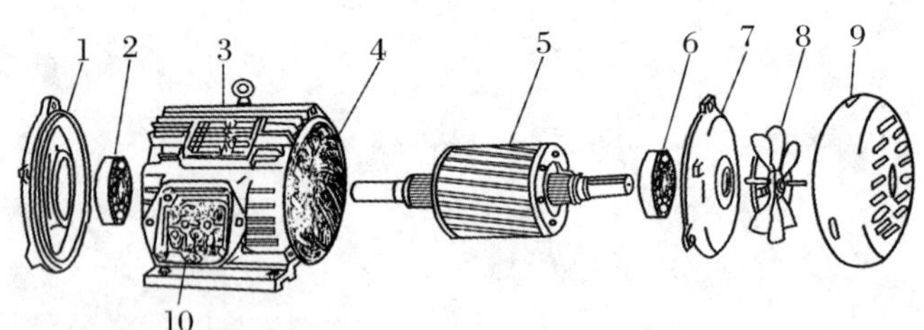

1—端盖；2—轴承；3—机座；4—定子绕组；5—转子；
6—轴承；7—端盖；8—风扇；9—风罩；10—接线盒

图 6－1　封闭式三相异步电动机的结构

三相异步电动机的定子由机座和装在机座内的圆筒形铁芯以及其中的三相定子绕组组成，其中机座是用铸铁或铸钢制成的，铁芯是由互相绝缘的硅钢片叠成的。铁芯的内圆周表面冲有槽，用以放置对称三相绕组 AX、BX、CZ，有的连接成星形，有的连接成三角形，见图 6－2(a)。三相异步电动机的转子根据构造上的不同分为两种型式：鼠笼式和绕线式，见图 6－2(b)和图 6－2(c)。转子铁芯是圆柱状，也用硅钢片叠成，表面冲有槽；铁芯装在转轴上，轴上加机械负载。

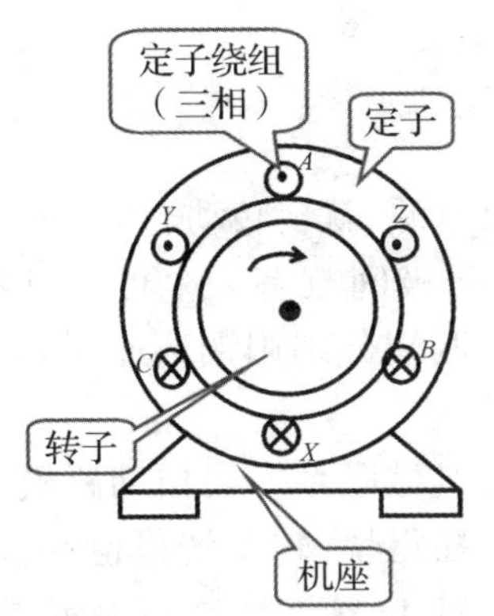

（a）电动机剖面示意

（b）鼠笼式异步电动机

（c）绕线式异步电动机

图 6-2 三相异步电动机

鼠笼式的转子绕组做成鼠笼状，就是在转子铁芯的槽中放铜条，其两端用端环连接（图 6-3）。或者在槽中浇铸铝液，铸成一鼠笼，这样便可以用比较便宜的铝来代替铜，同时制造也快。因此，目前中小型鼠笼式电动机的转子很多是铸铝的。鼠笼式异步电动机的"鼠笼"是它的构造特点，易于识别。

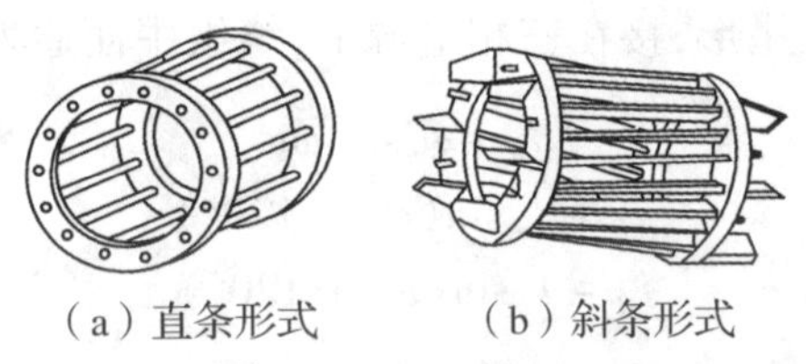
（a）直条形式 （b）斜条形式

图 6-3 鼠笼式异步电动机的转子绕组形式

绕线式异步电动机的构造如图 6-4 所示，它的转子绕组同定子绕组一样，也是三相的；它联成星形。每相的始端连接在三个铜制的滑环上，滑环固定在转轴上。环与环、环与转轴都互相绝缘。在环上用弹簧压着碳质电刷，而且启动电阻和调速电阻是借助于电刷同滑环和转子绕组连接的。通常就是根据绕线式异步电动机具有三个滑环的构造特点来辨认它的。

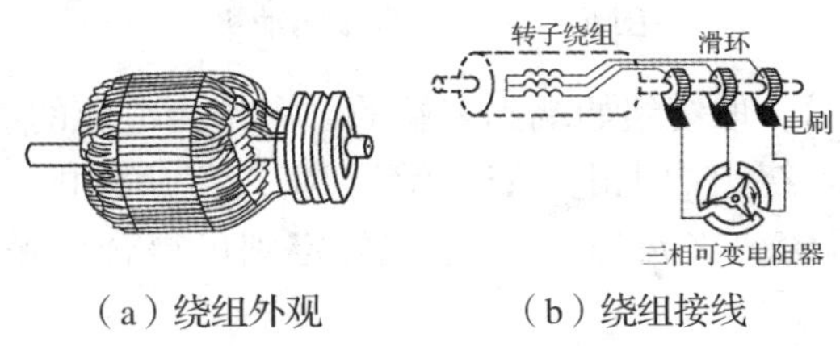

（a）绕组外观 （b）绕组接线

图 6-4 绕线式异步电动机的转子

鼠笼式与绕线式只是在转子的构造上不同，它们的工作原理是一样的。鼠笼式电动机由于构造简单、价格低廉、工作可靠、使用方便，已成为应用得最广泛的一种电动机。

2 三相交流异步电动机的工作原理

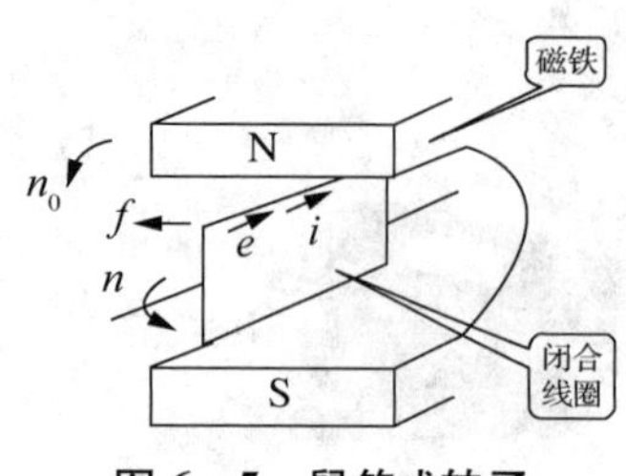

图 6-5 鼠笼式转子

三相异步电动机接上电源,就会转动。图 6-5 所示是一个装有手柄的蹄形磁铁,磁极间放有一个可以自由转动的、由铜条组成的转子。铜条两端分别用铜环连接起来,形似鼠笼,作为鼠笼式转子。

磁极和转子之间没有机械联系。当摇动磁极时,发现转子会跟着磁极一起转动。摇得快,转子转得也快;摇得慢,转子转得也慢;反摇,转子马上反转。从这一演示得出两点启示:①有一个旋转的磁场;②转子跟着磁场转动。

异步电动机转子转动的原理是与上述演示相似的。那么,在三相异步电动机中,磁场从何而来,又怎么还会旋转呢?

2.1 旋转磁场

1)旋转磁场的产生

三相异步电动机的定子铁芯中放有三相对称绕组 AX、BY 和 CZ(图 6-6),如第三章所阐述。设将三相绕组连接成星形,接在三相电源上,绕组中便通入三相对称电流,即

$$i_A = I_m \sin \omega t$$
$$i_B = I_m \sin(\omega t - 120°)$$
$$i_C = I_m \sin(\omega t + 120°)$$

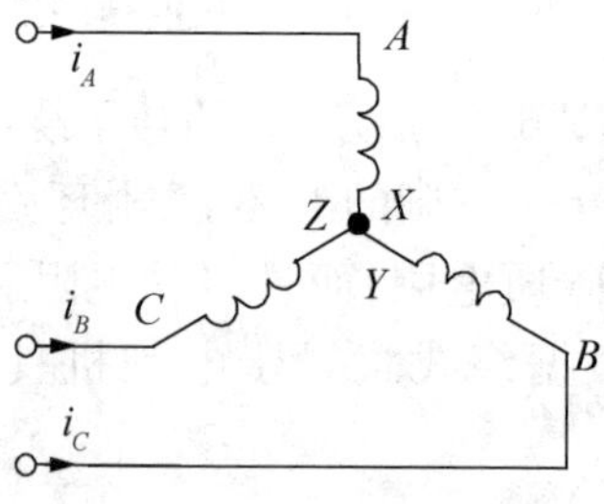

图 6-6 三相异步电动机

其波形如图 6-7 所示。取绕组始端到末端的方向作为电流的参考方向:

当 $\omega t = 0°$ 时,$i_A = 0$,AX 绕组中无电流;i_B 为负,BY 绕组中的电流从 Y 流入 B 流出;i_C 为正,CZ 绕组中的电流从 C 流入 Z 流出;由右手螺旋定则可得合成磁场的方向如图 6-7(a)所示。

当 $\omega t = 120°$ 时,$i_B = 0$,BY 绕组中无电流;i_A 为正,AX 绕组中的电流从 A 流入 X 流出;i_C 为负,CZ 绕组中的电流从 Z 流入 C 流出;由右手螺旋定则可得合成磁场的方向如图 6-7(b)所示。

当 $\omega t = 240°$ 时,$i_C = 0$,CZ 绕组中无电流;i_A 为负,AX 绕组中的电流从 X 流入 A 流出;i_B 为正,BY 绕组中的电流从 B 流入 Y 流出;由右手螺旋定则可得合成磁场的方向如图 6-7(c)所示。

可见，当定子绕组中的电流变化一个周期时，合成磁场也按电流的相序方向在空间旋转一周。随着定子绕组中的三相电流不断地作周期性变化，产生的合成磁场也不断地旋转，因此称为旋转磁场。

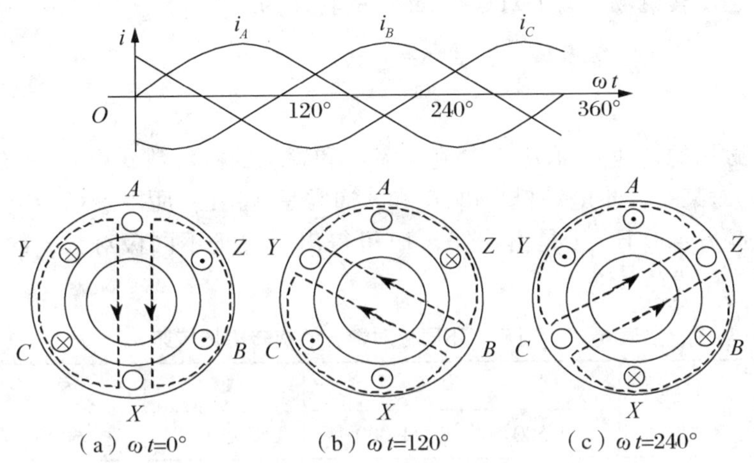

图 6－7　旋转磁场的形成

2）旋转磁场的转向

图 6－7(c)所示的情况是 A 相电流 $i_A=+I_m$，这时旋转磁场轴线的方向恰好与 A 相绕组的轴线一致。在三相电流中，电流出现正幅值的顺序为 $A \to B \to C$，因此磁场的旋转方向是与这个顺序一致的，即磁场的转向与通入绕组的三相电流的相序有关。

如果将同三相电源连接的三根导线中的任意两根的一端对调位置(如对调 B 与 C 两端)，则电动机三相绕组的 B 相与 C 相对调(注意：电源三相端子的相序未变)，旋转磁场因此反转。

3）旋转磁场的极数

三相异步电动机的极数就是旋转磁场的极数。旋转磁场的极数和三相绕组的安排有关。

在上述情况下，每相绕组只有一个线圈，绕组的始端之间相差 120°空间角，则产生的旋转磁场具有一对极，即 $p=1$(p 是磁极对数)。如果定子每组绕组由两个线圈串联，绕组的始端之间相差 60°空间角，则产生的旋转磁场具有两对极，即 $p=2$。如果要产生三对磁极，即 $p=3$ 的旋转磁场，则每相绕组必须有均匀安排在空间的串联的三个线圈，绕组的始端之间相差 40°(120°/p)。

4）旋转磁场的转速

三相异步电动机的转速与旋转磁场的转速有关，而旋转磁场的转速决定于磁场的极数。

在一对极的情况下，由图 6－7 可见，当电流从 $\omega t=0°$ 到 $\omega t=60°$ 经历 60°时，磁场在空间也旋转 60°。当电流交变一次(一个周期)时，磁场恰好在空间旋转一周。

设电流的频率为 f_1，即电流每秒钟交变 f_1 次或每分钟交变 $60f_1$ 次，则旋转磁场的转速为 $n_0=60f_1$。转速的单位为转/分钟(r/min)。

在旋转磁场具有两对极的情况下，当电流也从 $\omega t=0°$ 到 $\omega t=60°$ 经历 60°时，而磁场在空间仅旋转 30°。也就是说，当电流交变一次时，磁场仅旋转半周，比 $p=1$ 情况下的转速慢了一半，即 $n_0=60f_1/2$。

在三对极的情况下，电流交变一次，磁场在空间仅旋转 1/3 周，只是 $p=1$ 情况下的转速的 1/3，即 $n_0=60f_1/3$。

由此推知，当旋转磁场具有 p 对极时，磁场的转速为

$$n_0=\frac{60f_1}{p} \tag{6-1}$$

因此，旋转磁场的转速 n_0 取决于电流频率 f_1 和磁场的极对数 p，而后者又取决于三相绕组的安排情况。对某一异步电动机来讲，f_1 和 p 通常是一定的，所以磁场转速 n_0 是个常数。

在我国，工频 $f_1=50$ Hz，于是由式(6－1)可得出对应于不同极对数 p 的旋转磁场转速 n_0，见表 6－1。

表 6－1　对应于不同极对数 p 的旋转磁场转速 n_0

p	1	2	3	4	5	6
n_0/(r/min)	3 000	1 500	1 000	750	600	500

2.2　电动机的转动原理

图 6－8 是三相异步电动机转子转动的原理，图中 N、S 表示两极旋转磁场，转子中只显示出两根导条(铜或铝)。当旋转磁场以顺时针方向旋转时，其磁力线切割转子导条，导条中就感应出电动势。电动势的方向由右手定则确定。在应用右手定则时，可假设磁极不动，而转子导条向逆时针方向旋转切割磁力线，这与实际上磁极顺时针方向旋转时磁力线切割转子导条是相当的。在电动势的作用下，闭合的导条中就有电流。电流与旋转磁场相互作用，而使转子导条受到电磁力 F。电磁力的方向可应用左手定则来确定。由电磁力产生电磁转矩，转子就转动起来。由图 6－8 可见，转子转动的方向和磁极旋转的方向相同。这就是图 6－5 的演示中转子跟着磁场转动。当旋转磁场反转时，电动机也跟着反转。

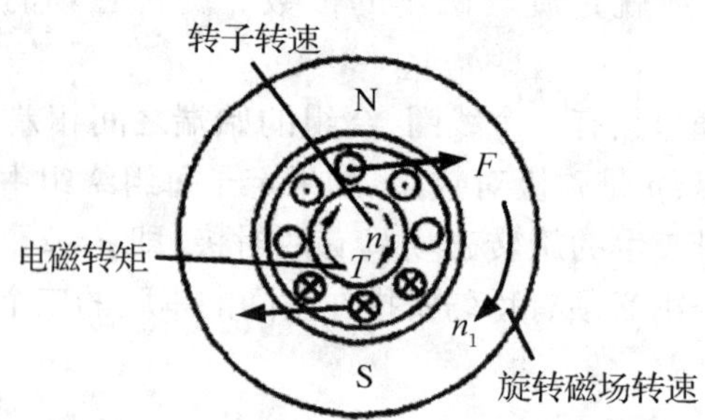

图 6－8　三相异步电动机转子转动的原理

1) 转差率

电动机转子转动的方向与磁场旋转的方向相同，但转子的转速 n 不可能达到与旋转磁场的转速 n_0 相等，即 $n<n_0$。这里因为若两者相等，则转子与旋转磁场之间就没有相对运动，因而磁通就不切割转子导条，转子电动势、转子电流以及转矩也就都不存在。

这样转子就不可能继续以 n_0 的转速转动。因此，转子转速与磁场转速之间必须要有差别。这就是异步电动机名称的由来。

旋转磁场的转速 n_0 常称为同步转速。转差率 s 表示转子转速 n 与磁场转速 n_0 相差的程度,即

$$s=\frac{n_0-n}{n_0} \tag{6-2}$$

转差率是异步电动机的一个重要的物理量。转子转速愈接近磁场转速,则转差率愈小。由于三相异步电动机的额定转速与同步转速相近,所以它的转差率很小。通常异步电动机在额定负载时的转差率为1%~9%。当 $n=0$ 时(启动初始瞬间),$s=1$,这时转差率最大。

式(6-2)也可写为

$$n=(1-s)n_0=(1-s)\frac{60f_1}{p} \tag{6-3}$$

【例6-1】有一台三相异步电动机,其额定转速 $n=975$ r/min,电源频率 $f_1=50$ Hz。试求电动机的极数和额定负载时的转差率。

解:由于电动机的额定转速接近而略小于同步转速,而同步转速对应于不同的极对数有一系列固定的数值(表6-1)。显然,与975 r/min最相近的同步转速 $n_0=1\,000$ r/min,与此相应的磁极对数 $p=3$。因此,额定负载时的转差率为

$$s=\frac{n_0-n}{n_0}\times 100\%=2.5\%$$

2）额定转矩

额定转矩是电动机在额定负载时的转矩 T,它可以从电动机铭牌上的额定功率 P(输出机械功率)和额定转速 n 由下式求得

$$T=9\,550\frac{P}{n} \tag{6-4}$$

式中:T 为转矩,N·m;P 为功率,kW;n 为转速,r/min。

例如某电动机(Y132M-4型)的额定功率为7.5 kW,额定转速为1 440 r/min,则额定转矩为

$$T=9\,550\frac{P}{n}=49.7\ \text{N}\cdot\text{m}$$

3　三相交流异步电动机的工作特性

T-s 的曲线如图6-9(a)所示;T-n 的曲线如图6-9(b)所示,即为电动机的机械特性曲线。在机械特性图中,存在两个工作区:稳定运行区和不稳定运行区。在机械特性曲线的 AB 段,当作用在电动机轴上的负载转矩发生变化时,电动机能适应负载的变化而自动调节达到稳定运行,故为稳定区。机械特性曲线的 BC 段,因电动机工作在该区段时其电磁转矩不能自动适应负载转矩的变化,故为不稳定区。

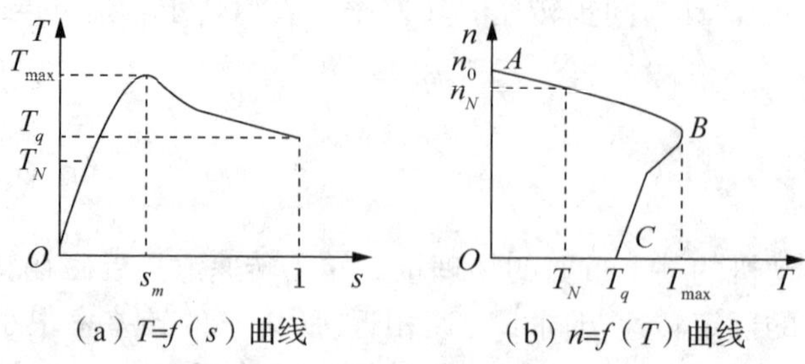

（a）$T=f(s)$ 曲线　　（b）$n=f(T)$ 曲线

图 6－9　电动机的机械特性曲线

4　三相交流异步电动机的启动

4.1　启动性能

电动机的启动就是把它开动起来。在启动初始瞬间，$n=0$，$s=1$。下面从启动时的电流和转矩来分析电动机的启动性能，启动电流和启动转矩也称为堵转电流和堵转转矩。

在刚启动时，由于旋转磁场对静止的转子有着很大的相对转速，磁通切割转子导条的速度很快，这时转子绕组中感应出的电动势和产生的转子电流都很大。与变压器的原理一样，转子电流增大，定子电流必然相应增大。一般中小型鼠笼式电动机的定子启动电流（指线电流）与额定电流之比值为 5~7。例如 Y132M－4 型电动机的额定电流为 15.4 A，启动电流与额定电流之比值为 7，因此启动电流为 7×15.4 A＝107.8 A。

当电动机不是频繁启动时，启动电流对电动机本身影响不大。因为启动电流虽大，但启动时间一般很短（小型电动机只有 1~3 s），从发热角度考虑没有问题；并且一经启动，转速很快升高，电流便很快减小。然而当启动频繁时，由于热量的积累，可以使电动机过热。因此，在实际操作时应尽可能不让电动机频繁启动。例如机床在切削加工时，一般只是用摩擦离合器或电磁离合器将主轴与电机轴脱开，而不将电动机停下来。

但是，电动机的启动电流对供电线路是有影响的。过大的启动电流在短时间内会在线路上造成较大的电压降落，而使负载端的电压降低，影响邻近负载的正常工作。例如对邻近的异步电动机，电压的降低不仅会影响它们的转速（下降）和电流（增大），甚至可能使它们的最大转矩降到小于负载转矩，以致电动机停下来。

在刚启动时，虽然转子电流较大，但转子的功率因数是很低的。因此，启动转矩实际上是不大的，它与额定转矩之比值为 1.0~2.2。如果启动转矩过小，就不能在满载下启动，应设法提高。但启动转矩如果过大，会使传动机构（如齿轮）受到冲击而损坏，所以又应设法减小。

一般机床的主电动机都是空载启动（启动后再切削），对启动转矩没有要求。但对移动床鞍、舱盖以及起重用的电动机应采用较大的启动转矩。

由上述可知，异步电动机启动时的主要缺点是启动电流较大。为了减小启动电流（有时也为了提高或减小启动转矩），必须采用适当的启动方法。

4.2　启动方法

鼠笼式电动机的启动有直接启动和降压启动两种。

1）直接启动

直接启动就是利用闸刀开关或接触器将电动机直接接到具有额定电压的电源上。这种启动方法虽然简单，但启动电流较大，将使供电线路电压下降，影响负载正常工作。

一台电动机能否直接启动，有一定规定。有的地区规定：用电单位如有独立的变压器，则在电动机启动频繁，且电动机容量小于变压器容量的 20%时允许直接启动；如果电动机不经常启动，则在它的容量小于变压器容量的 30%时允许直接启动。

如果没有独立的变压器（与照明共用），电动机直接启动时所产生的电压降不应超过 5%。通常 75 kW 以下的异步电动机都可采用直接启动。

2）降压启动

如果电动机直接启动所引起的供电线路电压降较大，必须采用降压启动，就是在启动时降低加在电动机定子绕组上的电压，以减小启动电流。鼠笼式电动机的降压启动常用下面几种方法：

（1）星形-三角形（Y-△）换接启动。如果电动机在工作时其定子绕组是连接成三角形的，那么在启动时可把它联成星形，等到转速接近额定值时再换接成三角形。这样，在启动时就把定子每相绕组上的电压降到正常工作电压的 $1/\sqrt{3}$。图 6－10 是定子绕组的两种连接法，Z 为启动时每相绕组的等效阻抗。

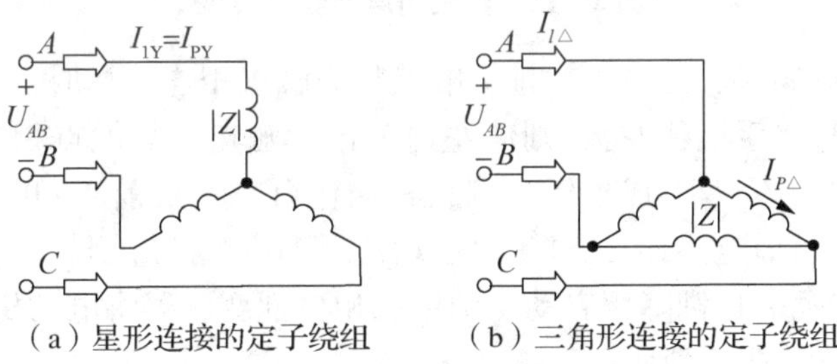

（a）星形连接的定子绕组　（b）三角形连接的定子绕组

图 6－10　定子绕组的两种连接法

当定子绕组连接成星形，即降压启动时，有

$$I_{1Y} = I_{PY} = \frac{U_l/\sqrt{3}}{|Z|}$$

当定子绕组成三角形，即直接启动时，有

$$I_{l\triangle} = \sqrt{3}I_{P\triangle} = \sqrt{3}\frac{U_l}{|Z|}$$

比较上列两式，可得

$$\frac{I_{1Y}}{I_{l\triangle}} = \frac{1}{3}$$

因此，降压启动时的电流为直接启动时的 1/3。

由于这种启动方法的启动转矩小(仅为直接启动时的 1/3)。因此,这种方法只适合于空载或轻载时启动。

这种换接启动可采用星三角启动器来实现。图 6-11 是一种星三角启动器的接线。

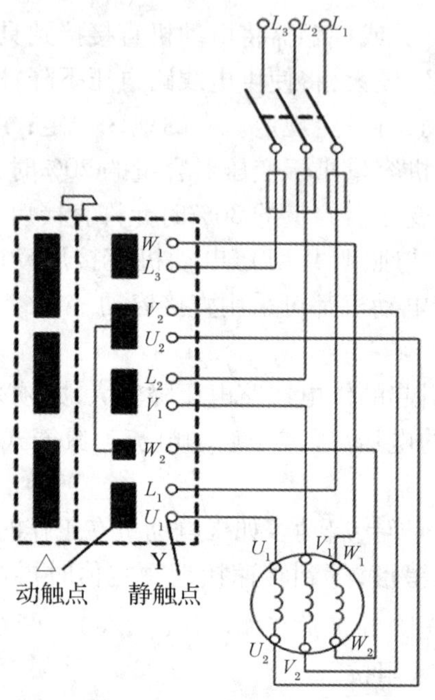

图 6-11　星三角启动器的接线

在启动时将手柄向右扳,使右边一排动触点与静触点相连,电动机就连接成星形。等电动机接近额定转速时,将手柄往左扳,则使左边一排动触点与静触点相连,电动机换接成三角形。星三角启动器的体积小、成本低、寿命长,动作可靠。目前 4~100 kW 的异步电动机都已设计为 380 V 三角形连接,因此星三角启动器得到广泛的应用。

(2) 自耦降压启动。自耦降压启动是利用三相自耦变压器将电动机在启动过程中的端电压降低,其接线如图 6-12 所示。

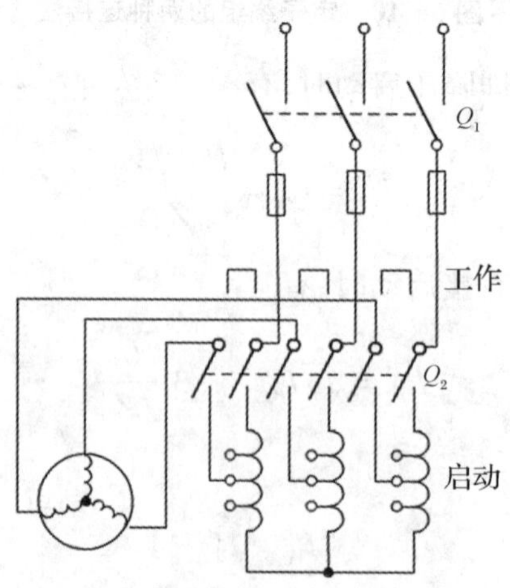

图 6-12　自耦降压启动接线

启动时，先把开关 Q_2 扳到“启动”位置。当转速接近额定值时，将 Q_2 扳向“工作”位置，切除自耦变压器。自耦变压器备有抽头，以便得到不同的电压（例如为电源电压的 73%、64%和 55%），根据对启动转矩的要求而选用。采用自耦降压启动，也同时能使启动电流和启动转矩减小。自耦降压启动适用于容量较大的或正常运行时连接成星形不能采用星三角启动器的鼠笼式异步电动机。

绕线式电动机的启动，只要在转子电路中接入大小适当的启动电阻 R_{st}（图 6－13），就可达到减小启动电流的目的；同时，启动转矩也有提高。因此，其常用于要求启动转矩较大的生产机械上，例如锚机和起重机等。

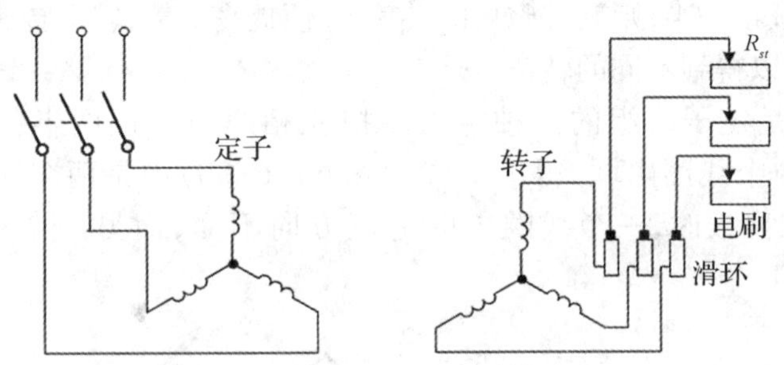

图 6－13　绕线式电动机启动接线

启动后，随着转速的上升将启动电阻逐段切除。

5　三相交流异步电动机的调速、反转及制动

5.1　三相异步电机的调速

调速就是在同一负载下能得到不同的转速，以满足生产过程的要求。如果采用电气调速，就可以大大简化机械变速机构。此外，式（6－3）表明，改变电动机的转速有三种可能，即改变电源频率 f_1、极对数 p 及转差率 s。前两者是鼠笼式电动机的调速方法，后者是绕线式电动机的调速方法。

1）变频调速

变频调速技术发展很快，目前主要采用如图 6－14 所示的变频调速装置，它主要由整流器和逆变器两大部分组成。

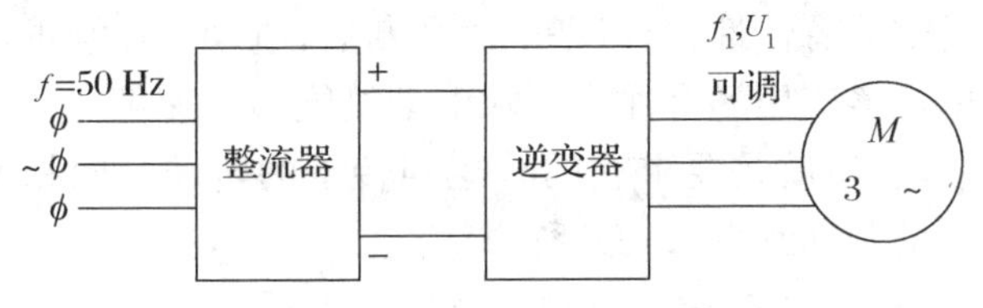

图 6－14　变频调速装置

整流器先将频率 f 为 50 Hz 的三相交流电变换为直流电，再由逆变器变换为频率 f_1 可调、电压有效值 U_1 也可调的三相交流电，供给三相鼠笼式电动机。由此可得到电动机的无级调速，并具有硬的机械特性。通常有下列两种变频调速方式：①在 $f_1<f_{1N}$，即低于额定转

速调速时,应保持 U_1/f_1 的比值近于不变,即两者要成比例地同时调节,转矩 T 近似不变。这是恒转矩调速。②在 $f_1>f_{1N}$,即高于额定转速调速时,应保持 $U_1 \approx U_{1N}$,即转矩减小、转速增大,将使功率近于不变。这是恒功率调速。

如果把转速调高,U_1/f_1 的比值不变,在增加 f_1 的同时 U_1 也要增加。U_1 超过额定电压也是不允许的。频率调节范围一般为 0.5~320 Hz。

目前在国内由于逆变器中的开关元件(可关断晶闸管、大功率晶体管和功率场效应管等)的制造水平不断提高,鼠笼式电动机的变频调速技术的应用也就日益广泛。

2) 变极调速

如果极对数 p 减小一半,则旋转磁场的转速 n_0 便提高 1 倍,转子转速 n 差不多也提高一倍。因此,改变 p 可以得到不同的转速。

图 6-15 所示是定子绕组的两种接法。把 A 相绕组分成两半:线圈 a_1x_1 和 a_2x_2。图 6-15(a)中是两个线圈串联,得出 $p=2$。图 6-15(b)中是两个线圈反并联(头尾相连),得出 $p=1$。在换极时,一个线圈中的电流方向不变,而另一个线圈中的电流必须改变方向。

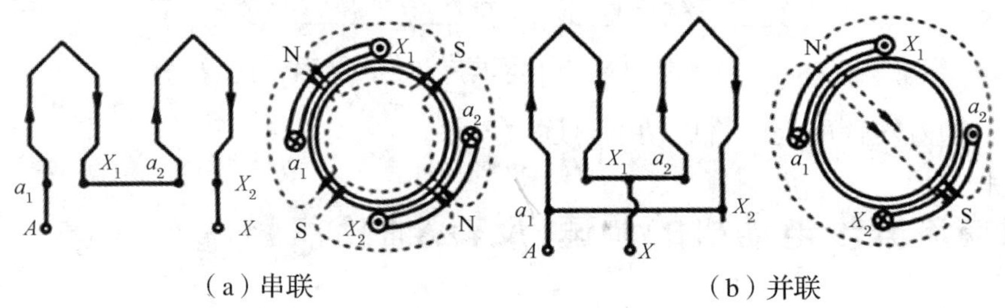

图 6-15 定子绕组的两种接法

双速电动机在机床上用得较多。这种电动机的调速是有级的。

3) 变转差率调速

只要在绕线式电机的转子电路中接入一个调速电阻(和启动电阻一样接入,见图 6-13),改变电阻的大小,就可得到平滑调速。

例如增大调速电阻时,转差率 s 上升,而转速 n 下降。这种调速方法的优点是设备简单、投资少,但能量损耗较大。这种调速方法广泛应用于起重设备中。

5.2 三相异步电机的制动

因为电动机的转动部分有惯性,所以把电源切断后,电动机还会继续转动一定时间而后停止。但船舶和陆上的许多应用场合往往要求电动机能够迅速停车和反转。这就需要对电动机制动。对电动机制动,也就是要求它的转矩与转子的转动方向相反。这时的转矩称为制动转矩。异步电动机的制动常有下列几种方法。

1) 能耗制动

这种制动方法就是在切断三相电源的同时,接通直流电源(图 6-16),使直流电流通入定子绕组。直流电流的磁场是固定不动的,而转子由于惯性继续在原方向转动。

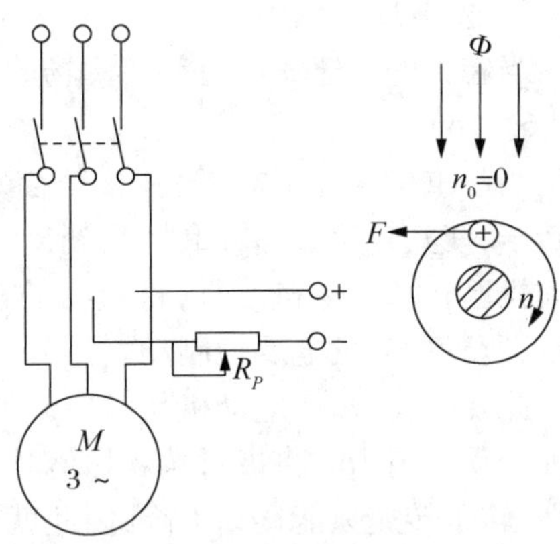

图 6－16　能耗制动

根据右手定则和左手定则可以确定,此时的转子电流与固定磁场相互作用产生的转矩的方向,与电动机转动的方向相反,因而起制动的作用。制动转矩的大小与直流电流的大小有关。直流电流的大小一般为电动机额定电流的0.5~1.0倍。因为这种方法是用消耗转子的动能(转换为电能)来进行制动的,所以称为能耗制动。

这种制动能量消耗小,制动平稳,但需要直流电源。在有些机床中采用这种制动方法。

2）反接制动

在电动机停车时,可将接到电源的三根导线中的任意两根的一端对调位置,使旋转磁场反向旋转,而转子由于惯性仍在原方向转动。这时的转矩方向与电动机的转动方向相反(图 6－17),因而起到制动的作用。

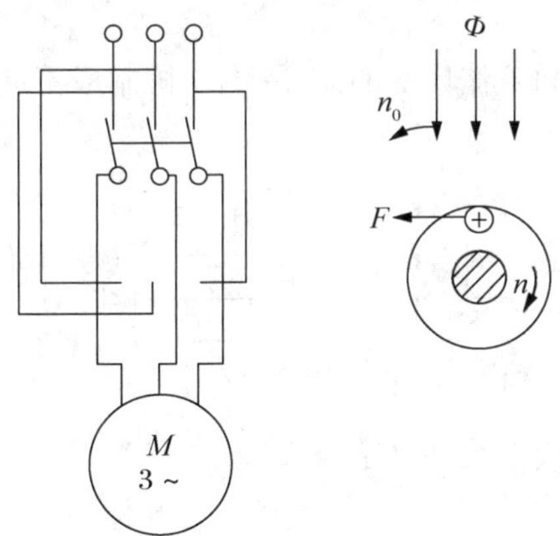

图 6－17　反接制动

当转速接近零时,利用某种控制电器将电源自动切断,否则电动机将会反转。由于在反接制动时旋转磁场与转子的相对转速(n_0+n)很大,因而电流较大。为了限制电流,对功率较大的电动机进行制动时必须在定子电路(鼠笼式)或转子电路(绕线式)中接入电阻。

这种制动比较简单,效果较好,但能量消耗较大。对有些中大型设备的制动采用这种方法。

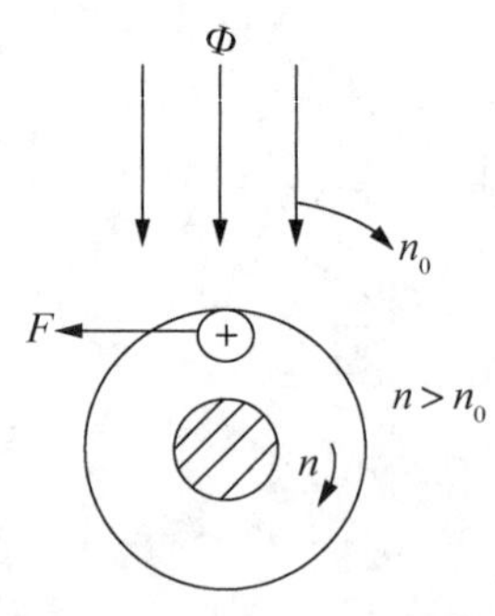

图 6-18 发电反馈制动

3）发电反馈制动

当转子的转速 n 超过旋转磁场的转速 n_0 时，转矩也是制动的（图 6-18）。

当起重机快速下放重物时，就会发生这种情况。这时重物拖动转子，使其转速 $n>n_0$，重物受到制动而等速下降。实际上这时电动机已转入发电机运行，将重物的位能转换为电能而反馈到电网里，所以称为发电反馈制动。

此外，在将多速电动机从高速调到低速的过程中，也自然发生这种制动。因为刚将极对数 p 加倍时，磁场转速立即减半，但由于惯性，转子转速只能逐渐下降，因此就出现 $n>n_0$ 的情况。

6　三相异步电动机的铭牌

以 Y132M-4H 型电动机为例，说明铭牌上各个数据的意义。此外，其主要技术数据还有：功率因数 0.85，效率 87%。

三相异步电动机					
型号 Y132M-4	功　率	7.5 kW	频　率	50 Hz	
电压 380 V	电　流	15.4 A	接　法	△	
转速 1 440 r/min	绝缘等级	B	工作方式	连续	
			年　月	编号××电机厂	

6.1　型号

为了适应不同用途和不同工作环境的需要，电动机制成不同的系列，每种系列用各种型号表示。例如

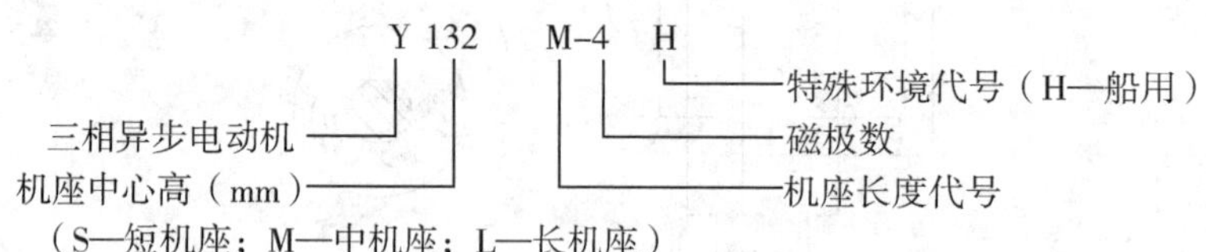

异步电动机的产品名称代号及其汉字意义摘录于表 6-2 中。特殊环境代号如表 6-3 所示。

表 6-2　异步电动机产品名称代号

产品名称	新代号	汉字意义	老代号
异步电动机	Y	异	J,JO
绕线式异步电动机	YR	异绕	JR,JRO
防爆型异步电动机	YB	异爆	JB,JBS
高启动转矩异步电动机	YQ	异启	JQ,JQO

表 6-3　特殊环境代号

特殊环境	代号	特殊环境	代号
高原用	G	热带用	T
船(海)用	H	湿热带用	TH
户外用	W	干热带用	TA
化工防腐用	F		

6.2　接法

这是指定子三相绕组的接法。一般鼠笼式电动机的接线盒中有 6 根引出线，标有 U_1、V_1、W_1、U_2、V_2、W_2，其中：U_1、U_2 是第一相绕组的两端(旧标号是 D_1、D_4)；V_1、V_2 是第二相绕组的两端(旧标号是 D_2、D_5)；W_1、W_2 是第三相绕组的两端(旧标号是 D_3、D_6)。如果 U_1、V_1、W_1 分别为三相绕组的始端(头)，则 U_2、V_2、W_2 是相应的末端(尾)；U_1、V_2、W_1 相当于图 6-7 中的 A、B、C；U_2、V_2、W_2 相当于 X、Y、Z。

这 6 个引出线端在接电源之前，相互间必须正确连接。连接方法有星形(Y)连接和三角形(△)连接两种(图 6-19)。通常三相异步电动机自 3 kW 以下者，连接成星形；自 4 kW 以上者，连接成三角形。

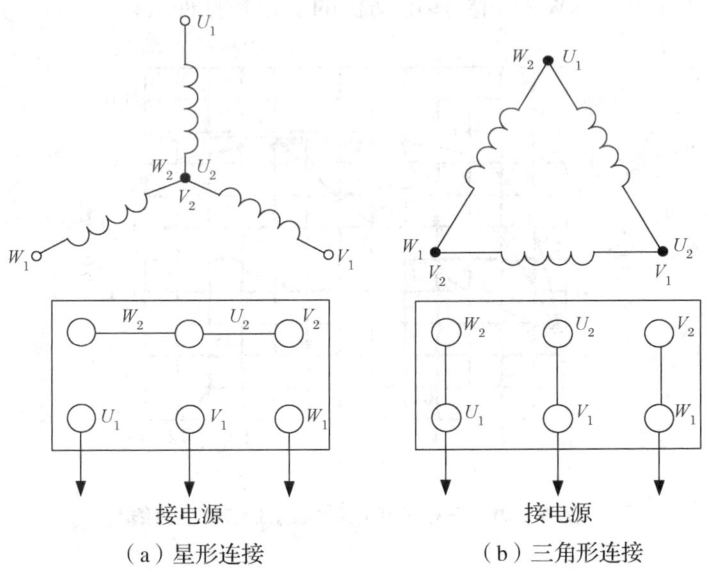

(a) 星形连接　(b) 三角形连接

图 6-19　定子绕组的星形连接及三角形连接

如果电动机的这 6 个线端未标有 U_1、U_2、…、U_6 字样，则可用实验方法确定。先确定每相绕组的两个线端，而后用下面的方法确定每相绕组的头尾。

把任何一相的两线端先标上 U_1 和 U_2，而后照图 6-19 的方法确定第二相绕组的头尾，如 V_1 和 V_2。同理，再确定 W_1 和 W_2。

如果连成图 6-19(a)所示的情况，两绕组的合成磁通不穿过第三绕组，第三绕组中不产生感应电动势，于是电灯不亮(也可用一个适当量程的交流电压表来代替电灯)。这时，与第一绕组的尾(U_2)相联的是第二绕组的尾(V_2)。

当连成图 6－19(b)所示的情况时，灯丝发红。这时，与 U_2 相连的是 V_1。

6.3 电压

铭牌上所标的电压值是指电动机在额定运行时定子绕组上应加的线电压值。一般规定电动机的电压不应高于或低于额定值的 5%。

当电压高于额定值时，磁通将增大($U_1 \approx 4.44 f_1 N_1 \Phi$)。若所加电压较额定电压高出较多，这将使励磁电流大大增加，电流大于额定电流，使绕组过热。同时，由于磁通的增大，铁损(与磁通平方成正比)也就增大，使定子铁芯过热。但常见的是电压低于额定值。这时引起转速下降，电流增加。在满载或接近满载的情况下，电流的增加将超过额定值，使绕组过热。

此外，还须注意，在低于额定电压下运行时，和电压平方成正比的最大转矩 T_{max} 会显著地降低，这对电动机的运行也是不利的。

三相异步电动机的额定电压有 380 V、3 000 V 及 6 000 V 等多种。

6.4 电流

铭牌上所标的电流值是指电动机在额定运行时定子绕组的线电流值。

当电动机空载时，转子转速接近于旋转磁场的转速，两者之间相对转速很小，所以转子电流近似为零，这时定子电流几乎全为建立旋转磁场的励磁电流。

当输出功率增大时，转子电流和定子电流都随之相应增大，如图 6－20 中 $I_1=f(P_2)$ 曲线所示。图 6－20 是一台 10 kW 三相异步电动机的工作特性曲线。

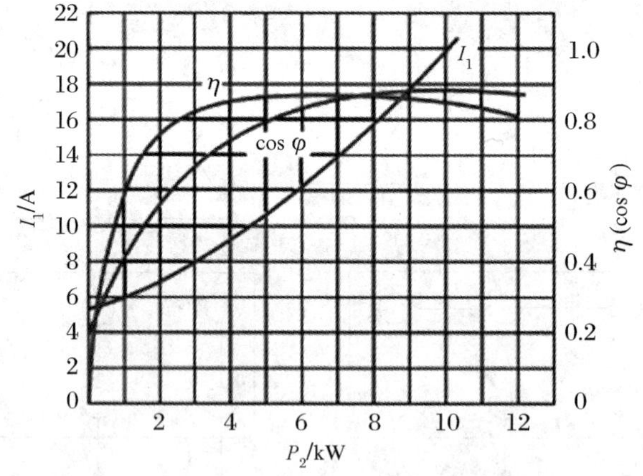

图 6－20 三相异步电动机的工作特性曲线

6.5 功率与效率

铭牌上所标的功率是指电动机在额定运行时轴上输出的机械功率值。输出功率与输入功率不等，其差值等于电动机本身的损耗功率，包括铜损、铁损及机械损耗等。

所谓效率 η 就是输出功率与输入功率的比值。以 Y132M－4 型电动机为例：输入功率 $P_1=8.6$ kW；输出功率 $P_2=7.5$ kW；则效率 $\eta=\dfrac{P_2}{P_1}\times 100\%=87\%$。

一般鼠笼式电动机在额定运行时的效率为 72%～93%。$\eta=f(P_2)$ 曲线如图 6－20 所示，在额定功率的 75%左右时效率最高。

6.6　功率因数

因为电机是电感性负载，定子相电流比相电压滞后一个 φ 角，$\cos\varphi$ 就是电动机的功率因数。

三相异步电动机的功率因数较低，在额定负载时为 0.7~0.9，而在轻载和空载时更低，空载时只有 0.2~0.3。因此，必须正确选择电动机的容量，防止“大马拉小车”，并力求缩短空载的时间。

$\cos\varphi=f(P_2)$ 曲线如图 6－20 所示。

6.7　转速

由于生产机械对转速的要求不同，需要生产不同磁极数的异步电动机，因此有不同的转速等级。

最常用的是四个极（两对磁极）的（$n_0=1\ 500$ r/min）。

6.8　绝缘等级

绝缘等级是按电动机绕组所用的绝缘材料在使用时容许的极限温度来分级的。所谓极限温度，是指电机绝缘结构中最热点的最高容许温度。绝缘等级技术数据见表 6－4。

表 6－4　绝缘等级技术数据

绝缘等级	A	E	B	F	H
极限温度/℃	105	120	130	155	180

6.9　工作方式

电动机的工作方式分为 8 类，用字母 S_1~S_8 分别表示。例如：连续工作方式（S_1）；短时工作方式（S_2），分 10、30、60、90 min 等 4 种；断续周期性工作方式（S_3），其周期由一个额定负载时间和一个停止时间组成，额定负载时间与整个周期之比称为负载持续率。

标准持续率有 15%、25%、40%、60%几种，每个周期为 10 min。

7　单相交流异步电动机

单相异步电动机常用于功率不大的电动工具（如电钻、搅拌器等）和众多的家用电器（如洗衣机、电冰箱、电风扇、脱排油烟机等）。

7.1　电容分相式异步电动机

图 6－21 所示是电容分相式异步电动机。在其定子中放置一个启动绕组 B，它与工作绕组 A 在空间相隔 90°。绕组 B 与电容器串联，使两个绕组中的电流在相位上近于相差 90°，这就是分相。这样在空间相差 90°的两个绕组，分别通有在相位上相差 90°（或接近 90°）的两相电流，也能产生旋转磁场。

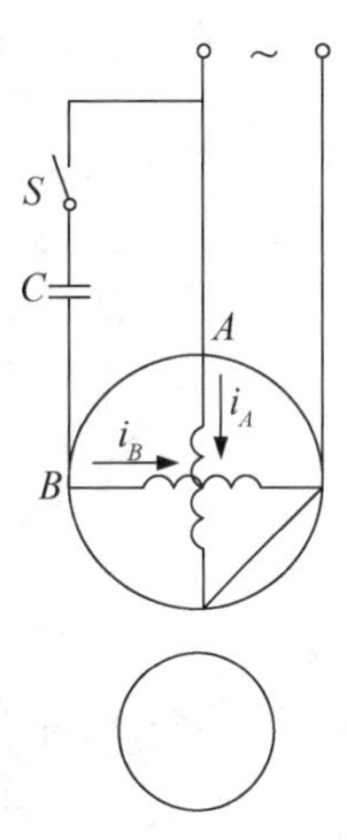

图 6－21　电容分相式异步电动机

设两相电流为

$$i_A=I_{Am}\sin\omega t$$
$$i_B=I_{Bm}\sin(\omega t+90^\circ)$$

其正弦曲线如图 6-22 所示。从图 6-23 中就可理解到两相电流所产生的合成磁场也是在空间旋转的。在这旋转磁场的作用下，电动机的转子就转动起来。在接近额定转速时，有的借助离心力的作用把开关 S 断开（在启动时是靠弹簧使其闭合的），以切断启动绕组。

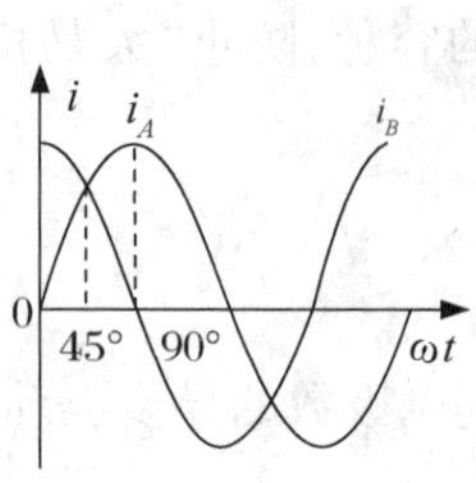

图 6-22　两相电流曲线

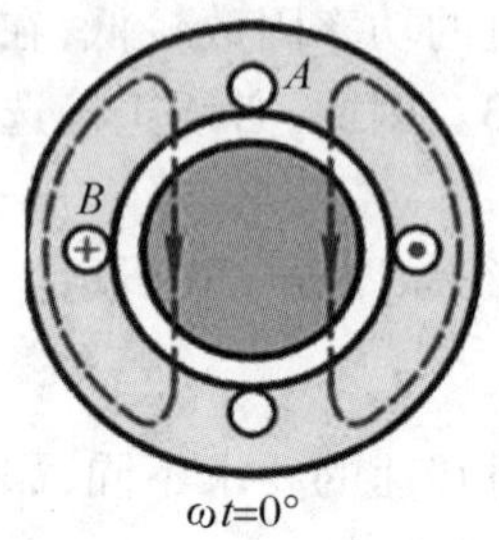

图 6-23　两相旋转磁场

有的采用启动继电器把它的吸引线圈串接在工作绕组的电路中。在启动时由于电流较大，继电器动作，其常开触点闭合，将启动绕组与电源接通。随着转速的升高，工作绕组中电流减小，当减小到一定值时，继电器复位，切断启动绕组。也有在电动机运行时不断开启动绕组（或仅切除部分电容）以提高功率因数和增大转矩。

除用电容来分相外，也可用电感和电阻来分相。工作绕组的电阻小，匝数多（电感大）；启动绕组的电阻大，匝数少，以达到分相的目的。

改变电容器 C 的串联位置，可使单相异步电动机反转。

在图 6-24 中，将开关 S 合在位置 1，电容器 C 与 B 绕组串联，电流 i_B 较 i_A 超前近 90°；将 S 切换到位置 2，电容器 C 与 A 绕组串联，i_A 较 i_B 超前近 90°。这样就改变旋转磁场的转向，从而实现电动机的反转。洗衣机中的电动机就是由定时器的转换开关来实现这种自动切换的。

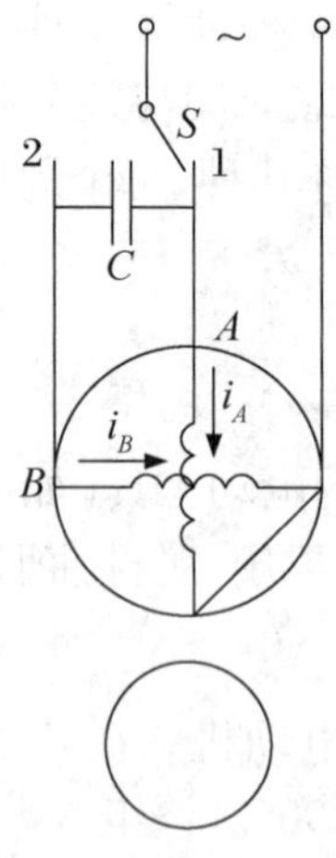

图 6-24　实现正反转的电路

7.2　罩极式异步电动机

罩极式单相异步电动机的结构如图 6-25 所示。单相绕组在磁极上，在磁极的约 1/3 部分套一短路铜环。

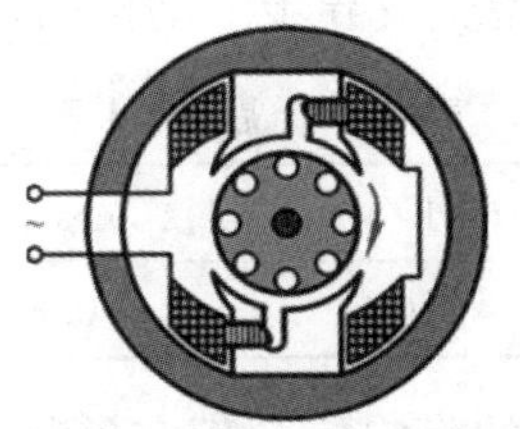

图 6-25　罩极式单相异步电动机的结构

在图 6-26 中，Φ_1 是励磁电流 i 产生的磁通，Φ_2 是 i 产生的另一部分磁通（穿过短路铜环）和短路铜环中的感应电流所产生的磁通的合成磁通。由于短路环中的感应电流阻碍穿过短路环磁通的变化，使 Φ_1 与 Φ_2 之间产生相位差，Φ_2 滞后于 Φ_1。当 Φ_1 达到最大值时，Φ_2 尚小；而当 Φ_1 减小时，Φ_2 才增大到最大值。这相当于在电动机内形成一个向被罩部分移动的磁场，它便使鼠笼式转子产生转矩而启动。

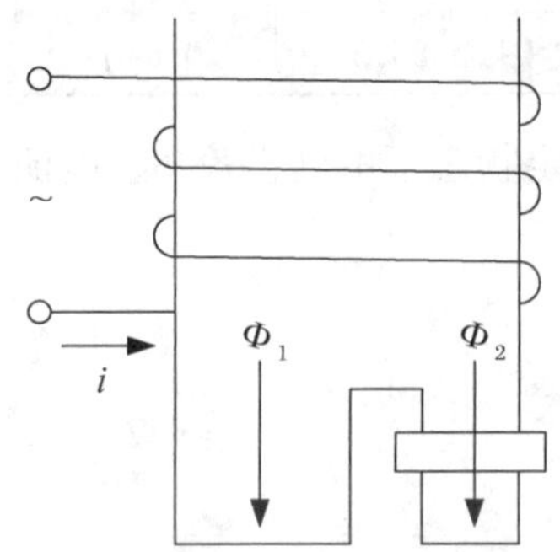

图 6-26　罩极式电动机的移动磁场

罩极式单相异步电动机结构简单，工作可靠，但启动转矩较小，常用于对启动转矩要求不高的设备，如风扇、吹风机等。

三相电动机接到电源的三根导线中由于某种原因断开一根线，就成为单相电动机运行。如果在启动时就断开一根线，则不能启动，只听到嗡嗡声。这时电流很大，时间长了，电机会被烧坏。如果在运行中断开一根线，则电动机仍将继续转动。若此时还带动额定负载，则势必超过额定电流。时间一长，也会使电动机烧坏。这种情况往往不易察觉（特别在无过载保护的情况下），在使用三相异步电动机时必须注意。

习题

【题 6-1】　一台三相异步电动机铭牌上标明 $f=50$ Hz，额定转速 $n_N=960$ r/min，该电动机的极数是多少？

【题 6-2】　电动势的频率与旋转磁场的技术及转速有什么关系？在三相异步电动机中，为什么旋转磁场切割定子绕组产生的感应电动势的频率总是等于电网频率？

【题 6-3】　一台 $f=50$ Hz 的交流电机，今通以三相对称正序 60 Hz 的交流电，设电流大小不变，问此时基波合成磁动势的幅值大小，极对数、转速、转向将有何变化？

【题 6－4】 已知 Y100L1－4 型交流异步电动机的某些额定技术数据见表 6－5。

表 6－5 题 6－4 表

功率/kW	转速/(r/min)	电压/V	$\cos\varphi$	联接方式	η/%
2.2	1 420	380	0.8	Y 接法	81

试计算:(1) 相电流和线电流的额定值及额定负载时的转矩;(2) 额定转差率。

【题 6－5】 有 Y112M－2 型和 Y160Ml－8 型异步电动机各一台,额定功率都是 4 kW,但前者额定转速为 2 890 r/min,后者为 720 r/min。试比较它们的额定转矩,并由此说明电动机的极数、转速及转矩三者之间的大小关系。

【题 6－6】 已知 Y132S－4 型三相异步电动机的额定技术数据见表 6－6。

表 6－6 题 6－6 表

功率/kW	转速/(r/min)	电压/V	效率/%	功率因数	I_{st}/I_N	I_{st}/T_N	T_{max}/T_N
5.5	1 440	380	85.5	0.84	7	2.2	2.2

电源频率为 50 Hz。试求额定状态下的转差率 S_N、电流 I_N 和转矩 T_N,以及启动电流 I_{st}、启动转矩 T_{st}、最大转矩 T_{max}。

第七章　直流电动机

直流电机是机械能和直流电能互相转换的旋转机械装置。直流电机用作发电机时，其将机械能转换为电能；用作电动机时，其将电能转换为机械能。在生产上主要应用的是交流电，但在蓄电池充电、同步电机励磁、电镀和电解、直流电焊、直流电动机以及汽车、拖拉机、船舶上的用电等方面，仍然需要直流电。

直流发电机可作为上述各方面的直流电源。由于直流发电机的构造复杂，价格昂贵，工作可靠性也较差，因此随着近代工业电子技术的迅速发展，其已被半导体整流电源逐渐取代。

直流电动机虽然比三相异步电动机的结构复杂，维护也不便，但是由于其调速性能较好、启动转矩较大，因此对调速要求较高的设备（如测深仪、龙门刨床等）或者需要较大启动转矩的生产机械（如起货机、电力牵引设备等）往往采用直流电动机来驱动。

1　直流电机的工作原理

1.1　直流电动机工作原理

直流电机是使电机的绕组在直流磁场中旋转感应出交流电，经过机械整流，得到直流电。图 7-1 所示为直流电动机的物理模型。N 和 S 是一对固定的磁极，可以是电磁铁，也可以是永磁铁。磁极之间有一个绕固定轴（几何中心）旋转的铁质圆柱体，称为电枢铁芯。铁芯与磁极之间的间隙称为气隙。铁芯表面固定一个用绝缘导体构成的电枢线圈 $abcd$，线圈首末两端分别与相互绝缘的两个半圆形铜片（换向片）相连，换向片与电枢铁芯一道旋转，它们组合在一起称为换向器。每个换向片上分别放置一个空间位置固定的电刷 A 和 B，并与之滑动接触。电刷 A、B 接到直流电源上，通过换向器和电刷，旋转着的电路（线圈 $abcd$）与外电路连接。

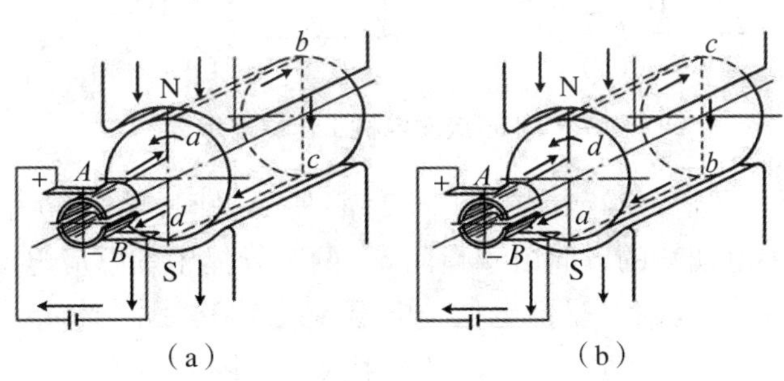

图 7-1　直流电动机工作原理示意

将外部直流电源加于电刷 A（正极）和 B（负极）上，则线圈 $abcd$ 中有电流流过。电流的方向如图 7-1 所示。根据安培定律，载流导体 ab、cd 上受到的电磁力 f 为

$$f = Bli$$

式中：i 是导体里的电流，A。

导体受力的方向用左手定则确定，导体 ab 的受力方向是从右向左，导体 cd 的受力方向是从左向右。ab 和 cd 在电磁力作用下形成的转矩方向一致，这个转矩称为电磁转矩，此时为逆时针方向。如果此时电磁转矩能够克服电枢上的阻转矩（如由摩擦引起的阻转矩以及其他负载转矩），电枢就能按逆时针方向旋转起来，如图 7-1(a)所示。当电枢旋转 180°时，导体 cd 转到 N 极下，ab 转到 S 极下，如图 7-1(b)所示。由于直流电源产生的电流方向不变，电流仍从电刷 A 流入，经导体 cd、ab 后，从电刷 B 流出。此时，用左手定则判别可知，导体 cd 受力方向变为从右向左，导体 ab 的受力方向是从左向右，产生的电磁转矩的方向不变，仍为逆时针方向。

加于直流电动机的直流电源，借助于换向器和电刷的作用，使直流电动机电枢线圈中流过的电流，方向是交变的，从而使电枢产生的电磁转矩的方向恒定不变，确保直流电动机朝确定的方向连续旋转。

1.2　直流发电机工作原理

直流发电机的模型与直流电动机的模型相同，不同的是用原动机（如汽轮机等）拖动电枢以恒定速率 n 朝某一方向（如逆时针方向）旋转时，根据电磁感应定律可知，导体 ab 和 cd 分别切割 N 极和 S 极下的磁力线，感应产生电动势，见图 7-2。感应电动势的大小为

$$e = Blv$$

式中：B 是导体所处位置的气隙磁通密度，$\mathrm{Wb/m^2}$；l 为导体 ab、cd 的有效长度，m；v 是导体 ab、cd 与 B 之间的相对线速度，m/s。

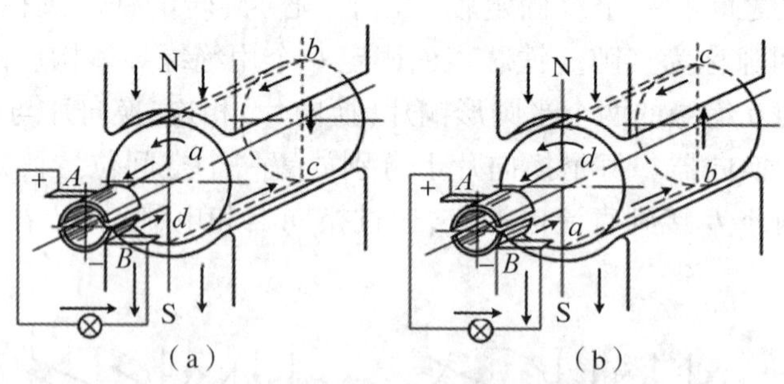

图 7-2　直流发电机工作原理示意

电动势的方向用右手定则确定。在图 7-2(a)所示瞬间，导体 ab 中感应电动势的方向由 b 指向 a，导体 cd 中电动势的方向由 d 指向 c。两个导体中的感应电动势在串联回路中相互叠加，电刷 A 呈高电位，电刷 B 呈低电位。电枢转过 180°后，导体 ab 与导体 cd 位置互换，各导体中的感应电动势方向也随之改变。但由于换向器随着线圈一起旋转，此时导体 cd 的换向器与电刷 A 接触，导体 ab 的换向器与电刷 B 接触，这时电刷 A 仍呈高电位，电刷 B 呈低

电位，两电刷的正负极性不变，如图 7－2(b)所示。可见，同直流电动机一样，直流发电机电枢线圈中的感应电动势的方向也是交变的，而通过换向器和电刷的整流作用，在电刷 A、B 上输出的电动势是极性不变的直流电动势。在电刷 A、B 之间接上负载，发电机就能向负载供给直流电能。这就是直流发电机的基本工作原理。

从以上分析可以看出：一台直流电机原则上可以作为电动机运行，也可以作为发电机运行，取决于外界不同的条件。将直流电源加于电刷，输入电能，电机能将电能转换为机械能，拖动生产机械旋转，作电动机运行；如用原动机拖动直流电机的电枢旋转，输入机械能，电机能将机械能转换为直流电能，从电刷上引出直流电动势，作发电机运行。同一台电机，既能作电动机运行，又能作发电机运行的原理，称为电机的可逆原理。

2　直流电动机的主要结构和型号

由直流电动机工作原理可知，直流电机的结构由定子和转子两大部分组成，定子和转子靠两个端盖连接。定子的主要作用是产生磁场，由机座、主磁极、换向极、端盖、轴承和电刷装置等组成。转子的主要作用是产生电磁转矩和感应电动势，是直流电动机进行能量转换的枢纽，所以通常又称为电枢，由转轴、电枢铁芯、电枢绕组、换向器和风扇等组成。装配后的直流电机装配结构及其纵向剖视图如图 7－3 和图 7－4 所示。

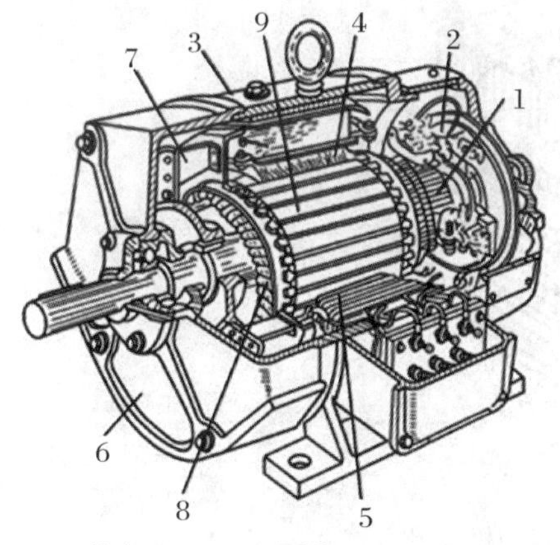

1—换向器；2—电刷装置；3—机座；
4—主磁极；5—换向极；6—端盖；
7—风扇；8—电枢绕组；9—电枢铁芯

图 7－3　直流电机装配结构

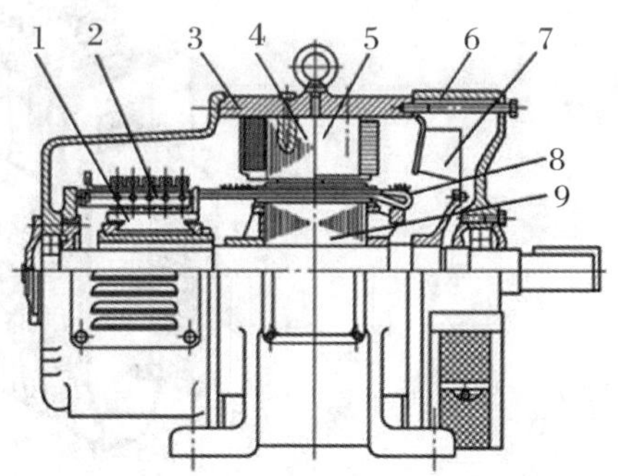

1—换向器；2—电刷装置；3—机座；
4—主磁极；5—换向极；6—端盖；
7—风扇；8—电枢绕组；9—电枢铁芯

图 7－4　直流电机纵向剖视图

2.1　定子部分

（1）主磁极。主磁极的作用是产生气隙磁场。主磁极由主磁极铁芯和励磁绕组两部分组成。铁芯一般用 0.5~1.5 mm 厚的硅钢板冲片叠压铆紧而成，分为极身和极靴两部分，上面套励磁绕组的部分称为极身，下面扩宽的部分称为极靴，极靴宽于极身，既可以调整气隙中磁场的分布，又便于固定励磁绕组。励磁绕组用绝缘铜线绕制而成，套在主磁极铁芯上。整个主磁极用螺钉固定在机座上，如图 7－5 所示。

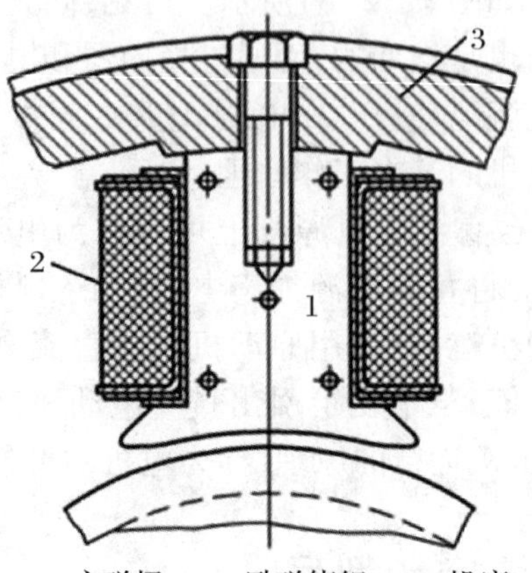

1—主磁极；2—励磁绕组；3—机座

图 7-5 主磁极的结构

（2）换向极。换向极的作用是改善换向，减小电机运行时电刷与换向器之间可能产生的换向火花，一般装在两个相邻主磁极之间，由换向极铁芯和换向极绕组组成，如图 7-6 所示。换向极绕组用绝缘导线绕制而成，套在换向极铁芯上，换向极的数目与主磁极相等。

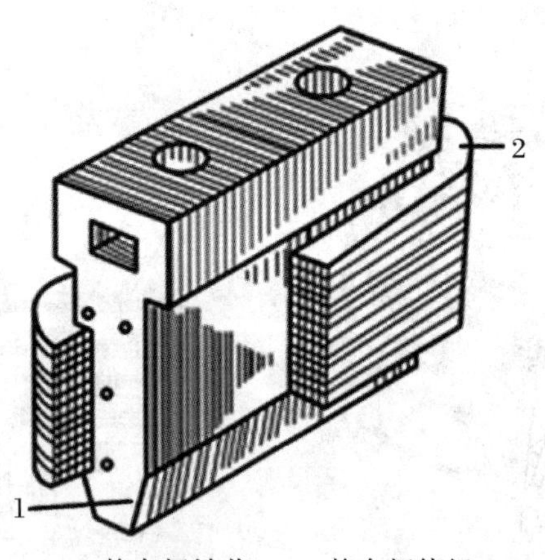

1—换向极铁芯； 2—换向极绕组

图 7-6 换向极

（3）机座。电机定子的外壳称为机座，见图 7-4 中的 3。机座的作用有两个：一是用来固定主磁极、换向极和端盖，并起整个电机的支撑和固定作用；二是机座本身也是磁路的一部分，借以构成磁极之间磁的通路，磁通通过的部分称为磁轭。为保证足够的机械强度和良好的导磁性能，机座一般为铸钢件或由钢板焊接而成。

（4）电刷装置。电刷装置是用来引入或引出直流电压和直流电流的，如图 7-7 所示。电刷装置由电刷、刷握、刷杆和刷杆座等组成。电刷放在刷握内，用弹簧压紧，使电刷与换向器之间有良好的滑动接触，刷握固定在刷杆上，刷杆装在圆环形的刷杆座上，相互之间必须绝缘。刷杆座装在端盖或轴承内盖上，圆周位置可以调整，调好以后加以固定。

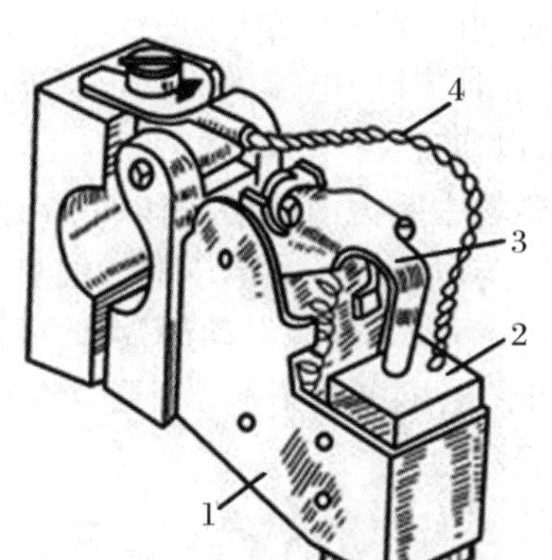

1—刷握；2—电刷；3—压紧弹簧；4—刷辫

图 7-7　电刷装置

2.2　转子部分

将复杂的直流电机结构简化为图 7-8 所示的工作原理。电机具有一对磁极，电枢绕组只是一个线圈，线圈两端分别联在两个换向片上，换向片上压着电刷 A 和 B。

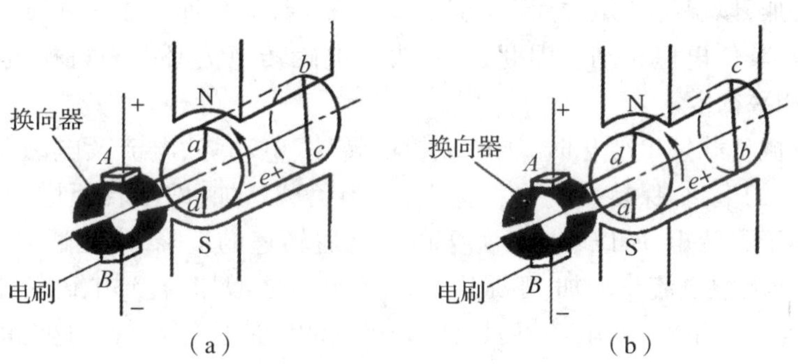

图 7-8　直流电机工作原理

（1）直流电机作发电机运行时，电枢由原动机驱动而在磁场中转，在电枢线圈的两根有效边（切割磁通的部分导体）中便感应出电动势。显然，每一有效边中的电动势是交变的，即在 N 极下是一个方向，当它转到 S 极下时是另一个方向。但是，由于电刷 A 总是与 N 极下的一边相连的换向片接触，而电刷 B 总是与 S 极下的一边相连的换向片接触，所以在电刷间就出现一个极性不变的电动势或电压。因此，换向器的作用在于将发电机电枢绕组内的交变电动势换成电刷之间的极性不变的电动势。当电刷之间接有负载时，在电动势的作用下就在电路中产生一定方向的电流。

直流电机电刷间的电动势可以表示为

$$E = K_E \Phi n \tag{7-1}$$

式中：E 为电动势，V；Φ 是磁极的磁通，Wb；n 是电枢转速，r/min；K_E 是与电机结构有关的常数。

（2）直流电机作电动机运行时，将直流电源接在两电刷之间而使电流通入电枢线圈。电流方向为：N 极下的有效边中的电流总是一个方向，而 S 极下的有效边中的电流总是另一

个方向。这样才能使两个边上受到的电磁力的方向一致,电枢因而转动。因此,当线圈的有效边从 N(S)极下转到 S(N)极下时,其中电流的方向必须同时改变,以使电磁力的方向不变,而这也必须通过换向器才得以实现。

电动机电枢线圈通电后在磁场中受力而转动,当电枢在磁场中转动时,线圈中也要产生感应电动势。这个电动势的方向与电流或外加电压的方向总是相反的,所以称为反电动势。其与发电机的电动势的作用不同,后者是电源电动势,由此而产生电流。

直流电机电枢绕组中的电流(电枢电流 I_a)与磁通 Φ 相互作用,产生电磁力和电磁转矩。直流电机的电磁转矩可以表示为

$$T = K_T \Phi I_a \tag{7-2}$$

式中:T 为电磁转矩,N·m;K_T 是与电机结构有关的常数;Φ 是磁极的磁通,Wb;I_a 为电流,A。

直流发电机和直流电动机两者的电磁转矩的作用是不同的。发电机的电磁转矩是阻转矩,其与电枢转动的方向或原动机的驱动转矩的方向相反。因此,在等速转动时,原动机的转矩 T_1 必须与发电机的电磁转矩 T 及空载损耗转矩 T_0 相平衡。当发电机的负载(即电枢电流)增加时,电磁转矩和输出功率也随之增加。这时原动机的驱动转矩和所供给的机械功率也必须相应增加,以保持转矩之间及功率之间的平衡,而转速基本上不变。电动机的电磁转矩是驱动转矩,其使电枢转动。因此,电动机的电磁转矩 T 必须与机械负载转矩 T_2 及空载损耗转矩 T_0 相平衡。

当轴上的机械负载发生变化时,则电动机的转速、电动势、电流及电磁转矩将自动进行调整,以适应负载的变化,保持新的平衡。例如,当负载增加,即阻转矩增加时,电动机的电磁转矩便暂时小于阻转矩,所以转速开始下降。随着转速的下降,当磁通 Φ 不变时,反电动势 E 必须减小,而电枢电流将增加,于是电磁转矩也随之增加,直到电磁转矩与阻转矩达到新的平衡后,转速不再下降,而电动机以较原先为低的转速稳定运行。这时的电枢电流已大于原先的,也就是说从电源输入的功率增加了(电源电压保持不变)。

由上可知,直流电机作发电机运行和作电动机运行时,虽然都产生电动势电磁转矩,但两者的作用截然相反:作发电机运行时,E 和 I_a 方向相同,E 为电源电动势,T 为阻转矩,$T_1=T+T_0$;作电动机运行时,E 和 I_a 方向相反,E 为反电动势,T 为驱动转矩,$T=T_2+T_0$。

3 直流电动机的电枢反应

当电枢绕组中没有电流通过时,由磁极所形成的磁场称为主磁场,近似按正弦规律分布。当电枢绕组中有电流通过时,绕组本身产生一个磁场,称为电枢磁场。电枢磁场对主磁场的作用将使主磁场发生畸变,产生电枢反应。同步电机正常对称运行时,按所带负荷性质(感性或容性)的不同,产生去磁或助磁作用的电枢反应。

(1)直流电机的磁场。①主极磁场。主极磁场由励磁绕组通入励磁电流产生,见图 7-9。其中,几何中性线为 nn',物理中性线 mm',在电枢电流为零的情况下,主极磁场的 nn' 和 mm' 是重合的。②电枢磁场。当电机在负载下运行时,电枢绕组中有负载电流通过,电枢电流产生的磁场称为电枢磁场,见图 7-10。

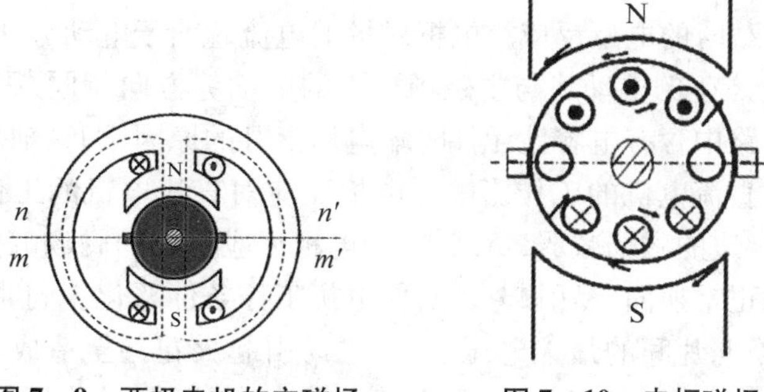

图 7－9　两极电机的主磁场　　　图 7－10　电枢磁场

（2）直流发电机的电枢反应见图 7－11。

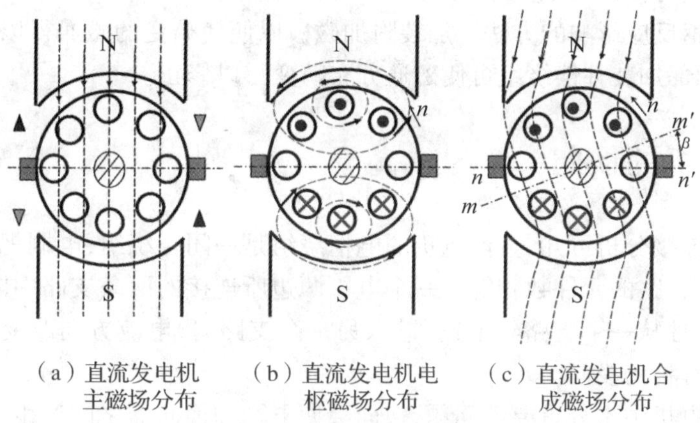

（a）直流发电机主磁场分布　（b）直流发电机电枢磁场分布　（c）直流发电机合成磁场分布

图 7－11　直流发电机的电枢反应

（3）直流电动机的电枢反应见图 7－12。

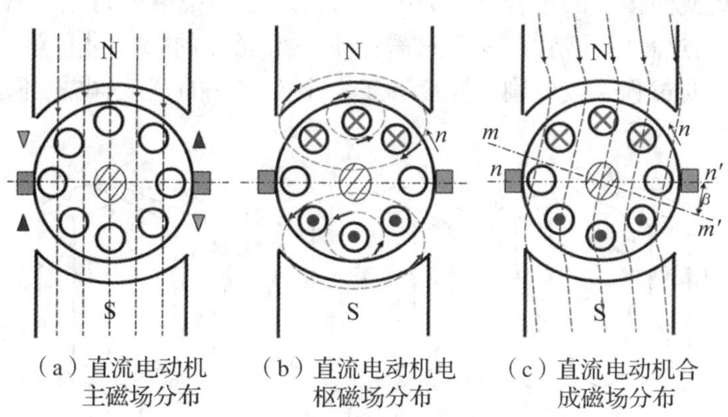

（a）直流电动机主磁场分布　（b）直流电动机电枢磁场分布　（c）直流电动机合成磁场分布

图 7－12　直流电动机的电枢反应

（4）纯电阻性负载时的电枢反应。电枢磁场的电动势与电流相位相同,电枢磁场使主磁场发生畸变,一半加强,一半削弱。

（5）纯电感性负载时的电枢反应。电枢磁场的电流滞后于电动势 90°,电枢磁场产生的电动势与主磁场产生的电动势方向相反,因此削弱了主磁场电动势。这就是三相电路中含有电感性元件时电压下降的原因，即纵轴去磁电枢反应。

(6) 纯电容性负载时的电枢反应。电枢磁场的电流超前于电动势 90°，因电枢磁场与主磁场成 90°，电枢磁场产生的电动势与主磁场产生的电动势方向相同，因此加强了主磁场电动势。这就是三相电路中含有电容性元件时端电压上升的原因，即纵轴辅助磁电枢反应。

(7) 电枢反应对直流电机的工作影响。电枢反应对直流电机的工作影响很大，使磁极半边的磁场加强；另半边的磁场减弱，负载越大，电枢反应引起的磁场畸变越强烈，其结果将破坏电枢绕组元件的正常换向，易引起火花，使电机工作条件恶化。同时电枢反应将使极靴尖处磁通密集，造成换向片间的最大电压过高，也易引起火花甚至造成电机环火。总之，直流电机的电枢反应对直流电动机和直流发电机都是存在的，通过分析可以总结如下：直流电机电枢反应，造成火花增大，换向难。发电机物理线圈顺时针偏转，使得电动势有所降低，电动机物理线圈逆时针偏转，电磁矩减小。

(8) 削弱电枢反应影响的方法。加装附加磁极以便使畸变的磁通得以补偿。对大型电机，在主磁极的顶部加装补偿绕组可使磁通分布畸变得以修正。

4　直流电动机的换向

由电机绕组连接分析可知，直流电机的电枢绕组是一闭合绕组，电刷把这一闭合电路分成若干支路，每个支路的元件数相等。一个电刷两边所连接的两条支路中电流方向相反，电枢旋转时，绕组元件从一个支路经电刷，进入另一个支路时，电流方向改变。绕组元件中电流改变方向的过程称为换向。

换向是直流电机中十分重要的问题，换向会使电刷和换向器之间产生火花，严重时会烧坏换向器与电刷，使电机不能正常工作和寿命缩短。我国对电机换向时产生的火花等级与允许的运行状态有相应的规定。

从换向开始到换向结束的过程就称为换向过程。电枢绕组中每个元件都要经过换向过程，所有元件在换向过程中的情况一样，只需讨论一个元件的换向过程就可以了。图 7－13 表示 1 号元件的换向过程。设电刷的宽度等于一个换向片的宽度，电刷不动，元件和换向器以 v 的速度自右向左运动。

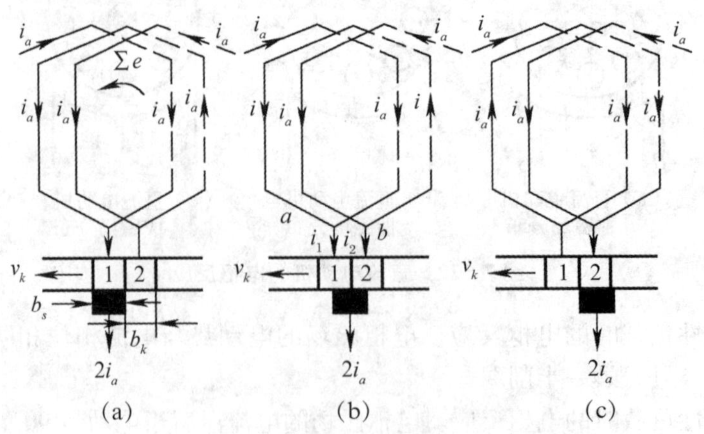

图 7－13　元件 1 中的电流换向过程

电刷只与换向片 1 接触，如图 7－13(a)所示，此时元件 1 处于电刷右边的支路，元件中的电流等于支路电流$+i$，电流方向如图，1 号元件即将开始换向。元件移动，电刷同时与换向片 1 和 2 接触，如图 7－13(b)所示，此时 1 号元件被电刷短接，表明该元件正在换向，其电流从$+i$ 逐渐减小到零。元件继续移动，电刷只与换向片 2 接触，如图 7－13(c)所示，此时元件 1 属于电刷左边的支路，元件中的电流方向改变且从零逐渐增大到$-i$，则 1 号元件结束换向。换向过程所需的时间称为换向周期 T_K，通常只有千分之几秒。

4.1　换向元件中的感应电动势和电流变化的特点

1）换向元件中的电动势

（1）电抗电动势 e_x。在换向过程中，由于换向元件中电流从$+i$ 到$-i$ 的变化，在换向元件中产生自感电动势，由楞次定律可知其方向总是阻碍原电流的变化，即方向应与换向前电流$+i$ 方向相同。

（2）旋转电动势 e_r。由于电枢反应使几何中性线上电刷处的磁场并不为零，换向元件旋转移动到此处时切割磁场产生的感应电动势，其方向可用右手定则判断，也是与绕组元件中原来电流方向相同。

因此，总的感应电动势为

$$\Sigma e = e_x + e_r$$

2）换向元件中电流变化的特点

如果没有感应电动势产生，图 7－13 中换向片 1 逐渐离开电刷时，元件 1 中的电流从$+i$ 逐渐减小到零，电刷上电流密度是均匀的，称为直线换向。

实际上 Σe 的存在，使得电流变化受到阻碍而延迟，电刷后刷边电流密度大，更易损坏，称延迟换向。

4.2　改善换向的方法

如果换向不理想，在电刷处会产生火花。产生火花的原因除了电磁原因外，还可能因为换向器表面不平整、不清洁、换向片间有绝缘突出，电刷与换向器接触压力不适当等。要减小火花就要减小附加电流，即要减小换向元件的合成电势 Σe，或增大电刷接触电阻。因此，从电磁原因入手，常用的改善换向的方法如下：

（1）装配换向极。由换向元件的感应电动势可知，当电刷放在几何中心线上时，换向元件只切割电枢磁场，如果在该处用换向磁极产生一个与电枢磁场反方向的换向磁场，使换向元件切割换向极磁场产生的旋转电动势，正好可以抵消换向元件切割电枢磁场产生的旋转电动势 e_r 和换向元件的电抗电动势 e_x，则 $\Sigma e=0$。电枢磁场与电枢电流成正比，所以换向磁极绕组与电枢绕组串联，换向极的极性必须正确，发电机的换向极极性与旋转方向的前方的主极性相同，电动机的换向极极性与旋转方向的后方的主极性相同。

（2）正确选用电刷。增加电刷接触电阻可以减少附加电流。电刷的接触电阻主要与电刷材料有关，目前常用的电刷有石墨电刷、电化石墨电刷和金属石墨电刷等。石墨电刷的接触电阻较大，金属石墨电刷的接触电阻最小。从改善换向的角度来看似乎应该采用接触电阻大的电刷，但接触电阻大，则接触压降也增大，使能量损耗和换向器发热加剧，对换向也不利，所以合理选用电刷是一个重要的问题。根据长期运行经验，对于换向并不困难，负载均匀，电压在 80~120 V 的中小型电机通常采用石墨电刷，一般正常使用的中小型电机和电压在 220 V 以上或换向较困难的电机采用电化石墨电刷，而对于低压大电流的电机则采用金属石墨电刷。

（3）装配补偿绕组。补偿绕组嵌放在主磁极极靴上专门冲出的槽内或励磁绕组外面，该绕组与电枢绕组串联，产生的磁场方向与电枢反应的磁通方向相反，用以抵消电枢反应的磁通。装配补偿绕组使电机结构复杂，成本增加。因此，该方法只有在负载变化很大的大中型直流电机中使用。

5 直流电动机的机械特性

直流电动机的机械特性是指电动机在电枢电压、励磁电流、电枢回路电阻为恒值的条件下，即电动机处于稳态运行时，电动机的转速与电磁转矩之间的关系为

$$n=f(T_{em})$$

由电机的电路原理可得机械特性（图 7-14）的表达式为

$$n=\frac{U}{C_e\Phi}-\frac{R}{C_eC_T\Phi^2}T_{em}=n_0-\beta T_{em}$$

式中：n_0 为理想空载转速。

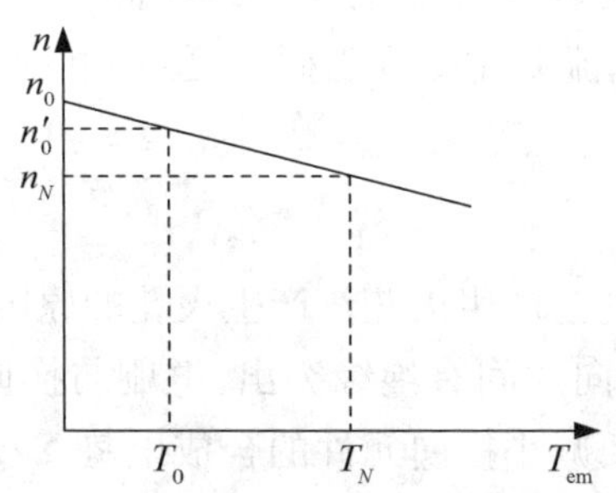

图 7-14 直流电动机的机械特性曲线

实际空载转速为

$$n_0'=\frac{U}{C_e\Phi}-\frac{R}{C_eC_T\Phi^2}T_0$$

5.1 固有机械特性

当 $U=U_N$、$\Phi=\Phi_N$、$R=R_a$ 时，机械特性称为固有机械特性（图 7-15），即

$$n=\frac{U_N}{C_e\Phi_N}-\frac{R_a}{C_eC_T\Phi_N^2}T_{em}$$

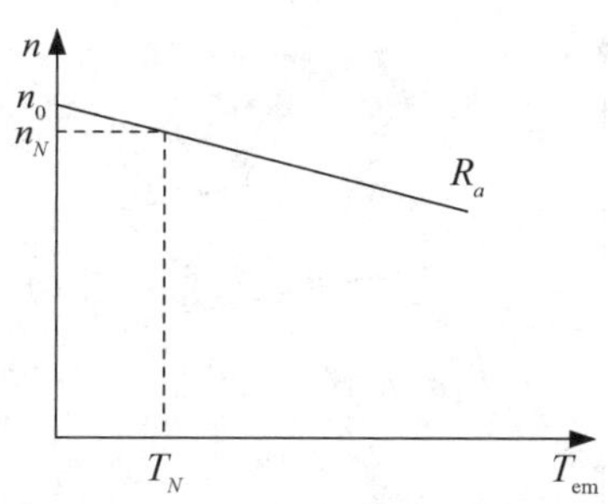

图 7-15　固有机械特性曲线

由于电枢电阻很小，特性曲线斜率很小，所以固有机械特性是硬特性。当 $T=T_N$ 时，$n=n_N$，此点为电动机额定工作点，转速差 $\Delta n=n_0-n_N$，为额定转速差。当 $n=0$ 时，即电动机启动时，电磁转矩 $T_{em}=T_s$，称为启动转矩。

5.2　人为机械特性

当改变 U、R_a 或 Φ 时得到的机械特性称为人为机械特性。

(1) 电枢串电阻时的人为机械特性。保持 $U=U_N$、$\Phi=\Phi_N$ 不变，只在电枢回路中串入电阻 R_s 的人为特性，即

$$n=\frac{U_N}{C_e\Phi_N}-\frac{R_a+R_s}{C_eC_T\Phi_N^2}T_{em}$$

其特点为：①n_0 不变，β 变大；②β 越大，特性越软。因此，电枢串电阻时的人为机械特性是通过理想空载点的一簇放射性直线，见图 7-16。

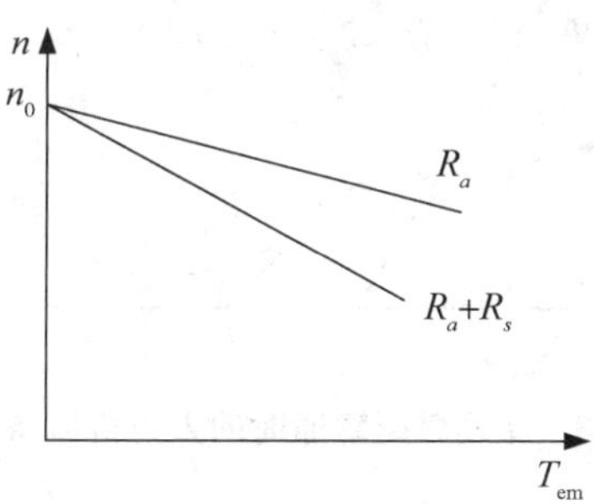

图 7-16　电枢串电阻时的人为机械特性曲线

(2) 降低电枢电压时的人为机械特性。保持 $\Phi=\Phi_N$、$R=R_a$ 不变，只改变电枢电压 U 时的人为特性，即

$$n=\frac{U}{C_e\Phi_N}-\frac{R_a}{C_eC_T\Phi_N^2}T_{em}$$

其特点为：①n_0 随 U 变化，β 不变；②U 不同，曲线是一组平行线。因此，降低电枢电压时的人为机械特性曲线是一组平行于固有机械特性的直线，见图 7-17。

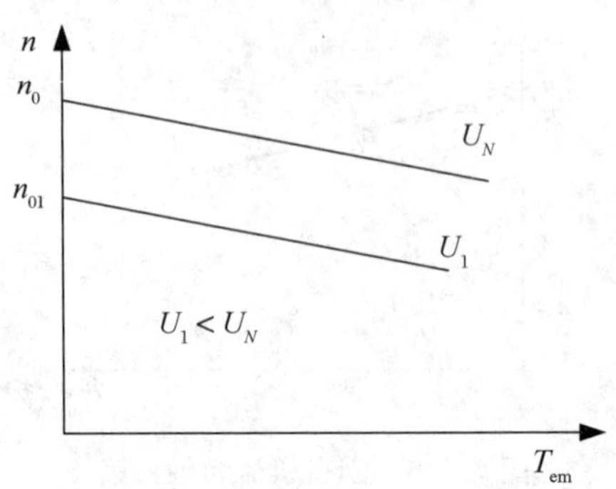

图 7－17　降低电枢电压时的人为机械特性曲线

（3）减弱励磁磁通时的人为机械特性。保持 $U = U_N$、$R = R_a$ 不变，只改变励磁回路调节电阻 R_{sf} 的人为特性，即

$$n = \frac{U_N}{C_e \Phi} - \frac{R_a}{C_e C_T \Phi^2} T_{em}$$

其特点为：①弱磁，n_0 增大；②弱磁，β 增大。因此，减弱励磁磁通时的人为机械特性曲线见图 7－18。此外，需要注意：他励直流电动机启动和运行过程中，绝不允许励磁回路断开。

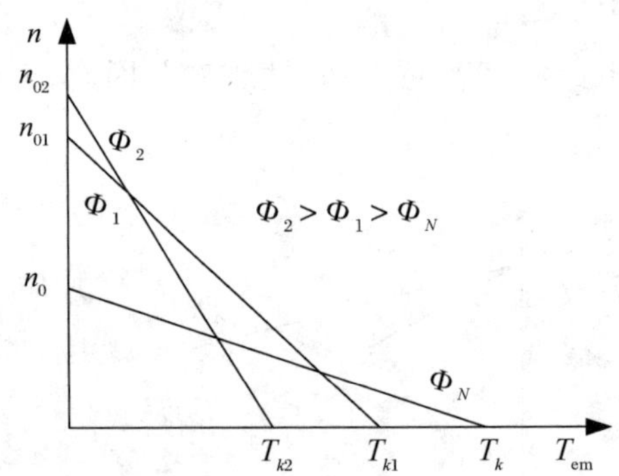

图 7－18　减弱励磁磁通时的人为机械特性曲线

6　直流电动机的启动、调速、反转及制动

6.1　直流电动机的启动

电动机接入电网的初始时刻，转速为零，磁通在电枢绕组中产生的感应电动势为零，加之电枢绕组的自感和电阻均很小，因此在额定电压下电枢启动电流 I_{st} 可达额定电流的 15~20 倍。因此，必须采用适当的方法降低启动电流，一般限制在额定电流的 2.5 倍以下。

对于小容量电动机，采用与电枢绕组 R_a 串接启动电阻器 R_{st} 的办法，串接启动电阻虽可降低启动电流，但能量消耗较大。对于大中型电动机，大多采用在额定励磁下降低电枢电压来限制初始启动电流,并随转速上升逐步提高电枢电压。此法启动平滑,但需专用的调压电源设备。

6.2　直流电动机的调速

直流电动机的突出优点,在于其调速方法较为简便,而且调速范围宽广而平滑。

由式(7－2)可知,可通过改变励磁电流(即改变磁通 Φ),或改变电枢绕组电流 I_a(通过改变串接在电枢绕组中的电阻)来进行调速。

由于其调速方便故直流电机在测深仪等导航设备中应用广泛。

6.3　直流电动机反转

为使直流电动机反转,只需改变电枢绕组或励磁绕组的电压极性。

若同时改变二者电压极性,电动机转向不变。在实际应用中,若需快速反转,一般不采用改变励磁电压极性的方法,因励磁线圈电感较大,过快变换电压极性会产生较高自感电动势,可能击穿绝缘。只在不需快速反转的拖动系统中,采用改变励磁电压极性的办法(因可用额定电流较小的换向开关),但要防止励磁电路断路使 $\Phi \to 0$,导致并励和他励电动机的电枢电流 I_a 过大而烧坏电机。

6.4　直流电动机的制动

制动的目的为:

(1) 使电动机减速或停车。

(2) 限制电动机转速的升高(如电车下坡)。

制动的方式有:

(1) 机械(抱闸)制动:利用电磁或电磁液压驱动装置,使闸瓦抱紧或松开制动盘(得电松闸、失电抱闸),见图 7－19。

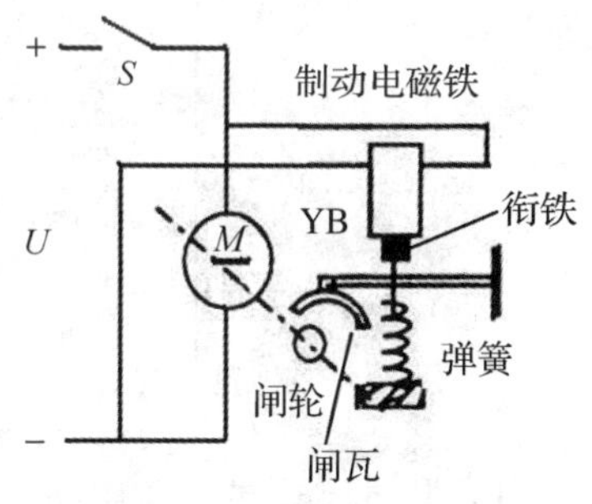

图 7－19　机械(抱闸)制动

(2) 电磁制动:当电磁转矩 T_{em} 与 n 的方向相同时,电磁转矩为驱动转矩,电机运行于电动状态;当 T_{em} 与 n 方向相反时,电磁转矩为制动转矩,电机运行于电磁制动状态(本质)。

机械制动具有快速、准确的优点,但是对于高速、惯性大的设备,机械冲击比较大;电磁制动则具有制动相对平稳、制动转矩容易控制的特点。

很多情况下采用机械制动结合电磁制动的方法来进行制动,即先通过电磁制动将电机转速降到一个比较低的速度(接近零速),然后再机械抱闸制动,这样既避免机械冲击又有比较好的制动效果。

(3) 能耗制动:在电动状态(开关 S 打到电源上),电枢电流、电枢电动势、转速及驱动性质的电磁转矩如图 7－20 实线箭头所示。

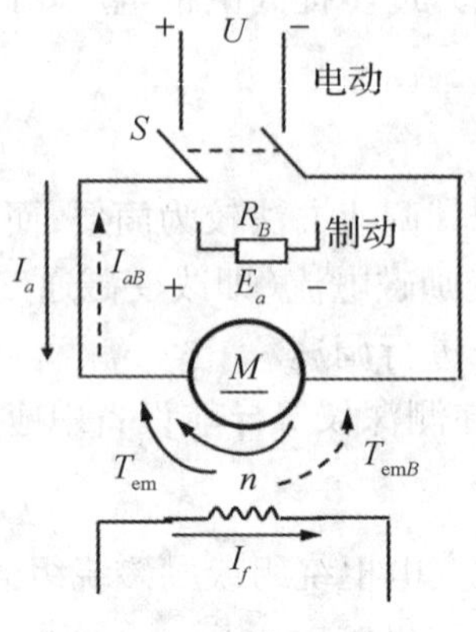

图 7－20　能耗制动

制动时将开关 S 打到制动电阻 R_B 上，由于惯性，电枢保持原来方向继续旋转，电动势 E_a 方向不变。由 E_a 产生的电枢电流 I_{aB} 的方向与电动状态时 I_a 的方向相反，对应的电磁转矩 T_{emB} 与 T_{em} 方向相反，为制动性质，电机处于能耗制动状态。

能耗制动运行时，电动机将生产机械的机械能转换成电能，消耗在制动电阻上。

7　直流电动机的铭牌

直流机铭牌上的数据是额定值，作为选择和使用直流机的依据。典型直流机铭牌如下：

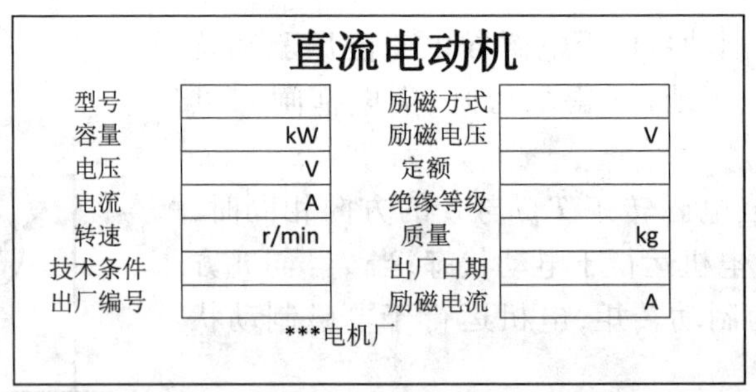

直流电动机

型号		励磁方式	
容量	kW	励磁电压	V
电压	V	定额	
电流	A	绝缘等级	
转速	r/min	质量	kg
技术条件		出厂日期	
出厂编号		励磁电流	A

***电机厂

（1）型号。型号包含电机的系列、机座号、铁芯长度、设计次数、极数等。

（2）额定功率（容量）。对于直流电动机，额定功率是指在长期使用时，轴上允许输出的机械功率，一般以 kW 为单位。

（3）额定电压。对于直流电动机，额定电压是指在额定条件下运行时从电刷两端施加给电动机的输入电压，一般以 V 为单位。

（4）额定电流。对于电动机，额定电流是指在额定电压下输出额定功率时，长期运转允许输入的工作电流，一般以 A 为单位。

（5）额定转速。当电机在额定工况（额定功率、额定电压、额定电流）下运转时，转子的转速为额定转速，一般以 r/min 为单位。直流电机铭牌往往有低、高两种转速，低转速是基本转速，高转速是指最高转速。

（6）励磁方式。励磁方式是指励磁绕组的供电方式，通常有他励、自励 2 种。①他励直流电机。励磁电流由其他直流电源单独供给的称为他励直流电机，接线如图 7－21（a）所

示。图中 M 表示电动机,若为发电机,用 G 表示。②自励直流电机。电机的励磁电流由电机自身供给。依励磁绕组联接方式的不同,自励直流电机又分为:并励直流电机。励磁绕组与电机电枢的两端并联。作为并励发电机来说,由电机本身发出来的端电压供给励磁电流;作为并励电动机来说,励磁绕组与电枢共用统一电源,与他励直流电动机没有本质区别。接线如图 7-21(b)所示。串励直流电机。励磁绕组与电枢回路串联,电枢电流也是励磁电流。串励直流电动机接线如图 7-21(c)所示。复励直流电机。励磁绕组分为两部分,一部分与电枢回路串联,另一部分与电枢回路并联。复励直流电动机接线如图 7-21(d)所示。

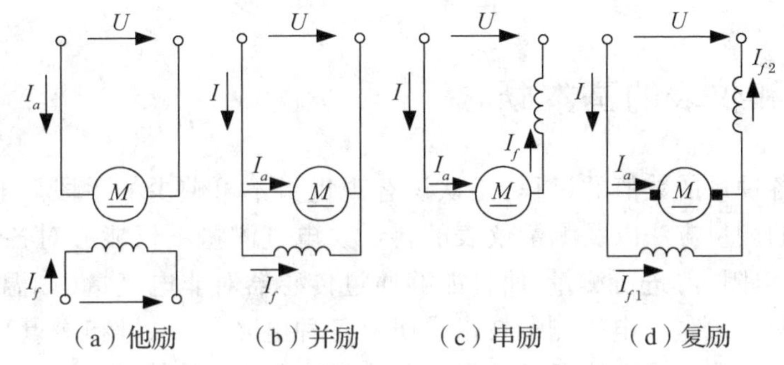

图 7-21　直流电机的励磁方式

(7) 励磁电压。励磁电压是指励磁绕组供电的电压值,一般有 110 V、220 V 等。

(8) 励磁电流。励磁电流包括在额定励磁电压下,励磁绕组中所流通的电流大小,单位是 A。

(9) 定额(工作制)。定额也就是电动机的工作方式,是指电动机在正常使用的持续时间,一般分为连续制(S1)、断续制(S2-S10)。

(10) 绝缘等级。绝缘等级是指直流机制造时所用绝缘材料的耐热等级,一般有 B 级、F 级、H 级、C 级。

(11) 额定温升。额定温升是指电机在额定工况下运行时,电机所允许的工作温度减去绕组环境温度的数值,一般以 K 为单位。

(12) 技术条件(标准编号)。遵循国家标准,如中小型直流机的型号 Z4-112/2-1,其中:Z—直流电动机;4—第四次系列设计;112—机座中心高,mm;2—极数;1—电枢铁芯长度代号。

习题

【题 7-1】　在直流电动机中是否存在感应电动势?如果有,电动势的方向怎样?

【题 7-2】　一台直流电机,若有一磁极失磁,将会产生什么样的后果?

【题 7-3】　什么因素决定直流电机电磁转矩的大小?电磁转矩的性质和电机运行方式有何关系?

【题 7-4】　直流电动机的调速方法有几种,各有何特点?

第八章　电气测量与电工仪表的基本知识

1　电气测量和仪表的基本概念

测量是确定各种量的数值的过程，是认识客观世界不可缺少的手段。电气测量是研究电学量和磁学量的测量方法以及测量仪表的科学。电气测量不仅能够对各种电气量（如电压、电流、电功率、电阻等）进行测量，而且能够通过传感器对非电气量（如温度、压力、流量、位移、光照度等）进行测量。电气测量技术是研究各种电磁量（电量和磁量）的测量方法，相应仪表的原理、结构、使用操作技术以及测量误差与数据处理的技术。

电气测量技术对从事电气技术工作的人员来说是十分必要的，不论是电气设备的安装、调试、实验、运行、维修，还是对电气产品进行检验、测试、鉴定都会涉及电磁测量方面的技术问题。现电气测量技术已广泛应用于工农业生产、生活、国防、科研等各领域，如变电所、配电室、发电厂、电力监控网、火箭发射中心、家用电能计量表等。

广义地讲，测量不仅对被测的物理量进行定量的测量，而且还包括对更广泛的被测对象进行定性、定位的测量，如故障诊断、无损探伤、遥感遥测、矿藏勘探、地震源测定、卫星定位等。测量结果也不仅仅是由量值和单位来表征的一维信息，还可以用二维或多维的图形、图像来显示被测对象的属性特征、空间分布、拓扑结构等。广义测量原理可以从信息获取过程来说明，包括信息感知和信息识别两个环节。

2　电工仪表的误差和准确度

2.1　指示仪表的误差

仪表误差是指仪表指示值与被测量实际值之间的差异。根据引起误差的原因，仪表误差可以分为两类：

（1）基本误差。基本误差是指仪表在正常工作条件下仪表本身所固有的误差，由仪表的结构及制造工艺的限制所引起，如标尺的刻度不准确、活动部分的摩擦等造成的误差。

（2）附加误差。附加误差是指仪表工作条件偏离正常情况，除基本误差外又出现的附加的误差，如读数不准、受外电场及外磁场干扰等造成的误差。

附加误差有些可以消除或限制在一定的范围内，而基本误差则不可避免。

2.2　误差的表达形式

（1）绝对误差。绝对误差是指仪表的指示值 A_x 和被测量实际值 A_0 之差，用符号 Δ 表

示，即

$$\Delta = A_x - A_0 \tag{8-1}$$

在测量同一个量时，$|\Delta|$愈小的仪表，测量结果愈准确。

(2) 相对误差。相对误差是指绝对误差 Δ 与被测量实际值 A_0 之比的百分数，用符号 γ 表示，即

$$\gamma = \frac{\Delta}{A_0} \times 100\% \tag{8-2}$$

由于被测量实际值一般难以确定，而仪表指示值与实际值又比较接近，因此在工程中一般用 A_x 代替 A_0。

2.3　指示仪表的主要技术指标

(1) 准确度。准确度是指仪表的最大绝对误差 Δ_m 与测量上限（电表标尺满刻度）A_m 的百分比，用$\pm K\%$表示，即

$$\pm K\% = \frac{\Delta_m}{A_m} \times 100\% \tag{8-3}$$

我国国家标准《电测量指示仪表通用技术条件》规定，电工指示仪表按准确度分为七级，即0.1、0.2、0.5、1.0、1.5、2.5和5.0级。指示仪表在出厂时均要标注其准确度等级。式(8-3)中的 K 值即为上述的等级数。一般，把0.1、0.2级仪表用来进行精密测量或当成标准表校正其他仪表，0.5、1.0和1.5级用于实验室，2.5、5.0级用于工程测量。

【例8-1】一只量限为500 V、准确度为1.5级的电压表和一只同样量限、准确度为0.1级的标准表，它们所能出现的最大绝对误差分别是多少？

解：$A_m = 500$ V，$K_1 = 1.5$，$K_2 = 0.1$，由式(8-3)可得这两只电压表所出现的最大绝对误差分别为

$$\Delta U_{m1} = K_1 A_m = \pm 7.5\ \text{V}(1.5\text{级表})$$
$$\Delta U_{m2} = K_2 A_m = \pm 0.5\ \text{V}(0.1\text{级表})$$

【例8-2】用一只准确度为1.5级、量程为50 V的电压表分别测量10 V和40 V电压，它们的最大相对误差各是多少？

解：由式(8-3)可知此表可能产生的最大绝对误差为

$$\Delta_m = \pm K\% \times A_m = \pm 0.75\ \text{V}$$

由式(8-2)可知，它们的最大相对误差分别是

$$\gamma_{10} = \frac{\Delta_m}{A_0} \times 100\% = \pm 0.75\%$$

$$\gamma_{40} = \frac{\Delta_m}{A_0} \times 100\% = \pm 1.9\%$$

可见，测量值越接近于仪表的量程，其相对误差越小。因此，在选用仪表时，应当根据测

量值来选择量程，尽量使测量值在仪表量程的2/3以上。

（2）灵敏度。灵敏度是指仪表转动部分偏转角的变化量 Δd 与被测量 Δx 的比值，用符号 s 表示，即

$$s=\frac{\Delta d}{\Delta x} \tag{8-4}$$

灵敏度反映仪表对被测量的反应能力，其数值与被测量有关。

（3）变差。仪表在重复测量某一被测量时，由于摩擦等原因，造成两次指示数不同，它们的差值称为变差。仪表的变差应该不超过基本误差的绝对值。

2.4 常用电工仪表的表盘符号

每一个电工仪表的面板上都有多种标志着仪表的基本特性的符号，常用的标记符号如表8-1所示。

表8-1 常用电工仪表的符号及意义

分类	符号	名称	被测量的种类
电流种类	–	直流电表	直流电流、电压
	~	交流电表	交流电流、电压、功率
	≃	交直流两用表	直流电量或交流电量
	≋或3~	三相交流电表	三相交流电流、电压、功率
测量对象	(A) (mA) (μA)	安培表、毫安表、微安表	电流
	(V) (kV)	伏特表、千伏表	电压
	(W) (kW)	瓦特表、千瓦表	功率
	kWh	千瓦时表	电能量
	○	相位表	相位差
	(f)	频率表	频率
	(Ω) (MΩ)	欧姆表、兆欧表	电阻、绝缘电阻
工作原理		磁电式仪表	电流、电压、电阻
		电磁式仪表	电流、电压
		电动式仪表	电流、电压、电功率、功率因数、电能量

表 8－1(续表)

分类	符号	名称	被测量的种类
工作原理		整流式仪表	电流、电压
		感应式仪表	电功率、电能量
准确度等级	1.0	1.0 级电表	以标尺量限的百分数表示
	(1.5)	1.5 级电表	以指示值的百分数表示
绝缘等级	2 kV	绝缘强度试验电压	表示仪表绝缘经过 2 kV 耐压试验
工作位置	→	仪表水平放置	
	↑	仪表垂直放置	
	∠60°	仪表倾斜 60°放置	
端钮	+	正端钮	
	－	负端钮	
	±或	公共端钮	
	⊥或	接地端钮	

3　电气测量仪表的主要技术指标和正确使用

3.1　电流的测量

测量直流电流通常用磁电式电流表，测量交流电流主要采用电磁式电流表。测量步骤如下：

(1) 电流表应串联在电路中，如图 8－1(a)所示。为了使电路的工作状况不因接入电流表而受影响，电流表的内阻必须很小，并且量程越大，内阻应越小。从降低仪表本身的功耗而言，也是希望内阻越小越好。

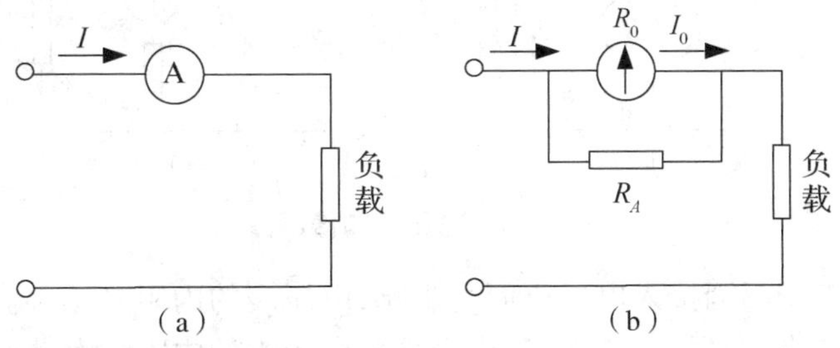

图 8－1　电流表和分流器

因此，如果将电流表并联在电路的两端，那么电流表就将被烧坏。

（2）在测量直流时，应该注意磁电式仪表的端子极性。

（3）要注意量程的选择。如果被测电流的大小事先不清楚，应该先用大量程，再根据指针偏转情况减到合适的量程。

采用磁电式电流表测量直流时，因其测量机构允许通过仪表线圈的电流甚小，不能直接测量较大的电流。

为了扩大量程，应如图 8－1(b)所示在电流表(内阻为 R_0)上并联一个分电阻(分流器)，其阻值为 R_A，使流经表头的电流 I_0 只是被测电流 I 的一部分。两者之间的关系是

$$I_0 = \frac{R_A}{R_0 + R_A} I \tag{8-5}$$

可见，需要扩大的量程越大，则分流器的电阻越小。

在测量交变电流的大电流时，为便于二次仪表测量需要转换为比较统一的电流(中国规定电流互感器的二次额定为 5 A 或 1 A)，这时需要采用电流互感器起到变流和电气隔离的作用。电流互感器是电力系统中测量仪表、继电保护等二次设备获取电气一次回路电流信息的传感器，依据电磁感应原理将一次侧大电流转换成二次侧小电流来测量的仪器。例如变比为 400/5 的电流互感器，可以把实际为 400 A 的电流转变为 5 A 的电流。电流互感器的工作原理如图 8－2 所示。电流互感器一次侧接在一次系统，二次侧与测量仪表串联形成闭合回路。需要注意的是，在电流互感器运行中，二次绕组不允许开路，否则不仅会给二次系统绝缘造成危害，还会使互感器过激而烧损，甚至危及运行人员的生命安全。相关应用参见第五章 5.3 节。

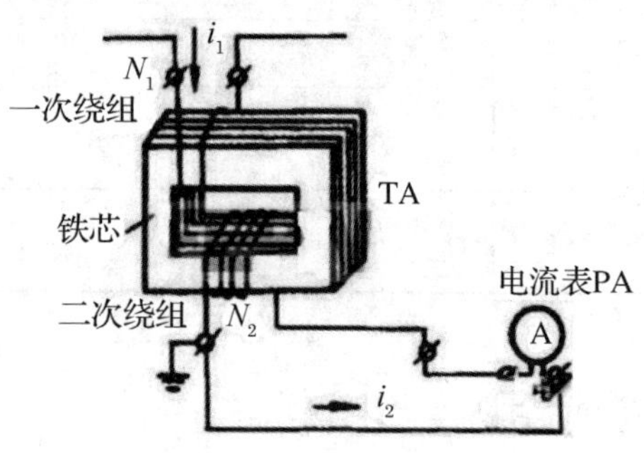

图 8－2　电流互感器的工作原理

3.2　电压的测量

测量直流电压常用磁电式电压表，测量交流电压常用电磁式电压表。因为电压表是用来测量电源、负载或某段电路两端的电压，所以必须将它与被测电路并联，如图 8－3(a)所示。

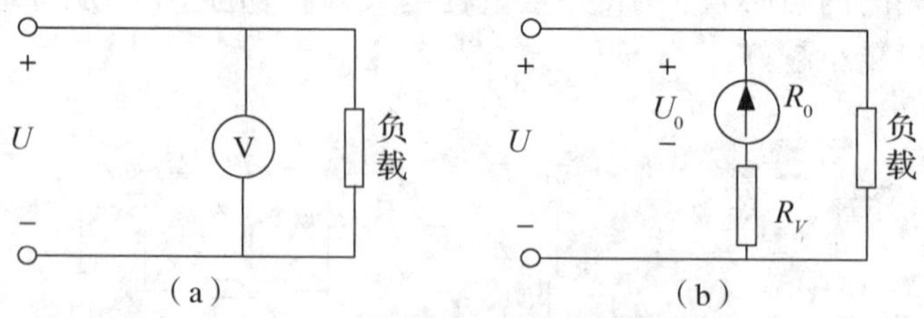

图 8－3　电压表和倍压器

为了使电路的工作不因接入电压表而受影响，电压表的内阻必须很高，并且量程越大内阻应越高。从减小仪表本身的功耗而言，也是希望电压表的内阻越大越好。

但是，由于仪表表头内阻(阻值为 R_0)较小，且只能通过微小电流，也就只能测量较低的电压。为了测量较高的电压，通常在表头中串联一个称为倍压器的附加电阻(阻值为 R_V)，

如图 8-3(b)所示。由图可知

$$\frac{U}{U_0}=\frac{R_0+R_V}{R_0}$$

即

$$R_V=R_0\left(\frac{U}{R_0}-1\right) \tag{8-6}$$

可见,需要扩大的量程越大,则倍压器的电阻应越大。用电磁式电压表测量交流电压,一般在测量 600 V 以上的交流高电压时,通常采用电压互感器,如图 8-4 所示。

电压互感器的工作原理与电流互感器类似,其功能主要是将高电压按比例变换成标准低电压(100 V 额定值),以便实现测量仪表、保护设备及自动控制设备的标准化、小型化。同时电压互感器还可用来隔开高电压系统,以保证人身和设备的安全。电压互感器的一次绕组并联在主回路中,二次绕组并联二次回路中的仪表、继电器等的电压线圈。电压互感器有单相和三相两类,在成套装置内,采用单相电压互感器较为常见。

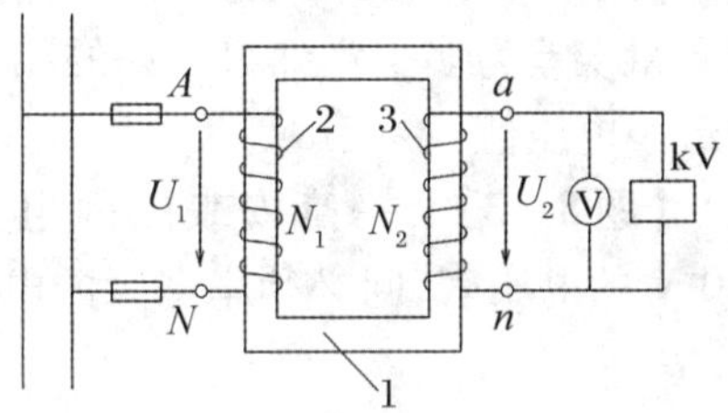

1—铁芯;2—一次绕组;3—二次绕组

图 8-4　电磁式电压互感器

3.3　单相交流和直流功率的测量

电路中的功率与电压和电流的乘积有关,因此用来测量功率的仪表必须具有两个线圈:一个用来反映负载电压,与负载并联,称为并联线圈或电压线圈;另一个用来反映负载电流,与负载串联,称为串联线圈或电流线圈。这样电动式仪表可以用来测量功率,通常用的就是电动式功率表。图 8-5 是功率表的接线。

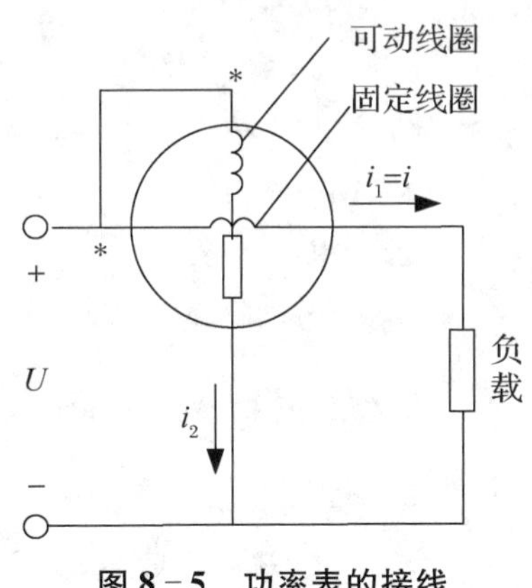

图 8-5　功率表的接线

固定线圈的匝数较少,导线较粗,与负载串联,作为电流线圈。可动线圈的匝数较多,导线较细,与负载并联,作为电压线圈。

由于并联线圈串有高阻值的倍压器,其感抗与电阻相比可以忽略不计,所以可以认为其中电流 i_2 与两端的电压 u 同相。I_1 即为负载电流的有效值 I,I_2 与负载电压的有效值 U 成正比,φ 即为负载电流与电压之间的相位差,而 $\cos\varphi$ 即为电路的功率因数。电动式功率表中指针的偏转角与电路的平均功率 P 成正比。

$$\alpha=k'UI\cos\varphi=k'P \tag{8-7}$$

如果将电动式功率表的两个线圈中的一个反接,指针就反向偏转,这样便不能读出功率的数值。因此,为了保证功率表正确连接,在两个线圈的始端标以“±”或“*”号,这两端均应连在电源的同一端(图 8-5)。

功率表的电压线圈和电流线圈各有其量程。改变电压量程的方法和电压表一样,即改变倍压器的电阻值。电流线圈常常由两个相同的线圈组成,当两个线圈并联时,电流量程要比串联时大一倍。

电动式功率表也可测量直流功率。

习题

【题 8-1】 电源电压的实际值为 220 V,今用准确度为 1.5 级、满标值为 250 V 和标准度为 1.0 级、满标值为 500 V 的两个电压表去测量,试问哪个读数比较准确?

【题 8-2】 用准确度为 2.5 级、满标值为 250 V 的电压表去测量 110 V 的电压,试问相对测量误差为多少?如果允许的相对测量误差不应超过 5%,试确定这只电压表适宜于测量的最小电压值。

【题 8-3】 一毫安表的内阻为 20 Ω,满标值为 12.5 mA。如把它改装成满标值为 250 V 的电压表,问必须串多大的电阻。

第九章 万用表

万用表是一种使用广泛的仪表，它具有多用途、多量程、售价低、使用和携带方便等特点，可以用来测量直流电压、直流电流、交流电压、交流电流、电阻、电容、电感、音频电平等，不仅为电工和电子专业人员、家电维修人员所必备，也是广大电子爱好者最常用的测量工具。

1 万用表的基本结构

普通万用表大多只能测量交、直流电流，交、直流电压和电阻，近年来问世的新型万用表，增加许多新颖实用的测试功能，如测量电容、电感、晶体管参数、电池容量、音频功率、直流高压和交流高压，检查线路通断。此外，部分万用表还设计有信号发生器，给家电维修人员提供方便。

万用表由表头、测量电路及转换开关等三个主要部分组成：

(1) 表头。表头即指示部分，亦称“测量机构”，它是万用表的最重要部件。万用表的灵敏度和准确度等重要技术性能都取决于表头的性能。表头的灵敏度是指表头指针满刻度偏转时流过表头的直流电流值，其值越小，表头的灵敏度越高。测电压时的内阻越大，其性能就越好。

万用表有红、黑表笔，虽然其就有两根，但使用中能不能运用自如，也是大有学问的。如果位置接反、接错，将会带来测试错误或烧坏表头的可能性。一般红表笔为“+”，黑表笔为“-”。表笔插放万用表插孔时一定要严格按颜色和正负插入。测直流电压或直流电流时，一定要注意正负极性。测电流时，表笔与电路串联，测电压时，表笔与电路并联。

(2) 测量电路。测量电路的作用是将各种不同的被测电学量及温度转换成适合表头测量的微小直流电流或直流电压。其能将各种不同的被测量(如电流、电压、电阻等)、不同的量程，经过一系列的处理(如整流、分流、分压等)统一变成一定量限的微小直流电流送入表头进行测量。

一般来讲，万用表的测量电路实际上由多量程直流电流表、多量程直流电压表、多量程交流电压表、多量程交流电流表和多量程欧姆表等若干电路组合而成。在一些万用表中，还附加有电容、电感、晶体管直流放大倍数和温度等测量电路。

(3) 转换开关。万用表中的转换开关由许多固定触点和活动触点组合而成，其被用来选择各种不同的测量电路，以满足不同种类和不同量程的测量要求。因此，转换开关的定位难确、触点接触良好可靠、步进轻松和绝缘性能好等是最基本的要求。转换开关也是万用表的重要部件之一。转换开关一般有两个，分别标有不同的档位和量程。

万用表可以分为指针式和数字式两类。指针式万用表具有显示直观、易于反映信号变化倾向与信号满度值之差等优点，其测量结果一般表现为指针沿刻度尺的位移，所以它属于模拟指示电测量仪表。数字式万用表则在准确度、分辨率、测量速度和耐负载能力等方面具有极大的优越性。目前，指针式和数字式万用表均有很多种型号面市，能充分满足广大用户不同的需求。

1.1 指针式万用表

指针式万用表由高灵敏度的磁电式测量机构、干电池组、电位器、半导体整流器和电阻元件等组成。用切换开关来选择被测量和量程。指针式万用表的面板如图 9－1 所示。

图 9－1　指针式万用表的外形

万用表测量直流电流和直流电压的原理与磁电式安培表和伏特表的原理相同。由于在测量交流电压电路中装有半导体整流器，其能把交流变为直流，因此万用表也能测量正弦交流电压，刻度为有效值。

万用表测量电阻原理如图 9－2 所示。实际上，电流表（内阻为 R_g）、调零电阻 R_0、电池组（电动势为 E）和被测电阻 R_x 构成回路，工作电流为

$$I = \frac{E}{R_g + R_0 + R_x} \tag{9-1}$$

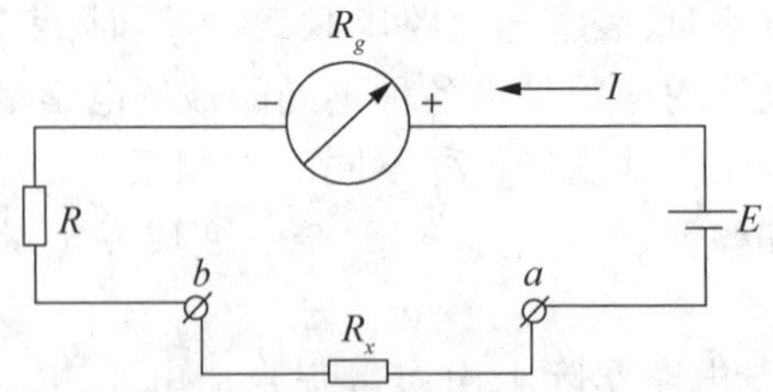

图 9－2　万用表电阻档测量原理

可知，R_x 愈大，则 I 愈小，其偏转角 α 亦愈小；反之则愈大。当 $R_x=0$ 时，偏转角 α 最大。因此，把标度尺标以相应的欧姆值，就可直接读出被测电阻 R_x 的阻值。

1.2 数字式万用表

数字式万用表为多用途电子测量仪器，一般具备安培计、电压表、欧姆计等功能，也称为

万用计、多用计、多用电表或三用电表。数字式万用表一般由显示器(LCD 或 LED)、显示器驱动电路、A/D 转换器、交直流变换电路、转换开关、表笔、插座、电源开关等组成。

数字式万用表不但具有指针式万用表的功能,而且具有读数直观、分辨率高、测量速度快、输入阻抗高等优点。随着电子技术的进步,采用新型大规模集成电路制成的各种手持式、台式数字万用表正在迅速推广与普及,受到人们的青睐。

数字式万用表的测量将一些测量信号转换成直流电压信号,然后通过模数转换电路转换成数字信号,再通过电子计数器计数,最后将测量结果用数字直接显示。其不但能测量直流电压、交流电压、直流电流、交流电流和电阻,也能测量信号的频率、电容的容量、三极管的放大倍数等参数,还具有自动校零、自动极性转换、过载指示、保持读数、显示测量单位符号等功能。数字式万用表系统结构如图 9-3 所示。

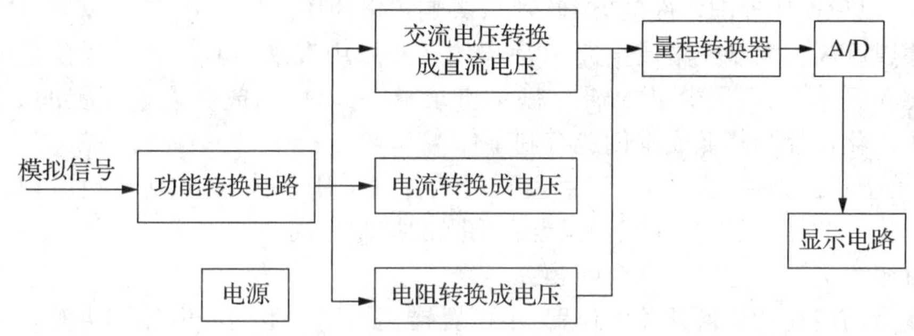

图 9-3　数字式万用表系统结构

数字式万用表的面板如图 9-4 所示。面板上包括以下部件:

(1) 显示器。

(2) 电源开关:使用完毕置于“OFF”位置。

(3) 转换开关:用以选择功能和量程。根据被测的电量(直交电压、直交电流、电阻等)选择相应的功能位;按被测量的大小选择适当的量程。

(4) 输入插座:将黑色测试笔插入 COM 插孔。红色测试笔有测量电压和电阻时插入 V/Ω 插孔、测量小于 200 mA 的电流时插入 mA 插孔、测量大于 200 mA 的电流时插入 10 A 插孔等 3 种插法。

图 9-4　数字式万用表的外形

数字式万用表具有以下显著特点:

(1) 准确度高。准确度是测量结果中系统误差与随机误差的综合,表示测量值与真值的一致程度,也反映测量误差的大小。准确度愈高,测量误差愈小。数字式万用表具有很高的准确度。

(2) 显示直观。数字式万用表采用数显技术,使测量结果一目了然,不仅能准确读数,还能缩短测量时间。许多新型数字式万用表增加标志符显示功能(含测量项目、单位、特殊标记等符号),使读数更加直观。

(3) 分辨率高。数字式万用表在最低量程上末位 1 个字所对应的数值,就表示分辨率。其反映仪表灵敏度的高低,并且随着显示位数的增加而提高。

(4) 测量速率快。数字式万用表在每秒钟内对被测电量的测量次数叫作测量速率,其单位是次/s。完成一次测量过程所需时间叫作测量周期,其与测量速率成倒数关系。$3\frac{1}{2}$位和 4 $\frac{1}{2}$位数字式万用表的测量速率一般为 2~5 次/s,5 $\frac{1}{2}$位和 7 $\frac{1}{2}$位仪表每秒可达几十至几百次。

(5) 测试功能强。数字式万用表可以测量 DCV、ACV、DCA、ACA、Ω、C、T、G、f 等。

(6) 输入阻抗高。普通数字式万用表 DCV 档的输入阻抗为 100 MΩ,高档智能数字式万用表可达 10 000 MΩ 以上。

(7) 低功耗。数字式万用表的整机功耗低,耗电省。普通数字式万用表的功耗为 30~40 mW,可采用 9 V 叠层电池供电。

(8) 保护电路比较完善。数字式万用表具有较完善的过电流、过电压保护功能,过载能力强。使用中只要不超过极限值,即使出现误操作也不会损坏单片 A/D 转换器。但应尽量避免误操作,以免损坏外围元件(如熔丝管),影响正常使用。

(9) 集成度高。大规模集成电路手持式数字式万用表采用 CMOS 大规模集成电路,其外围电路比较简单,只需配少量的辅助芯片和元器件,即可构成功能较完善的数字式万用表。这就为简化设计和降低成本创造有利条件。

(10) 抗干扰能力强。手持式数字式万用表普遍采用积分式 A/D 转换原理,能有效地抑制串模干扰。此外,仪表对共模干扰也有很强的抑制作用。

使用万用表应该注意以下几个问题:

(1) 测量前应注意切换开关的位置,不可置错。如用电阻档或电流档去测量电压,将会把表头烧坏。

(2) 测量时应先使用大量程档进行试测,逐渐将量程转换到合适的档次上测量。转换量程时,不可带电转换。

(3) 测量直流电压或直流电流时,万用表的正负端应该与被测电路正负极相对应。

(4) 测量电阻时先要调零,即把万用表的正端和负端表笔短接,同时旋转欧姆调零旋钮,使指针刚好在"Ω"标尺的零位上。改变量程时,要重新调零。

(5) 测量电阻时,应先断开电源。

2　万用表的直流电压和电流的测量

2.1　直流电压测量

直流电压测量步骤:

(1) 将黑表笔插入 COM 插孔,红表笔插入 V/Ω 插孔。

(2) 将功能开关置于直流电压档 V~量程范围,并将测试表笔并联在待测电源(测开路电压)或负载(测负载电压降)上,红表笔所接端的极性将同时显示于显示器上。

注意事项:

(1) 如果不知被测电压范围,将功能开关置于最大量程并逐渐下降。

(2) 如果显示器只显示"1",表示过量程,功能开关应置于更高量程。

(3) 不要测量高于 1 000 V 的电压,显示更高的电压值是可能的,但有损坏内部线路的危险。

(4) 当测量高电压时,要格外注意避免触电。

2.2 直流电流测量

直流电流测量步骤:

(1) 将黑表笔插入 COM 插孔,当测量最大值为 200 mA 的电流时,红表笔插入 mA 插孔,当测量最大值为 20 A 的电流时,红表笔插入 20 A 插孔。

(2) 将功能开关置于直流电流档 A~量程范围,并将测试表笔串联接入到待测负载上,在显示电流值的同时,将显示红表笔的极性。

注意事项:

(1) 如果使用前不知道被测电流范围,将功能开关置于最大量程并逐渐下降。

(2) 如果显示器只显示“1”,表示过量程,功能开关应置于更高量程。

(3) 表示最大输入电流为 200 mA,过量的电流将烧坏保险丝,应再更换,20 A 量程无保险丝保护,测量时不能超过 15 s。

3 万用表的交流电压测量

3.1 交流电压测量

交流电压测量步骤:

(1) 将黑表笔插入 COM 插孔,红表笔插入 V/Ω 插孔。

(2) 将功能开关置于交流电压档 V~量程范围,并将测试笔并联到待测电源或负载上。测量交流电压时,没有极性显示。

3.2 交流电流测量

交流电流测量步骤:

(1) 将黑表笔插入 COM 插孔,当测量最大值为 200 mA 的电流时,红表笔插入 mA 插孔,当测量最大值为 20 A 的电流时,红表笔插入 20 A 插孔。

(2) 将功能开关置于交流电流档 A~量程范围,并将测试表笔串联接入到待测电路中。

4 万用表的电阻测量

电阻测量步骤:

(1) 将黑表笔插入 COM 插孔,红表笔插入 V/Ω 插孔。

(2) 将功能开关置于 Ω 量程,将测试表笔连接到待测电阻上。

注意事项:

(1) 如果被测电阻值超出所选择量程的最大值,将显示过量程“1”,应选择更高的量程,对于大于 1 MΩ 或更高的电阻,要几秒钟后读数才能稳定,这是正常的。

(2) 当没有连接好时,如在开路情况下,仪表显示为“1”。

(3) 当检查被测线路的阻抗时,要保证移开被测线路中的所有电源,所有电容放电。被测线路中,如有电源和储能元件,会影响线路阻抗测试正确性。

(4) 万用表的 200 MΩ 档位,短路时有 10 个字,测量一个电阻时,应从测量读数中减去这 10 个字。如测一个电阻,显示为 101.0,应从 101.0 中减去 10 个字,则被测元件的实际阻值为 100.0 即 100 MΩ。

5 万用表测量电感、电容的方法

5.1 电感测量

电感元件(电感器)的主要技术参数是电感量 L 和品质因数 Q,一般需用专门的测量仪器进行检测。

如果万地表有电感量测量功能,那么可直接从万用表中直接读出被测电感器的电感量。

如果被测电感器的电感量太小,可在万用表的“+”与“ * ”插孔之间并接一只电阻器,以便于读数。例如,MF30 型万用表,原电感测量范围在 20~1 000 H,当并接一只 1.1 kΩ 电阻器后,测量范围变为 0.5~20 H。

如果万用表无电感量检测功能,那么只能对电感器是否开路或短路进行判断或对品质因数有个大致的推测。选择万用表的欧姆 $R\times1$ kΩ 档,检测电感器两端(引脚)的电阻值。具体电阻值的大小与绕组匝数有关,匝数越多电阻位越大。最好与同型号的电感器相比较,才能准确判断出其电阻值是否正常,是否有局部短路现象。如果检测时万用表指示值为 0 或无穷大,则说明该电感器内部已短路或开路损坏。

5.2 电容测量

测量电容之前应先进行放电。放电就是把电容两端短路片刻,让存储于电容两极板中的正、负电荷相互中和,使电容两极之间的电压降为零。这时往往会打出一个电火花同时伴随“拍”的一声。对于曾经工作于高压电路中且容量较大的电容,进行放电时应注意单手操作。当然,没有工作过的电容是不带电的。但为谨慎起见,不妨也作一次放电操作。

电容测量步骤:

(1) 连接待测电容之前,注意每次转换量程时,复零需要时间,有漂移读数存在不会影响测试精度。

(2) 将功能开关置于电容量程。

(3) 将电容器插入电容测试座中。

注意事项:

(1) 仪器本身已对电容档设置保护,故在电容测试过程中不用考虑极性及电容充放电等情况。

(2) 测量电容时,将电容插入专用的电容测试座中(不要插入表笔插孔 COM、V/Ω)。

(3) 测量大电容时稳定读数需要一定的时间。

(4) 电容的单位换算: 1 μF = 1.0×10^6 pF, 1 μF = 1.0×10^3 nF。

6 万用表的电平测量

在万用表的表盘上,一般都有“分贝(dB)”刻度,其被用来测量电平。电平实际上是一个用对数来表示功率的参数。系统中某一处的电平值,等于该处测量的功率值与零电平时标准功率之比的对数值。为了便于比较,必须对零电平设个规定,通常把在 600 Ω 的负载阻抗上得到 1 mW 功率(设为 $P_0=0.001$ W)时的电平为零电平,把此时的分贝数定为零分贝。

一块万用表的零电平标准是600 Ω、1 mW,还是500 Ω、6 mW,一般在指针式万用表的刻度盘上都有注明。如难以辨认,可根据万用表的零分贝刻度线的位置来区分。以 600 Ω、1 mW 为零电平标准的万用表,零分贝刻度线在 0.775 V 处;而以 500 Ω、6 mW 为零电平标准的万用表,零分贝刻度线在 1.732 V 处。

万用表的电平值是以交流电 10 V 档为基准刻度进行标示的,在 10 V 这一点的电平值是+22 dB。如指示值大于+22 dB,可在大于 10 V 以上其他各交流电压档测量电平值,其示值可用修正值修正。

各交流电压档的电平值测量方法与测交流电压基本相似,转动开关至相应的交流电压档,使指针有较大的偏转(根据估计由高压档向低压档试测)。如果被测电路中带有直流成分,可在"+"插座中串接一个耐压差不多的 0.1 μF 的隔直电容器进行测量。数显式万用表头是电阻阻抗型,与机械动圈式万用表头(感性阻抗)略有区别,可根据其说明书参照上述原理测量使用。

7　万用表的正确使用

指针式万用表和数字式万用表,虽然都是操作简单、一学就会的通用型仪表,但是由于使用者错置开关而引起仪表损坏的现象屡见不鲜。因此,要真正发挥万用表的作用,必须遵守使用规则。

7.1　使用规则

(1) 首先阅读万用表使用说明书,了解其技术特性和使用条件。环境温度、相对湿度和工作位置应符合使用许可条件。

(2) 使用者应搞清楚表盘、转换开关、接线端钮和插孔的作用,弄明白档位与刻度尺之间的对应关系。

(3) 禁止在通电测量状态下转换量程开关,以免可能产生的电弧作用损坏开关触点。

(4) 测量前应该将转换开关拨到正确的位置上,然后调整零点。对指针式万用表而言,应通过机械调零旋钮调整指针的机械零位。对数字式万用表而言,应将输入短路以后检查零位(电容、温度测量档例外)。

(5) 使用指针式万用表测量直流电压或直流电流时,输入极性要和仪表的极性一致,即黑表笔接负极,红表笔接正极。

(6) 无论是数字式万用表还是指针式万用表,用于测量交流电压或交流电流时,输入量的频率和波形应在该仪表的技术条件许可范围之内,否则将产生较大的测量误差甚至错误结果。

(7) 为防止电路中电阻两端的电压对测量结果产生影响甚至损坏仪表,不允许在被测电路通电的情况下测量电阻。同理,对于电容的漏电测量,应事先将电容两端短路放电,然后再作绝缘电阻测量。

(8) 测量电阻时,应将量程开关拨至正确位置并将两表笔短接后调整欧姆零点。对于指针式万用表,通过欧姆调零电位器使指针偏转在"0 Ω"位置。对于数字式万用表,因内部电路已调好零点，不再外设欧姆调零装置，但低阻档可能有零点偏差，读数应作修正。

（9）对于较高电压的测试，应采用单手操作，以确保人身安全。可将万用表的一端固定夹在公共点上，用单手握另一端的测试笔去接触测试点。必要时先接好测试电路，检查无误后再给被测电路通电。

（10）完成测量后若暂时不用，应随手把开关拨到空档或电压最高档，并养成习惯。

7.2 注意事项

（1）测量前要首先检查万用表的转换开关是否已拨到正确位置，仪表的零位示值是否正确。需要特别注意，若转换开关有松动打滑现象，应修复后才可使用，否则不仅会导致错误的测量结果，甚至有可能烧毁仪表。

（2）若不知被测量的大小范围，应从最大量程开始，视读数大小逐渐减小量程，直到合适为止。选择合适的量程，是提高测量准确度的重要措施之一。若量程选得太大，既不方便读数，也会使测量误差增加；若量程选得太小，不仅读不出测量数值，还有可能损坏仪表。一般的方法是：根据最大量程上指示值的大约数，选择适当的量程，使指针偏转角度最大（或显示有效数字位数最多），但不超出量程。

（3）选好测量项目和量程后，应明确从哪一条到度线上读数，还应知道该条到度线上一个小格代表多大数值。一般，除应该读出刻度线上所代表的数值外，还应根据指针的位置再估计一位数字。

（4）选择表笔插孔的位置。必须牢记，在测量电压时应将 2 支表笔并联在要测量的两点上，而测量电流时则应将万用表串接在被测电路内。

（5）若万用表长期搁置不用，应将电池取出，防止电池漏液腐蚀仪表。

8 万用表在航海中的部分应用

（1）航海雷达发射机磁控管的冷态检查。主要检查两个项目：一是检查磁控管灯丝是否正常连通，可以用万用表测灯丝电阻，灯丝正常的话，应为几欧姆，否则就是灯丝断了；二是检查磁控管阴阳极之间的绝缘电阻，可用兆欧表测量阴-阳极绝缘电阻，应大于 200 MΩ，如小于 200 MΩ，表明磁控管阴阳极绝缘不好，容易打火或击穿，磁控管不能使用。

（2）航海雷达接收机混频晶体的检查。用万用表电阻档 $R\times100$ 或 $R\times1$ kΩ 测量混频晶体的正反向电阻，正向电阻一般在几百欧姆以下，反向电阻应在几十千欧姆以上，即反正向电阻比应大于 100 倍，当比值小于 10 倍时，混频效果显著减弱，不能使用，应当更换。

（3）航海雷达接收机的本机调谐应用。在更换磁控管、速调管或调显示面板上的“调谐”钮无效时，要进行本振的机内调整。在工作 10 min 后，关掉 AFC，显示面板上的“调谐”钮放中间位置，量程一般选 6 n mile 以上（参考说明书）。①用万用表测反射极电压，调粗调电位器，使反射极电压为-150 V。②将机内电表转到调谐位置，调机械调谐螺丝，使指针摆动最大（或屏幕上回波最好）。③将机内电表转到晶体电流，调粗调电位器，使电流最大。④重复②、③，直到晶体电流最大时，屏上回波也最好。⑤调本振衰减，使晶体电流在说明书规定值。

（4）船舶报警系统的故障检查。报警点检测和调试过程中出现不同故障，应按不同的故障现象检查排除,通常故障有短路、开路及接线方法错误,首先用万用表检查报警点的传感器阻值,通断情况。然后测量连接电缆与配线之间是否正确,显示是否正常,逐级检查逐级记录,确定故障点后排除。

(5) 船舶控制回路故障检查。控制线路断路故障发生较多,常见的有螺钉松动、触点接触不良、线圈或绕组引出线断路等。可用校验灯或电压表先检查熔断器是否良好,设法将相关的按钮开关固定好,然后用万用表试笔依次接触各端钮。如果接到有关的控制线圈两端,万用表指示值为电源电压值,则说明该控制线圈有断路故障,若所有的控制线圈正常,用试笔接触所有的端钮,哪个端钮使万用表指示值为电源电压值,断路点就在该两个端点之间,找到断路点线路之后,断开电源,仔细检查两端钮间的线路和组件,找出准确的断路点。也可以断开电源,不带电检查断路电,这时可用万用表的欧姆档检查,方法同前。

(6) 用电压判断船舶蓄电池的状态。选用万用表的直流电压档测蓄电池两极电压。①充足电的标准：单格电池电压变化;刚充电时电压即上升至 2.1 V;随充电时间增长,电压缓缓升至 2.3 V;再充电几个小时后,电压升至 2.6 V 左右维持不变。②放完电的标准：单个电池电压变化;刚放完电电压降至 2.0~1.95 V;随着放电时间的增加,电压缓缓降至 1.9 V;再放电电压很快降至 1.8~1.71 V,说明此时电池已经放完电。

习题

【题 9-1】 万用表由哪几部分组成？简述各部分的作用。

【题 9-2】 数字式万用表有哪些特点？

【题 9-3】 简述直流电压和电流的测量过程,并对比二者的差别。

【题 9-4】 简述测量交流电压电流时同直流电压电流的测量有什么不同？

【题 9-5】 简述电阻的测量步骤。

【题 9-6】 使用万用表时的规则是什么？

第十章　常用仪表的原理和使用

1　功率表

功率表英文名称为 wattmeter,也称瓦特表,是测量电功率的仪器。直流电路中功率的表达式为 $P=UI$,交流电路中功率的表达式为 $P=UI\cos\varphi$。由此可以看出,在直流电路中功率表应能反映被测电路电压和电流的乘积,在交流电路中功率表应能反映出被测电路的电压和电流的乘积以及两者之间的相位差的余弦($\cos\varphi$)。

1.1　单相功率表

功率表一般做成多量程,通常有两个电流量程、多个电压量程。两个电流量程分别用两个固定线圈串联或并联来实现,如串联为 0.5 A,并联就是 1 A。两个固定线圈有四个端子,都安装在表的外壳上。改变电流线圈的量程就是选择两个固定线圈是串联还是并联。不同的电压量程是用可动线圈串联不同阻值的附加电阻来实现的。电压量程的公共端钮标有符号“*”。

(1) 正确选择功率表量程。选择功率表的量程就是选择功率表中的电流量程和电压量程。使用时应使功率表中的电流量程不小于负载电流,电压量程不低于负载电压,而不能仅从功率量程来考虑。例如,两只功率表,量程分别是 1 A、300 V 和 2 A、150 V,由计算可知其功率量程均为 300 W,如果要测量一负载电压为 220 V、电流为 1 A 的负载功率则应用 1 A、300 V 的功率表,而 2 A、150 V 的功率表虽功率量程也大于负载功率,但是由于负载电压高于功率表所能承受的电压 150 V,故不能使用。因此,在测量功率前要根据负载的额定电压和额定电流来选择功率表的量程。

(2) 正确连接测量线路。电动系测量机构的转动力矩方向和两线圈中的电流方向有关,为防止电动系功率表的指针反偏,接线时功率表电流线圈标有“*”号的端钮必须接到电源的正极端,而电流线圈的另一端则与负载相连,电流线圈以串联形式接入电路中。功率表电压线圈标有“*”号的端钮可以接到电源端钮的任一端上,而另一电压端钮则跨接到负载的另一端。

当负载电阻远远大于电流线圈的电阻时,应采用电压线圈前接法,如图 10-1(a)所示。这时电压线圈的电压是负载电压和电流线圈电压之和,功率表测量的是负载功率和电流线圈功率之和。如果负载电阻远远大于电流线圈的电阻,则可以略去电流线圈分压所造成的影响,测量结果比较接近负载的实际功率值。当负载电阻远远小于电压线圈电阻时,应采用电压线圈后接法,如图 10-1(b)所示。这时电压线圈两端的电压虽然等于负载电压,但电流线圈中的电流却等于负载电流与功率表电压线圈中的电流之和,测量时功率读数为负载

功率与电压线圈功率之和。由于此时负载电阻远小于电压线圈电阻，所以电压线圈分流作用大大减小，其对测量结果的影响也可以大为减小。

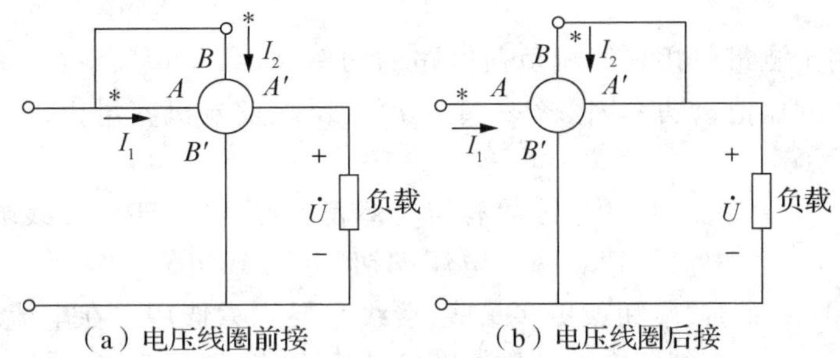

图 10－1　功率表的测量接线方法

如果被测负载本身功率较大，可以不考虑功率表本身的功率对测量结果的影响，则两种接法可以任意选择。但最好选用电压线圈前接法，因为功率表中电流线圈的功率一般小于电压线圈支路的功率。

（3）正确读数。一般安装式功率表为直读单量程式，表上的示数即为功率数。但便携式功率表一般为多量程式，在表的标度尺上不直接标注示数，只标注分格。在选用不同的电流与电压量程时，每一分格都可以表示不同的功率数。在读数时，应先根据所选的电压量程 U、电流量程 I 以及标度尺满量程时的格数，求出每格瓦数（又称功率表常数）C，然后再乘上指针偏转的格数，就可得到所测功率 P。

1.2　三相功率表

（1）三相对称电路功率的测量。在三相对称电路中，不论是三角形接法，还是星形接法，不论是三相三线制，还是三相四线制，都可以用一只功率表来测量三相有功功率。这种方法称为一表法。所测的功率再乘以 3，即为三相的总有功功率。图 10－2(a) 所示为一表法接法。

（2）三相不对称电路功率的测量。在三相三线制电路中常碰到三相负载不对称的情况。通常用两只功率表测量三相有功功率。这种方法称为二表法。图 10－2(b) 所示为二表法。

（3）三相四线制中三相不对称电路功率的测量。在三相四线制中，通常用三只功率表进行功率测量，称为三表法。三表所测的功率相加为三相四线制的总有功功率。图 10－2(c) 所示为三表法。

（4）三相无功功率的测量。无功功率表的结构和原理与有功功率表完全相同。常用的无功功率测量方法也与有功功率测量方法相同，即一表法、二表法和三表法。图 10－2 所示线路也可用于无功功率测量。

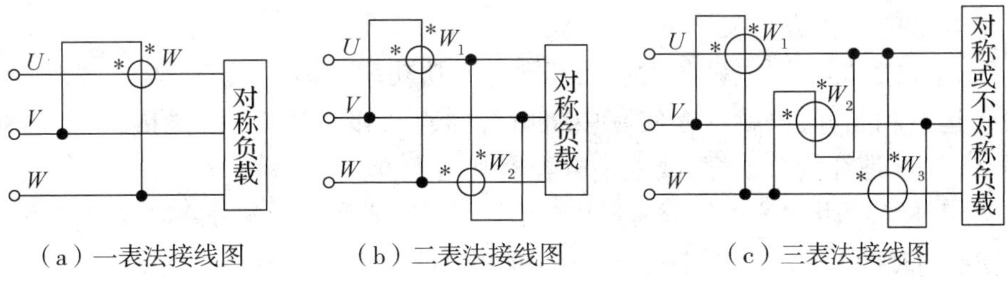

图 10－2　三相有功功率的测量方法

2　功率因数表

功率因数表用于测量单相和三相负荷电路的功率因数。功率因数又称功率因子,是有功功率与视在功率的比值。功率因数在一定程度上反映发电机容量得以利用的比例,是合理用电的重要指标。

图 10－3　D66－φ型单相功率因数表

单相功率因数表与功率表类似,也有四个接线端钮,其中包括两个电流端钮和两个电压端钮,见图 10－3。当电流、电压量程不止一个时,端钮就更多一些,接线时要注意选用。在电流和电压端钮中的一个端钮上也分别标有特殊标记,即公共端钮“*”,它们的接线方法与功率表完全一样。指针式功率因数表是取 A、B 相电压和 C 相电流并且功率因数等于 1 时,指针在中间位置设计的。低压供电网络的功率因数基本都是滞后的,即负荷为感性,极少等于 1。网络负荷显容性时才会超前。停电时表的指针应在中间,指 1 的位置。正常供电的网络,功率因数表很少在指 1 的位置。

在任意情况下,计算功率因数是一个比较复杂的问题。需要运用较深的数学知识。这里只给出结论,即

$$\cos\varphi=\frac{P}{UI}$$

提高功率因数的方法可分为提高自然功率因数和采用人工补偿两种方法:

(1) 提高自然因数的方法。①恰当选择电动机容量,减少电动机无功消耗,防止“大马拉小车”。②对平均负荷小于其额定容量 40%左右的轻载电动机,可将线圈改为三角形接法(或自动转换)。③避免电机或设备空载运行。④合理配置变压器,恰当地选择其容量。⑤调整生产班次,均衡用电负荷,提高用电负荷率。⑥改善配电线路布局,避免曲折迂回等。

(2) 人工补偿法。实际中可使用电路电容器或调相机,一般多采用电力电容器补偿无功,即在感性负载上并联电容器。在感性负载上并联电容器的方法可用电容器的无功功率来补偿感性负载的无功功率,从而减少甚至消除感性负载与电源之间原有的能量交换。

在交流电路中,纯电阻电路,负载中的电流与电压同相位,纯电感负载中的电流滞后于电压 90°,而纯电容的电流则超前于电压 90°,电容中的电流与电感中的电流相差 180°,能相互抵消。

电力系统中的负载大部分是感性的,因此总电流将滞后电压一个角度,将并联电容器与负载并联,则电容器的电流将抵消一部分电感电流,从而使总电流减小,功率因数将提高。

并联电容器的补偿方法又可分为:

(1) 个别补偿,即在用电设备附近按其本身无功功率的需要量装设电容器组,与用电设备同时投入运行和断开,也就是在实际中将电容器直接接在用电设备附近。个别补偿适用于低压网络,优点是补偿效果好,缺点是电容器利用率低。

(2) 分组补偿,即将电容器组分组安装在车间配电室或变电所各分路出线上,其可与工厂部分负荷的变动同时投入或切除,也就是在实际中将电容器分别安装在各车间配电盘的母线上。

(3) 集中补偿,即把电容器组集中安装在变电所的一次或二次侧的母线上。在实际中会

将电容器接在变电所的高压或低压母线上,电容器组的容量按配电所的总无功负荷来选择。

并联电容器的补偿方法能够提高电容器利用率,减少电网和用户变压器及供电线路的无功负荷,但是这种方法不能减少用户内部配电网络的无功负荷。

在实际中,提高功率因数意味着:

(1) 提高用电质量,改善设备运行条件,可保证设备在正常条件下工作,这就有利于安全生产。

(2) 可节约电能,降低生产成本,减少企业的电费开支。例如: $\cos\varphi=0.5$ 时的损耗是 $\cos\varphi=1$ 时的 4 倍。

(3) 能提高企业用电设备的利用率,充分发挥企业的设备潜力。

(4) 可减少线路的功率损失,提高电网输电效率。

(5) 因发电机的发电容量的限定,故提高功率因数也就使发电机能多出有功功率。

在实际用电过程中,提高负载的功率因数是最有效的提高电力资源利用率的方式。

3　频率表

频率表是用来测量电源频率或电路频率的仪表。我国工业生产中所使用的交流电频率为 50 Hz,因而用来测量工频频率的频率表比电子技术中使用的频率计测量范围小得多。

频率表种类很多,有电动系、铁磁电动系和属于整流式的变换器式频率表等。通常在实验室中使用的频率表大多是电动系的,而在生产现场中则采用铁磁电动系或变换器式。

铁磁电动系频率表的测量机构与电路如图 10-4 所示。带有铁芯的固定线圈与电感器 L、电容器 C 组成的串联谐振电路,通常被调整在标尺的中间频率(如 50 Hz)时谐振。可动部分由两个线圈组成,其中动圈 1 与电容器 C_1 串联后与谐振电路并联。接通电源时,可动部分所受转动力,I、I_1 分别为固定线圈及动圈 1 中电流,θ 为两电流相量间夹角,K 为系数。动圈 2 与电阻器 R_2、电感器 L_2 构成闭合回路。当可动部分指针偏离标尺中间位置 α 角时,动圈 2 将受到一个与偏转角 α 成正比,并使指针返回中间位置的反抗力矩。当被测频率等于标尺中间频率时,谐振电路发生谐振,这时固定线圈中的电流与动圈 1 中电流相量间夹角 $\theta=90°$,因而转动力矩 $M=0$。于是可动部分在动圈 2 力矩的作用下,使指针指在标尺的中间频率(如 50 Hz)的刻度上。当被测频率偏离中间频率时,谐振条件被破坏,转动力矩不再为零,可动部分发生偏转,直到转动力矩与反抗力矩平衡时为止,可动部分将停在与被测频率对应的新位置上。改变串联谐振电路的参数,可以获得不同的频率量程。

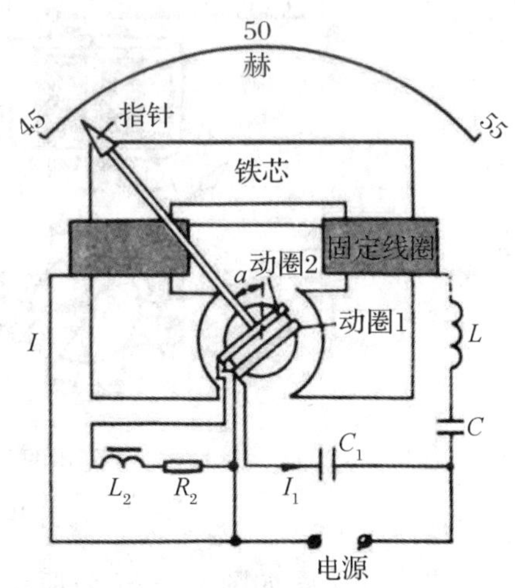

图 10-4　铁磁电动系频率表的测量机构与电路

实验室中常用的数字型频率表如图 10-5 所示。频率表在使用时的接线方法和电压表相同,都是并联接入被测电路。

图 10－5　数字型频率表

4　整步表

整步表又称同步指示器，在船舶上用于交流发电机的并联运行。目前使用的整步表都是电磁式测量机构。整步表用于两个单相或三相系统，或系统与发电机之间的同步投入（频率和相位相等）。当频率和相序都相同的两个交流系统进入同步时，同步表的指针指向面板上部正中位置，可加 LED 显示。

图 10－6(a)为 IT1－S 型整步表结构示意。电磁式整步表共有三个固定线圈：A 为圆柱形线圈，套在轴套 C 上；A_1 和 A_3 两个相互垂直的扁线圈，在空间互为 90°；F 为扇形铁片，与轴套 C 固定在转轴上，并和轴套组成"Z"字形，称为 Z 形铁芯，Z 形铁芯可在线圈内自由转动，从而带动转轴和指针转动。

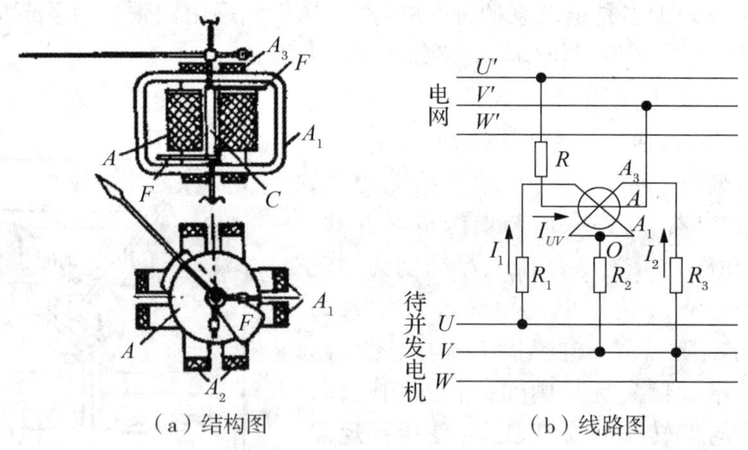

(a) 结构图　　(b) 线路图

图 10－6　IT1－S 型整步表

整步表线路图如图 10－6(b)所示。当 A_1 和 A_3 线圈通以不同相位的交变电流时，将产生旋转磁场；当 A 线圈通过交变电流时，产生按正弦规律变化的脉动磁场，其特点是它在空间的位置并不移动，只是磁感应强度 B 的大小和方向随时间作正弦变化。被脉动磁场磁化的 Z 形铁芯在旋转磁场中力图停留在保持磁场能量最大的位置上。在转轴的一端装一表针，当两个电源频率相同时，指针将停留在某一位置；如果频率不相同，指针将朝向一个方向旋转，旋转速度取决于差频的大小。若 $\Delta f>0$，指针向"快"的方向旋转；反之则向"慢"的方向旋转。指针指在中间位置时，相角为零。这样，通过同步表指针的偏转，就可以反映待并发电机和电网的同步情况。

数字式整步表通过数字集成整形电路，将在网运行发电机和待并发电机的电压信号整

形成矩形波,并以此矩形波为门控信号,对时钟脉冲进行计数,从而将运行发电机与待并发电机的电压信号间的相位差转换成时钟脉冲的计数值(在计算机仿真系统中,相位差计数值由计算机直接提供,可省去相位差计数电路)。然后根据相位差计数值,通过增量相隔分组译码驱动显示电路,点亮点式显示器中圆周状分布的发光二极管,实现对实际船舶电站和计算机仿真船舶电站的同步指示和并车控制。

5　兆欧表

一般的导体电阻,因其阻值小常采用万用表或伏安表来测量;而用绝缘材料制成的绝缘电阻,因其阻值远远大于导体电阻,通常采用兆欧表(俗称摇表)来测量。

兆欧表和其他仪表的不同之处是其本身带有高压电源,因为在低压下测量出来的绝缘电阻值并不能反映在高压工作条件下真正的电阻值,所以这对测量高压电气设备的绝缘电阻是十分必要的。

因此,兆欧表是专用来检测电气设备、供电线路的绝缘电阻的一种可携式指示仪表。其刻度是以兆欧(百万欧姆)为单位的,符号是"MΩ"。

5.1　兆欧表的结构

兆欧表由手摇发电机和磁电系比率计组成。手摇发电机一般是直流发电机,也有采用交流发电机配用二极管整流器的。目前生产的兆欧表的发电机输出电压主要有250 V、500 V、1 000 V、2 500 V等。如图10－7所示为手摇兆欧表,表中装有小型手摇直流发电机。

图10－7　手摇兆欧表

必须指出,与前述各种仪表不同,兆欧表的可动部分未装弹簧游丝,所以当摇柄不摇时,指针能停留在任何位置。指针偏转角只随被测电阻 R_x 而改变。当 $R_x=0$ 时,指针向右偏转到最大位置,即指"0"值。当 $R_x=\infty$ 时,使指针向左偏转到"∞"位置。兆欧表的标尺是反向刻度的,而且是不均匀的。

5.2　兆欧表的工作原理

兆欧表通过电压激励被测装置或网络,测量激励所产生的电流,然后利用欧姆定律测量出电阻。优良的兆欧表校准器包括各种可选的电阻器,这点与现代校准器利用合成电阻功能提供的电阻器差别不大。兆欧表校准器与直流/低频校准器的不同之处在于所需的电阻器范围,以及耐受的电压能力不同。例如与数字多用表(DMM)上配备的欧姆表功能相比,这些电气测试器在进行电阻测量时施加的电压要高得多。兆欧表采用的电压范围通常为50~5 000 V;而典型数字多用表的电压一般小于10 V。对于绝缘测试来说,需要测量的电阻值范围很大,其上限可达到10 TΩ,所需的电压更高。

5.3　兆欧表的选用

选用兆欧表主要是选择兆欧表的电压及其测量范围。其中：选用兆欧表电压的原则是电压高的电力设备要求绝缘电阻值要大一些,而绝缘材料的电阻又与加在其上面的电压有关,所以要使用电压高的兆欧表测试,才能减小测量误差。选用兆欧表测量范围的原则是不要使测量范围超出被测绝缘电阻值太多,以免读数时产生较大误差。

一般情况下,测量额定电压在 500 V 以下的设备或线路的绝缘电阻时,可选用 500 V 或 1 000 V 兆欧表;测量额定电压在 500 V 以上的设备或线路的绝缘电阻时,应选用 1 000~2 500 V 兆欧表;测量绝缘子时,应选用 2 500~5 000 V 兆欧表。一般情况下,测量低压电气设备绝缘电阻时可选用 0~200 MΩ 量程的兆欧表。

5.4 兆欧表使用时的注意事项

(1) 因为兆欧表内没有产生反作用力矩的游丝,所以在不摇动手柄时(即两个动圈不通电),指针可以停留在任何位置,此时的读数无意义。因此,必须在摇动手柄时读取数据。

(2) 不要在设备带电的情况下测量。对有电容的高压设备在停电后还必须进行充分的放电,然后才可测量。用兆欧表测量过的设备,也要及时加以放电。

(3) 测量前要检查兆欧表是否完好。首先将兆欧表端钮开路,摇动手柄看指针是否指"∞";然后将"地"和"线"端钮短接,摇动手柄,看指针是否指"0",如果指示不为"0",应调修后再使用。

(4) 测量时,兆欧表"地"端钮与被测物的接地端相连,"线"端钮与被测体或线路相连,然后均匀地摇动手柄,待指针稳定时读数。

(5) 测量电缆的绝缘电阻时,为防止表面漏电流引起误差,应将电缆的中间层接于兆欧表的屏蔽端钮。

(6) 如要测量线路中任一导线与地之间或任意两根导线之间的绝缘电阻,必须先切断电源,取去负载,再把兆欧表的一端接到被测的导线上,另一端接地或接到另一根导线上,迅速摇动手柄,直到指针稳定在某一位置上读出数据。

6 电度表

电度表是专门用来计量某一时间段电能累计值的仪表,又称电能表、火表。电能表工作的简单过程为:当把电能表接入被测电路时,电流线圈和电压线圈中就有交变电流流过,这两个交变电流分别在它们的铁芯中产生交变的磁通;交变磁通穿过铝盘,在铝盘中感应出涡流;涡流又在磁场中受到力的作用,从而使铝盘得到转矩(主动力矩)而转动。负载消耗的功率越大,通过电流线圈的电流越大,铝盘中感应出的涡流也越大,使铝盘转动的力矩就越大,即转矩的大小跟负载消耗的功率成正比。功率越大,转矩也越大,铝盘转动也就越快。铝盘转动时,又受到永磁铁产生的制动力矩的作用,制动力矩与主动力矩方向相反;制动力矩的大小与铝盘的转速成正比,铝盘转动得越快,制动力矩也越大。当主动力矩与制动力矩达到暂时平衡时,铝盘将匀速转动。负载所消耗的电能与铝盘的转数成正比。铝盘转动时,带动计数器,把所消耗的电能指示出来。

6.1 电能表分类

(1) 按所测电能种类,电能表可分为有功电能表、无功电能表、直流电能表三种。

电能可以转换成各种能量,如通过电炉转换成热能,通过电机转换成机械能,通过电灯转换成光能等。在这些转换中所消耗的电能为有功电能,而记录这种电能的电表为有功电能表。有功电能表的计量单位为 kWh,1 kWh = 3.6×10^6 J,在数值上表示功率 1 kW 的用电器工作 1 h 所消耗的电能。

有些电器装置在作能量转换时先得建立一种转换的环境，如电动机、变压器等需要建立一个磁场才能作能量转换，而有些电器装置需要建立一个电场才能作能量转换。建立磁场和电场所需的电能都是无功电能，而记录这种电能的电表为无功电能表。无功电能在电器装置本身中是不消耗能量的，但会在电器线路中产生无功电流，该电流在线路中将产生一定的损耗。无功电能表是专门记录这一损耗的，一般只有较大的用电单位才安装这种电表。无功电能表的计量单位为 kvarh。

直流电能表一般用于特殊行业，不用于电力贸易计量。

（2）按电压等级，电能表可分为高压表、低压表两种，前者因为要配接电压互感器，其额定线电压为 100 V，后者额定相电压统一为 220 V。

（3）按电流的测量范围，电能表可分为直通表和经电流互感器接入两种，后者的额定二次电流一般为 1.5(6) A，330 kV 及以上电压等级的计量装置中采用额定二次电流为 0.3(1.2) A 的电能表，配上各种不同变比的电流互感器，可用来测量不同负荷容量用户的电能。

（4）按准确度等级分，电能表可分为 0.01、0.02、0.05、0.1、0.2、0.5、1.0、2.0、3.0 级等。准确度等级的数字越小，准确度等级越高。0.01、0.02、0.05 和 0.1 级一般作为计量室标准使用，其他等级在现场使用。所计量的电能量越多，计量性质越重要，所选用的表计准确度等级要求越高。

（5）按相别及接线方式，电能表可分为单相、三相三线制和三相四线制三种。

单相电能表可以分为感应式单相电能表和电子式电能表两种。目前，家庭大多数用的是感应式单相电能表。其常用额定电流有 2.5 A、5 A、10 A、15 A 和 20 A 等规格。单相电能表测量电路如图 10－8 所示。

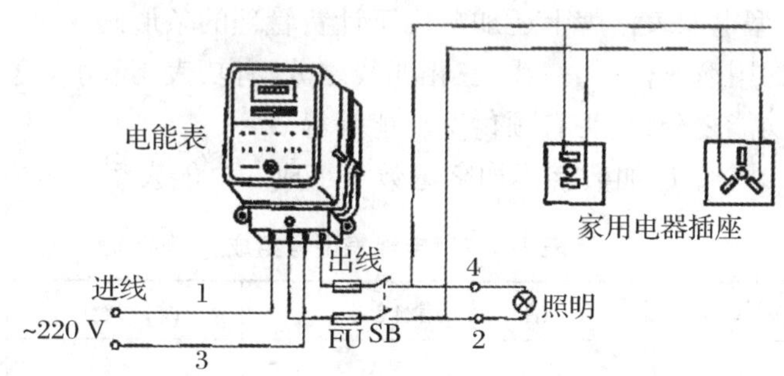

图 10－8　单相电能表测量电路

三相三线制有功电能表由两个驱动元件组成，两个铝盘固定在同一个转轴上，故称为两元件电能表，如图 10－9 所示。三相三线制有功电能表用于三相三线制电路中：第一个驱动元件的电压线圈和电流线圈分别接 U_{uv} 和第一个电流表；第二个驱动元件的电压线圈和电流线圈分别接 U_{wv} 和第二个电流表。接线时，如果将任一端子接错，就会使铝盘反转，或虽然正转但读数不等于三相电路所消耗的电能，这一点要特别注意。三相三线制有功电能表的额定电压（线电压）一般为 380 V，额定电流有 1.5 A、3 A、5 A、6 A、10 A、15 A、20 A、25 A、30 A、40 A、60 A 等数种，其中额定电流为 5 A 的可经电流互感器接入电路。

图 10－9　三相三线制有功电能表

三相四线制有功电能表的额定电压一般为 220 V，额定电流有 1.5 A、3 A、5 A、6 A、10 A、15 A、20 A、25 A、30 A、40 A、60 A 等数种，其中额定电流为 5 A 的可经电流互感器接入电路。常用的三相四线制有功电能表有 DT 系列。

(6) 按结构原理，电能表可分为感应式电能表、全电子式电能表、机电一体化电能表。其中，感应式电能表采用电磁感应的原理把电压、电流、相位转变为磁力矩，推动铝制圆盘转动，圆盘的轴(蜗杆)带动齿轮驱动计度器的鼓轮转动，转动的过程即是时间量累积的过程。因此，感应式电能表的好处就是直观、动态连续、停电不丢数据。

(7) 按附加功能，电能表有多费率电能表、预付费电能表、多用户电能表、多功能电能表、载波电能表等。其中：多费率电能表或称分时电能表、复费率表，俗称峰谷表，是近年来为适应峰谷分时电价的需要而提供的一种计量手段。多费率电能表可按预定的峰、谷、平时段的划分，分别计量高峰、低谷、平段的用电量，从而对不同时段的用电量采用不同的电价，发挥电价的调节作用，鼓励用电客户调整用电负荷，移峰填谷，合理使用电力资源，充分挖掘发、供、用电设备的潜力，属电子式或机电式电能表。预付费电能表俗称卡表，用 IC 卡预购电，将 IC 卡插入表中可控制按费用电，防止拖欠电费，属电子式或机电式电能表。多用户电能表一只表可供多个用户使用，对每个用户独立计费，因此可达到节省资源，并便于管理的目的，还利于远程自动集中抄表，属电子式电能表。多功能电能表集多项功能于一身，属电子式电能表。载波电能表利用电力载波技术，用于远程自动集中抄表，属电子式电能表。

6.2 电能表铭牌信息

电能表铭牌上主要标有名称、型号、准确度等级、额定参数、电能表常数、脉冲常数、厂家表号等多种信息，新型电能表铭牌上还加贴用于计费管理的条形码。

名称说明该表的用途，有三相三线、三相四线之分，有功表、无功表之分，感应式、全电子式之分，单功能、多功能之分，是否有预付费功能等等。

型号一般由 2~4 个字母加数字再加字母数字组成。电能表型号组成如表 10－1 所示。

表 10－1 电能表型号组成

类别代号	组别代号	结构及功能代号	设计序号	派生代号
D—电能表	D—单相，S—三相三线，T—三相四线，B—标准表	S—电子式，F—复费率，Y—预付费，X—无功电能，D—多功能，L—长寿命，I—载波抄表，M—脉冲表，Z—最大需量，J—直流	阿拉伯数字(可指代是某个厂家的产品)	T—湿热、干热两用，TH—湿热带用，TA—干热带用，G—高原用，F—化工防腐用

使用电能表时要注意，在低电压(不超过 500 V)和小电流(几十安)的情况下，电能表可直接接入电路进行测量。在高电压或大电流的情况下，电能表不能直接接入线路，需配合电压互感器或电流互感器使用。对于直接接入线路的电能表，要根据负载电压和电流选择合适规格的，使电能表的额定电压和额定电流，等于或稍大于负载的电压或电流。此外，负载的用电量要在电能表额定值的 10%以上，否则计量不准，甚至带不动铝盘转动，所以电能表不能选得太大；若选得太小也容易烧坏电能表。

7　测量仪表在航海中的应用举例

以船舶电站主配电板为例对测量仪表在航海中的应用进行介绍。船舶配电装置是对电能进行集中、控制和分配的一种装置，按用途的不同可分为主配电板、应急配电板、充放电板、岸电箱、分配电板等。其中，主配电板是船舶电站的重要部分，是船舶电能集中和分配的控制中心。

(1) 电压表。①发电机控制屏上的电压表用来测量发电机线电压及汇流排电压，通过电压表下的转换开关可分别测量发电机及汇流排的三个线电压；②照明控制屏上的电压表用来测量照明变压器副边电压，通过电压表下的转换开关可分别测量变压器副边(照明网络)的三个线电压。

(2) 电流表。①发电机控制屏上的电流表测量发电机的三个线电流(星形联接，线电流等于相电流)，通过转换开关可分别测量发电机的每一相电流；②负载屏上的电流表用来测量大负载工作电流，通过电流表下的转换开关可分别测量 3~4 个不同的大负载工作电流。

(3) 功率表。功率表用来测量发电机输出功率。只要发电机合闸供电，功率表即指示其实际输出功率值。

(4) 功率因数表。功率因数表用来测量发电机运行时功率因数，指示实际输出的功率因数值。

(5) 配电板式兆欧表。配电板式兆欧表用来测量船舶电网对地绝缘电阻值。通过配电板式兆欧表下的转换开关可分别测量动力电网、照明电网对地绝缘阻值。

习题

【题 10－1】 画出单相及三相电路中的功率测量接线图。

【题 10－2】 提高功率因数有哪些方法？

【题 10－3】 频率表在使用时如何连线？

【题 10－4】 简述兆欧表在使用时的注意事项。

【题 10－5】 有功电能表和无功电能表分别测量的是什么？测量单位是什么？我们常说的度和瓦特有什么关系？

第十一章　电桥

1　电桥的概念

电桥是将电阻、电感、电容等参量的变化变为电压或电流输出的一种测量电路。最简单的是由四个支路组成的电路，如图 11－1 所示。各支路称为电桥的“臂”，电路中有一电阻为未知(R_2)，一对角线中接入直流电源 U，另一对角线接入检流计 G。可以通过调节各已知电阻的值使 G 中无电流通过，此时电桥达到平衡，则未知电阻 $R_2=R_1R_4/R_3$。

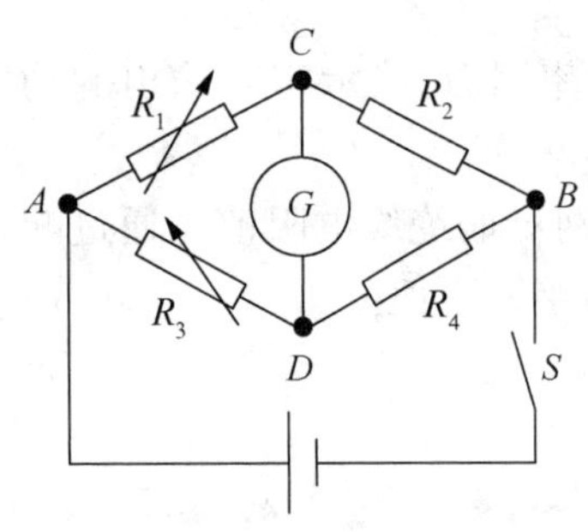

图 11－1　简单电桥电路

其基本原理如下：假设四个电阻固定，当开关 S 闭合时，若满足 $R_2R_3=R_1R_4$，即对角的电阻乘积相等，则此时电压 U_{CD} 等于 0，也就是说 CD 间没有电压。利用这个原理，当等式两边四个量中的一个为未知量时，如果调节其余三个电阻的值能使得等式成立，那么用公式就可以得到未知量。但是实际上只要等式两边各有一个可以调节的可变电阻，则另外两个电阻有一个是定值，则余下的另外一个必然可以得到。利用这个原理可以做成电阻测量箱，而这个原理用的就是电桥的概念，或者说平衡电桥的概念。

电桥是用比较法测量电阻的仪器。电桥的特点是灵敏、准确、使用方便，其被广泛地应用于现代工业自动控制电气技术、非电量转化为电学量测量中。根据供桥电压的性质，电桥可分为直流电桥、交流电桥，直流电桥可以用于测电阻，交流电桥可用于测电容、电感。通过传感器，电桥可以将压力、温度等非电学量转化为传感器阻抗的变化进行测量。

2　直流电桥

2.1　惠斯通电桥测量原理

电桥中的电路叫作电桥电路，直流电桥中的电路是直流电桥电路。如图 11－2 所示电路就是一种直流电桥电路(惠斯通电桥电路)。惠斯通电桥属于直流电桥，主要用于测量中等数值的电阻($10\sim1.0\times10^6\ \Omega$ 量级)。对于太小的电阻($1.0\times10^{-6}\sim10\ \Omega$ 量级)，要考虑接触电阻、导线电阻，可使用双臂电桥；对于大电阻($1.0\times10^7\ \Omega$ 量级)，要考虑使用冲击检流计等方法。惠斯通电桥使用检流计作为指零仪表，而实验室用检流计属于 μA 表，电桥的灵敏度要受检流计的限制。

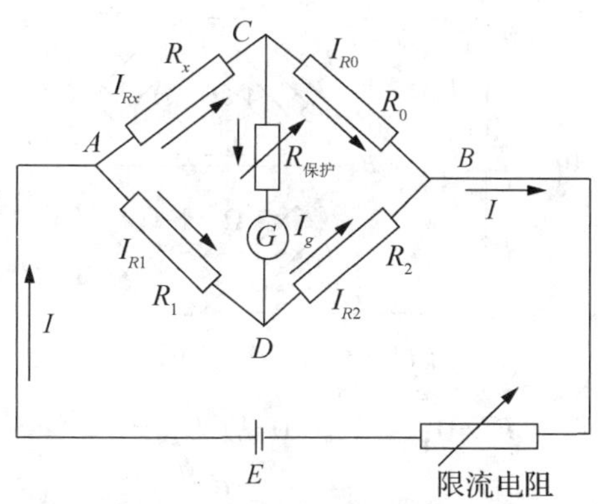

图 11－2　惠斯通电桥原理

4 个电阻 R_0、R_1、R_2、R_x 连成四边形，称为电桥的四个臂。四边形的一个对角线连有检流计，称为“桥”；四边形的另一对角线接上电源，称为电桥的“电源对角线”。E 为线路中供电电源，电压可在 0~30 V 之间调节。$R_{保护}$ 为较大的可变电阻，在电桥不平衡时取最大电阻作限流作用以保护检流计；当电桥接近平衡时取最小值以提高检流计的灵敏度。限流电阻用于限制电流的大小，主要目的在于保护检流计和改变电桥灵敏度。

电源接通时，电桥线路中各支路均有电流通过。当 C、D 两点之间的电位不相等时，桥路中的电流 $I_g \neq 0$，检流计的指针发生偏转；当 C、D 两点之间的电位相等时，桥路中的电流 $I_g=0$，检流计指针指零（检流计的零点在刻度盘的中间），这时称电桥处于平衡状态。因此，电桥处于平衡状态时有：$I_g=0$，$U_{AC}=U_{AD}$，$U_{CB}=U_{DB}$，$I_{Rx}=I_{R0}$，$I_{R1}=I_{R2}$，$I_{Rx}R_x=I_{R1}R_1$，$I_{R0}R_0=I_{R2}R_2$。于是 $\frac{R_x}{R_0}=\frac{R_1}{R_2}$，即

$$R_xR_2=R_0R_1$$

此式说明，电桥平衡时，电桥相对臂电阻的乘积相等。这就是电桥的平衡条件。根据电桥的平衡条件，若已知其中 3 个臂的电阻，就可以计算出另一个桥臂电阻，因此电桥测电阻的计算式为

$$R_x=\frac{R_1}{R_2}R_0=KR_0 \tag{11-1}$$

式中：电阻 R_1、R_2 为电桥的比率臂；R_x 为待测臂；R_0 为比较臂，R_0 作为比较的标准，实验室常用电阻箱。由式（11－1）可以看出，待测电阻 R_x 由比率值 K 和标准电阻 R_0 决定，比值 K 可以作成 1.0×10^n，这是成品电桥常用的方法。检流计在测量过程中起判断桥路有无电流的作用，只要检流计有足够的灵敏度来反映桥路电流的变化则电阻的测量结果与检流计的精度无关，由于标准电阻可以制作得比较精密，所以利用电桥的平衡原理测电阻的准确度可以很高，大大优于伏安法测电阻，这也是电桥应用广泛的重要原因。

【例 11－1】如图 11－3 所示电路中，$R_1=2\ \Omega$，$R_2=6\ \Omega$，$R_3=4\ \Omega$，$R_4=3\ \Omega$，判断 I_5 是否为 0，如果 $I_5 \neq 0$，则 I_5 是多少？U_{AB} 又是多少？

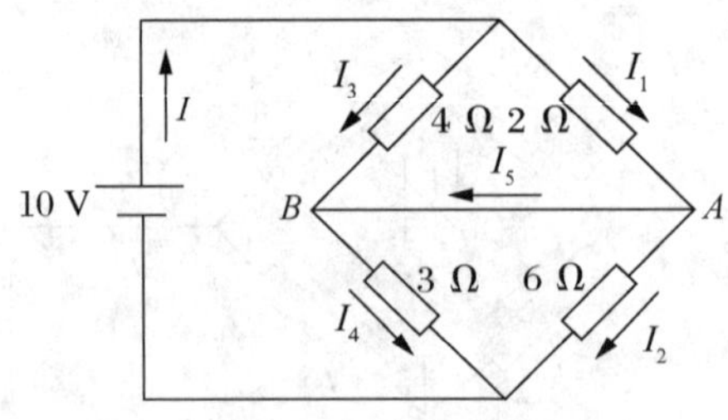

图 11－3　例 11－1 图

解：由于 $R_1R_4 \neq R_2R_3$，所以 $I_S \neq 0$；因 $R_{AB}=0$，故 $U_{AB}=0$。

$R=\dfrac{R_1R_4}{R_1+R_4}+\dfrac{R_2R_3}{R_2+R_3}=\dfrac{10}{3}\ \Omega$，$I=\dfrac{U}{R}=3\ \text{A}$；$I_1=I\times\dfrac{R_3}{R_1+R_3}=2\ \text{A}$，$I_2=I-I_1=1\ \text{A}$，$I_3=I\times\dfrac{R_4}{R_2+R_4}=1\ \text{A}$，$I_4=I-I_3=2\ \text{A}$；因此 $I_5=I_1-I_3=1\ \text{A}$。

对于本题，有人认为 A、B 间电压为 0，故 A、B 间的导线中不应有电流通过，这是错误的。如果 A、B 间有电阻，又 A、B 间电压为 0，A、B 间的导线中才没有电流通过；如果 A、B 间的电阻和电压都为 0，则 A、B 间也许有电流，也许没有电流，这取决于相关支路的电流。

【例 11－2】图 11－4 是用于测定电缆接地故障点的电路。已知 A、B 之间的距离为 $L=5$ km，调节 R_M 与 R_N，当 $R_M/R_N=1.5$ 时，检流计 G 的读数为 0，问故障点 P 的位置。（测试时，将 B 处两根平行的电缆人为短接，短接线的电阻忽略不计）

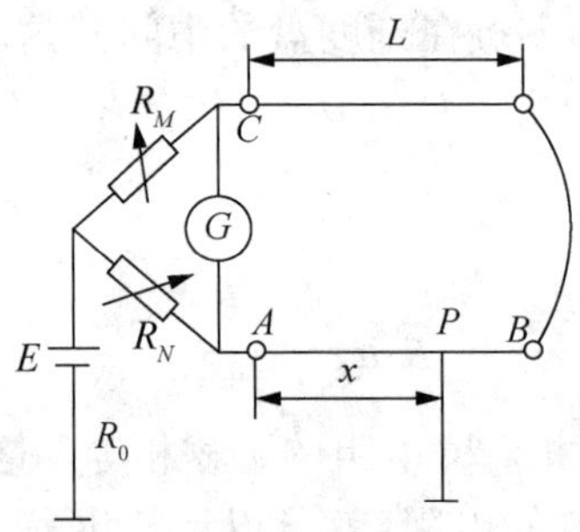

图 11－4　例 11－2 图

解：设 P 点在距 A 点 x km 处，根据电桥平衡条件得

$$\rho\frac{(2L-x)R_N}{S}=\rho\frac{xR_M}{S}$$

式中：ρ 与 S 分别为电缆的电阻率和横截面积。于是，可得

$$x=\frac{2LR_N}{R_M+R_N}=4\ \text{km}$$

当桥上电流计 G 的计数为 0 时，电桥处于平衡状态。此时有

$$L_1R_x=L_2R$$

于是，可得

$$R_x = \frac{L_2 R}{L_1} = 15\ \Omega$$

2.2　电桥的灵敏度

电桥是否达到平衡，是以桥路里有无电流来进行判断的，而桥路中有无电流又是以检流计的指针是否发生偏转来确定的，但检流计的灵敏度总是有限的，这就限制对电桥是否达到平衡的判断；另外人的眼睛的分辨能力也是有限的，如果检流计偏转小于 0.1 格则很难觉察出指针的偏转，为此引入电桥灵敏度问题。

定义检流计的灵敏度 S 为电流变化量 ΔI_g 所引起指针偏转格数 Δn 的比值为

$$S_{检流计} = \frac{\Delta n}{\Delta I_g} \tag{11-2}$$

定义电桥灵敏度为 S：在处于平衡的电桥里，若测量臂电阻 R_x 改变一个微小量 ΔR_x 引起检流计指针所偏转的格数 Δn 的比值为

$$S_{电桥} = \frac{\Delta n}{\Delta R_x} \tag{11-3}$$

定义电桥相对灵敏度为 S：在处于平衡的电桥里，若测量臂电阻 R_x 改变一个相对微小量 $\Delta R_x / R_x$ 引起检流计指针所偏转的格数 Δn 的比值为

$$S_{相对} = \frac{\Delta n}{\Delta R_x / R_x} = \frac{\Delta n}{\Delta R_0 / R_0} \tag{11-4}$$

电桥的相对灵敏度简称电桥灵敏度，$S_{相对}$ 越大说明电桥越灵敏。

2.3　惠斯通电桥存在的系统误差及其消除方法

考虑组成电桥的电阻元素的阻值不准所导致测量结果的误差，但阻值的不准确一般不会偏离太远，因此一般可以通过将比率臂电阻 R_1、R_2 选为标称值相同 $R_1 = R_2$，比较臂 R_0 选高精度的电阻箱，然后调节比较臂 R_0 使电桥平衡，记为 R_0；交换 R_0 和 R_x，调节 R_0 使电桥平衡，记为 R_0'。当电桥平衡时，交换前后有 $R_x R_2 = R_0 R_1$ 和 $R_0' R_2 = R_x R_1$，所以

$$R_x = \sqrt{R_0 R_0'} \tag{11-5}$$

这样就避免因比率臂电阻 R_1、R_2 电阻不准确带来的误差。当然式（11－5）中虽然没有比率臂电阻 R_1、R_2 的出现，但其数值大小将影响系统的灵敏度。

2.4　箱式惠斯通电桥的结构及测量方法

以 QJ23 型箱式直流单臂电桥为例进行说明，其结构线路如图 11－5 所示，版面布置如图 11－6 所示。当其比率转换开关 K 连接到×0.001 Ω 的档位时，R_1 代表一只电阻的值，而 R_2 代表 7 只电阻串联值。在不同的档位时，R_1 和 R_2 所代表的电阻串联值各不相同；R_x 为被测电阻接线柱，R_3 由 4 个可变电阻箱串联组成。每个可变电阻箱的档位由×1 Ω、×10 Ω、×100 Ω、×1 000 Ω 构成。

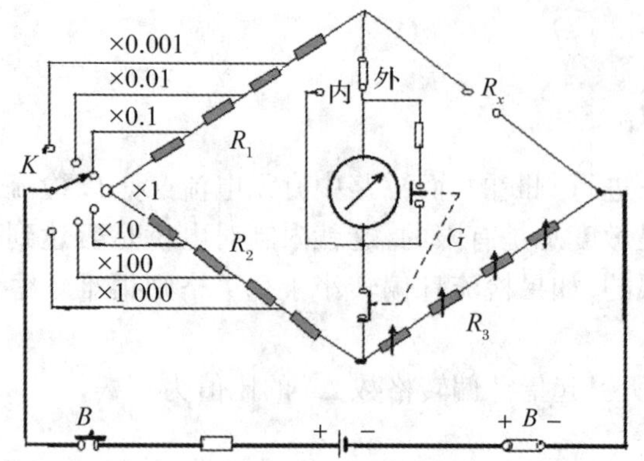

图 11－5　箱式惠斯通电桥的结构线路

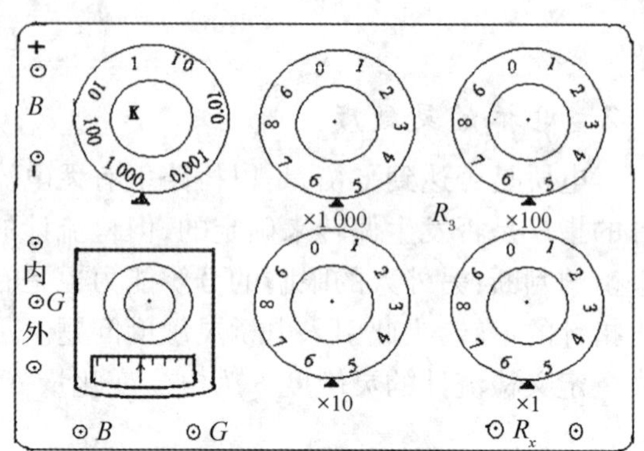

图 11－6　箱式惠斯通电桥的版面布置

箱式惠斯通电桥的操作方法如下：

（1）检流计的指针作调零处理。

（2）确定待测量电阻的大致数值，在 R_x 被测电阻接线柱间接上被测量电阻。

（3）根据被测量电阻的大小值选定比率转换开关 K 连接的档位。

（4）测量时用跃接法按下 B 和 G 按钮（按下后立即松开），若指针偏向“+”方向，则增加 R_3 的数值；若指针偏向“-”方向，则减小 R_3 的数值，反复调节直至电桥平衡。

（5）测量有感电阻（如电机、变压器等）时，应先接通 B 按钮后接通 G 按钮，断开时应先放开 G 按钮再放开 B 按钮。

（6）使用完毕，必须断开 B 和 G 按钮，并且将检流计的联接片接在“内接”位置，以保护检流计。

3　交流电桥

3.1　交流电桥基本原理

交流电桥是测量各种交流阻抗的基本仪器，其不仅用于测量电阻、电容、电感等交流元件，还可利用交流电桥平衡条件与频率的相关性来测量与电感、电容有关的其他物理量，如互感、磁性材料的磁导率、电容的介质损耗、介电常数和电源频率等，在测量与控制中有着十分广泛的用途。

交流电桥的组成与直流电桥相似，如果把直流电桥的 4 个桥臂改为电抗元件，让其中至少一个电抗元件可调，将直流电源和检流计改为交流电源和交流平衡指示器（谐振式检流计、耳机、交流毫伏表、示波器等）就可组成交流电桥。交流电桥的原理电路如图 11－7 所示，$\dot{Z}_1$、$\dot{Z}_2$、$\dot{Z}_3$、$\dot{Z}_4$ 分别为四个桥臂的复阻抗，G 为交流平衡指示器，调节各臂阻抗使电桥达到平衡，即 B、D 两点在任意一瞬间电势都相等，此时有

$$\frac{\dot{Z}_1}{\dot{Z}_2}=\frac{\dot{Z}_3}{\dot{Z}_4} \tag{11-6}$$

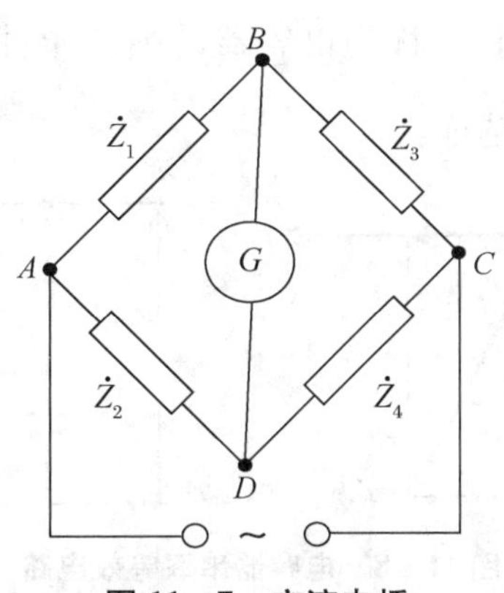

图 11-7　交流电桥

将式中阻抗用 $\dot{Z}_i = Z_i e^{j\varphi_i}$ 形式表示，Z_i 和 φ_i 分别为复阻抗 $\dot{Z}_i$ 的模和幅角。式(11-6)可以表示成

$$\frac{Z_1}{Z_2}e^{j(\varphi_1-\varphi_2)} = \frac{Z_3}{Z_4}e^{j(\varphi_3-\varphi_4)} \tag{11-7}$$

这相当于下列两条件同时成立，即

$$\frac{Z_1}{Z_2} = \frac{Z_3}{Z_4} \tag{11-8}$$

$$\varphi_1 - \varphi_2 = \varphi_3 - \varphi_4 \tag{11-9}$$

这就是交流电桥的平衡条件。由此可见，交流电桥平衡时，除阻抗大小满足比例关系式(11-8)外，还必须满足相角条件式(11-9)，这是交流电桥与直流电桥在平衡调节中的主要差别。显然，交流电桥的平衡调节要复杂得多。

根据测量的具体要求，同时考虑电桥平衡的调节，应合理配置各臂阻抗。由交流电的知识可知：对于纯电容，电压滞后于电流，$\varphi = -\frac{\pi}{2}$；对于纯电感，电压超前于电流，$\varphi = +\frac{\pi}{2}$；对于纯电阻，电压与电流同相位，$\varphi = 0$。利用电容、电感和电阻 φ 的正负，再根据交流电桥在平衡时必须满足的相位关系($\varphi_1-\varphi_2=\varphi_3-\varphi_4$)，可以得到在配制交流电桥时，4 个桥臂的元件搭配所必须遵守的原则为：当电桥的相邻臂为纯电阻时，则另两臂必须同为电容性、电感性或纯电阻阻抗，才可能平衡。同理，当电桥的对边臂均为纯电阻时，另一对边臂的一臂若为电容性阻抗，则另一臂必须为电感性阻抗，这样电桥才能平衡。

3.2　电容电桥电路

对于实际电容的测量，容器中实际填充的电介质不是理想的介质，在电路中要损耗一部分能量，故将之看作是一个纯电容 C 和损耗电阻 r_C 的串联或并联。由于损耗存在，当以正弦交流电通过时，电容器两端的电压与通过的电流之间的相位差 φ 就不再是 $\frac{\pi}{2}$，而是

$\varphi=\dfrac{\pi}{2}-\delta$，如图 11－8 所示。其中，$\delta$ 称为电容器的损耗角，随损耗电阻 r_C 的增大而变大，意味电容器离纯电容的特性也越远。

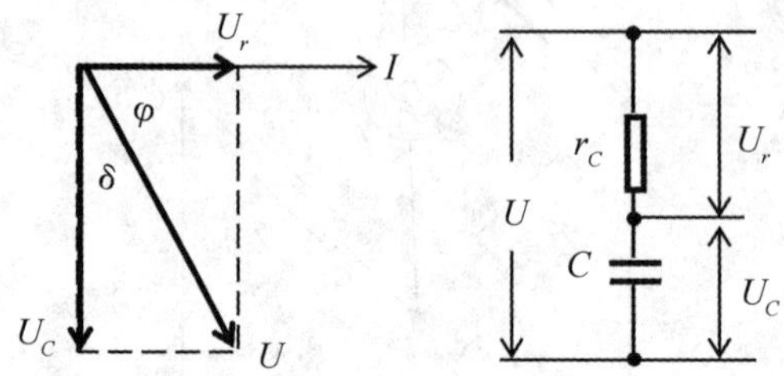

图 11－8　电容器串联等效电路

因此，δ 是衡量电容器质量优劣的重要参数。为了方便，用损耗角的正切来表示，称为损耗（或损耗因子），即

$$\tan\delta = r_C C\omega \tag{11-10}$$

可以采用如图 11－9 所示的维恩电桥进行测量，该电桥适合损耗小的电容。其中，R_1 和 R_2 为纯电阻，C_0 为标准电容器。为与 r_C 相平衡，又串联电阻 R_0，各臂阻抗为

$$\begin{cases} \dot{Z}_1 = r_C - j\dfrac{1}{\omega C_X} \\ \dot{Z}_2 = R_1 \\ \dot{Z}_3 = R_0 - j\dfrac{1}{\omega C_0} \\ \dot{Z}_4 = R_2 \end{cases} \tag{11-11}$$

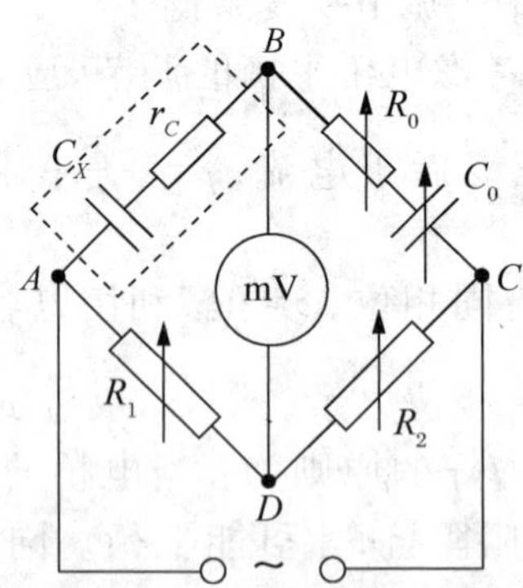

图 11－9　测量电容的电桥电路

由电桥的平衡条件式（11－8）可得

$$\begin{cases} C_X = \dfrac{R_2}{R_1}C_0 \\ r_C = \dfrac{R_1}{R_2}R_0 \end{cases} \tag{11-12}$$

$$\tan\delta = r_C C\omega = R_0 C_0 \omega \tag{11-13}$$

反复调节 C_0、R_0 的数值，直到电桥示零器达到最小。一般要精确测量电容的大小，所以使 $R_1=R_2$、$C_0=C_X$。尽量提高 R_1、R_2、C_0 的精度，R_0 不作过多要求。

3.3　电感电桥电路

对于实际电感的测量，电感是由导线按一定方式绕制而成的线圈，除具有电感外，还具有一定的电阻。可以把实际的电感器等效为一个纯电感 L 和一个损耗电阻 r_L 的串联组合，如图 11－10 所示。于是，感抗可以表示为

$$\dot{Z}_L = r_L + j\omega L \tag{11-14}$$

式中：r_L 越小，线圈越接近纯电感。为衡量电感线圈质量的优劣，用品质因数 Q 来定量描述，即

$$Q = \frac{L\omega}{r_L} \tag{11-15}$$

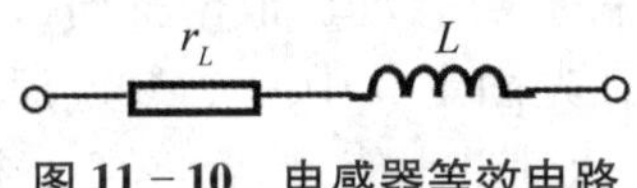

图 11－10　电感器等效电路

采用一种测量电感最常用的麦克斯韦电桥进行测量，此电桥只适合测量低 Q 值的线圈，如图 11－11 所示。图中 R_1、R_2、R_0 为纯电阻，C_0 为标准电容，各臂的阻抗为

$$\begin{cases} \dot{Z}_1 = r_L + j\omega L_X \\ \dot{Z}_2 = R_1 \\ \dot{Z}_3 = R_2 \\ \dot{Z}_4 = \dfrac{R_0}{1 + j\omega C_0 R_0} \end{cases} \tag{11-16}$$

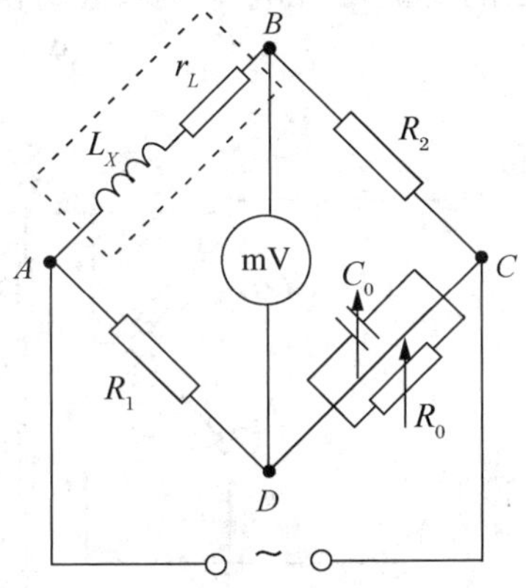

图 11－11　测量电感的电桥电路

电桥平衡时则有

$$\begin{cases} L_X = R_1 R_2 C_0 \\ r_L = \dfrac{R_1 R_2}{R_0} \end{cases} \tag{11-17}$$

被测线圈的品质因数 Q 值为

$$Q = \frac{\omega L_X}{r_L} = \omega C_0 R_0 \tag{11-18}$$

式中：R_0、C_0 为独立变量，反复调节可以使电桥很快达到平衡。

3.4　交流电桥的平衡调节

由于交流电桥的平衡必须同时满足幅、相平衡两个条件，因此即使在最简单的桥路中至少有两个桥臂参数是可调的，只有当这两个参数同时达到平衡值时，指示器才能达到平衡位置。可见，交流电桥平衡的调节比直流电桥复杂得多。在实际调节交流电桥时，可按下面两点去做：①事先设法知道待测元件的大约数值，根据平衡公式选定电桥各臂的起始值，务使电桥开始不至于远离平衡条件。②先固定其中一个参数，调节另一个。在这样的调节过程中，每次只能使通过指示器的电流达到最小值，然后将第一个参量固定在此数值再来调节另一个参量而使指示器的电流达到新的最小值。这样反复调节这两个参量，逐次逼近平衡。

例如测量电容 C_X 时，由于一般电容器的 r_C 较小，所以先取 $R_0 \approx 0$。重点调节 R_1、R_2 和 C_0，尽可能接近式(11－17)的要求，使指示器流过的电流最小，再进一步调节 R_0，使流过指示器的电流更小，如此反复调节，使电桥逐步逼近平衡，直到流过指示器的电流无法再小为止。

3.5　船舶自动操舵装置中的相敏整流电路

自动操舵系统基本上由驾驶室主操舵台、舵机房简易操舵台、伺服机构、反馈装置和电源箱等组成。自动操舵系统一般可分为单动(应急)操舵、随动操舵和自动操舵三种操舵方式，可根据船舶航行中的具体情况加以选用。自动操舵采用比例-积分调节，并设有压舵环节。

船舶自动操舵装置中的相敏整流电路主要由电桥组成，由偏航信号发送器、随动信号发送器和舵角反馈信号发送器输出的交流信号电压分别送到相敏整流电路中进行整流检相，如图 11－12 所示。

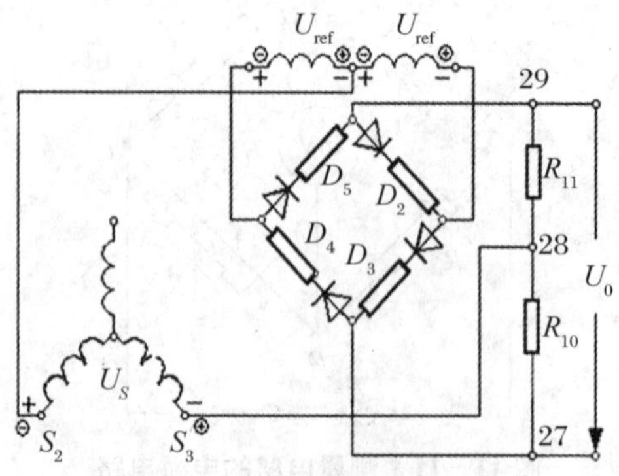

图 11－12　相敏整流电路

习题

【题 11 - 1】 简述惠斯通电桥电路的基本原理。

【题 11 - 2】 描述箱式惠斯通电桥的测量方法。

【题 11 - 3】 简述交流电桥基本原理。

【题 11 - 4】 电容和电感电桥电路有何异同?

第十二章　安全用电常识

1　船舶安全用电常识

1.1　触电及对人体的伤害

电流伤害事故,是电流的能量直接作用于人体而造成人体组织的损伤。电流对人体的伤害是电气事故中最为主要的事故之一。当人体触及带电体,带电体与人体之间闪击或电弧波及人体时,人体与大地或其他导体构成电流通路,此种情况称为触电。由于不遵守操作规程或粗心大意,误触到裸露的带电设备,或者接触到平时不该带电,而由于电器绝缘损坏等原因,使金属外壳忽然带电的设备,都会导致人体触电。

触电对人体的伤害有两种:电伤和电击。电伤:是指在电流作用下,使局部皮肤受到灼伤、烙伤,情况严重时也有生命危险。电击:人体在触电瞬间由于人体电阻较高,通过人体的电流很微小,触电部分的肌肉发生痉挛,可以依靠自身力量摆脱电源。如不能立即摆脱电源,人体电阻会迅速下降,电流上升。当电流达到几十毫安时,就能使人失去知觉乃至死亡。

电流可分为直流电、交流电。交流电可分为工频电和高频电。这些电流对人体都有伤害,但伤害程度不同。人体忍受直流电、高频电的能力比工频电强,所以工频电对人体的危害较大。电流对人身的伤害程度与电流在人体内流经的途径、时间的长短及电流的强弱等条件有关。例如,电流通过心脏会引起心室颤动,严重时可使心脏停止跳动导致死亡。一般电流从手到手经过胸部通过或从手到脚经过神经组织最多处通过,都是危险的电流途径。

实验表明,25~300 Hz 的交流电对人体伤害最严重。在 50 Hz 工频电流作用下,一般成年男子身上通过的电流超过 1.1 mA 就可以有感觉,成年女子对 0.7 mA 电流就有感觉。人触电后能够自主摆脱电源的最大电流值:男性约 10 mA,女性约 6 mA。通过人体的电流超过 30 mA,通电时间超过数秒到数分钟,心脏跳动就会不规则,血压升高并伴有强烈痉挛或昏迷,时间再长会引起心室颤动;电流若超过 100 mA,心脏将停止跳动导致死亡。为了安全,在系统或设备装有防止触电的速断保护装置的情况下,人体的允许电流可按 30 mA 考虑。若在空中或水面作业而可能因电击导致摔死、淹死的场合,人体的允许电流应按不引起强烈痉挛的 5 mA 考虑。

1.2　安全电压

安全电压是制定安全措施的依据。安全电压取决于人体允许的电流和人体电阻值。人体允许电流一般可按 30 mA 考虑。人体电阻变化较大,在干燥环境下在 $1.0\times10^4\ \Omega$ 以上;但是在潮湿的情况下则会降低到只有几百欧姆。一般情况下人体电阻可按 1 000~2 000 Ω 考

虑，这样作用在人体上允许的电压值为几十伏特。国家标准《安全电压》(GB 3805—83)规定我国安全电压额定值的等级为42 V、36 V、24 V、12 V和6 V，应根据作业场所、操作员条件、使用方式、供电方式、线路状况等因素选用。当电气设备采用的电压超过安全电压时，必须按规定采取防止直接接触带电体的保护措施。

例如：特别危险环境中使用的手持电动工具应采用42 V特低电压；手提照明灯，危险环境的局部照明和携带式电动工具等，如无特殊安全结构和安全措施，均应采用36 V的安全电压；凡工作地点狭窄、行动困难，如金属容器内、隧道内、矿井内的手提照明灯，应采用12 V的安全电压；水下作业等场所应采用6 V特低电压。

国际上通用的安全电压划分是根据触电时人体和环境状态的不同而划分的：①人体大部分浸于水中的状态，其安全电压小于2.5 V；②人体显著淋湿或人体一部分经常接触到电气设备的金属外壳或构造物的状态，其安全电压小于25 V；③除以上两种情况外，对人体加有接触电压后，危险性高的接触状态，其安全性小于50 V。

1.3　触电的形式

触电可分为单相触电、两相触电、高压电弧触电和跨步电压触电等四种形式。最常见的触电形式为单相触电和两相触电。

1）单相触电

人体接触三相电源线中任一相所发生的触电现象，称为单相触电。这种触电事故最为普遍，触电后果根据电压高低、绝缘情况、电网中性点是否接地而有所不同。

(1) 中性点直接接地的供电系统。如果人站在地上，一手碰到带电导线，便形成单相触电，这时人体处在相电压220 V之下，电流经过人体、大地和电网中性点的接地极而形成一闭合回路。这种触电的发生是由于开关、灯头和电动机一相线圈碰壳或导线绝缘损坏而造成的，危险性很大，后果也十分严重，如图12-1(a)所示。

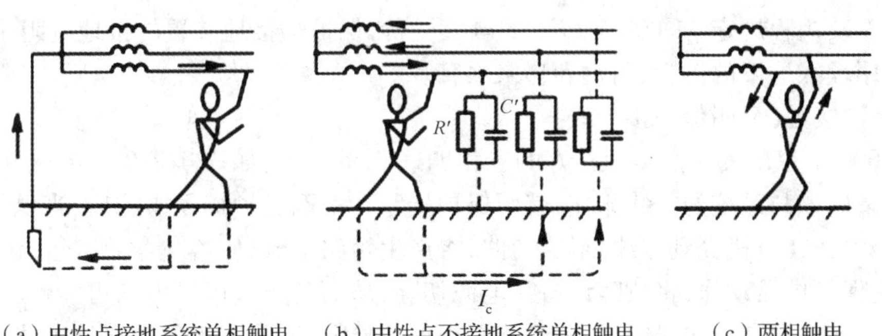

(a) 中性点接地系统单相触电　(b) 中性点不接地系统单相触电　(c) 两相触电

图12-1　触电的形式

(2) 中性点不接地供电系统。触电电流是经过人体与其他两相对地绝缘电阻而形成回路。通过人体电流的大小，不但决定于人体的电阻，也与线路的对地绝缘电阻的大小有关，如图12-1(b)所示。如果线路的对地绝缘良好，绝缘电阻非常大，当有人触电后，通过人体的电流就较小，危险性也较小；但是当线路较长以及绝缘不良时，对人的危险性仍然是很大的。因为这时电容电流和绝缘的泄漏电流很大，所以不能认为中性点不接地系统是安全可靠的。

2）两相触电

当人体同时接触带电的两相电源时，不管电网的中性点是否接地，人体受到的电压都是线电压，如电网是380/220 V三相四线制，则发生两相触电时，人体受到380 V电压，通过人体的电流只决定于人体的电阻，所以电流很大，也是最危险的触电事故，但是发生两相触电的机会比单相触电少得多，如图12－1(c)所示。

其他触电形式如高压电弧触电是指当人体接近高压带电体（如高压输电线）到一定距离时，高压带电体和人体之间的空气被击穿，产生电弧，造成触电。跨步电压触电是指高压输电线断落在地面上，当人走近时，两脚之间有电压存在，电流便通过人体，发生触电。

1.4 电气设备的接地与接零

将电气设备的任何部分与大地作良好的电气接触，称为接地。其中：与土壤直接接触的金属叫作接地体；接地体和电气设备的金属连线叫作接地线；接地体与接地线合称为接地装置。

从触电事故分析来看，大多数触电事故是由于人体接触正常不应带电部分所造成的。例如电动机、变压器、铁壳开关等电器设备的金属外壳，若其内部某一相绝缘损坏而碰壳，人体触及时就会触电，为防止此类触电事故发生，常采用保护接地和保护接中线的保护措施。

1）保护接地

保护接地是为防止电气装置的金属外壳、配电装置的构架和线路杆塔等带电，危及人身和设备安全而进行的接地。保护接地就是把电气设备的金属外壳和下外壳相连的金属构架用接地装置与大地可靠地连接起来，以保证人身安全的保护方式。

接地保护一般用于配电变压器中性点不直接接地（三相三线制）的供电系统中，用以保证当电气设备因绝缘损坏而漏电时产生的对地电压不超过安全范围。保护接地一般用在1 000 V以下的中性点不接地的电网中。

电气安装规程规定：1 000 V以下的电气设备，保护性接地装置的接地电阻小于4 Ω，接地体通常用埋入地下的钢管、角钢和自来水管。

2）保护接零（又叫保护接中线）

在1 000 V以下的中点接地良好的三相四线制系统中，如380/220 V系统，电气设备的外壳或构架应该与系统的零线相接，就叫保护接零。采取保护接零措施后，当电气设备绝缘损坏时，相电压经过机壳到零线，形成通路，将产生短路电流，使熔断器的熔丝（俗称保险丝）熔断，或使保护电器动作，将故障设备从电源切除，从而防止人体触电的可能性。必须指出：对于中性点接地的三相四线制系统，只能采用保护接零，这是因为保护接地不能有效地防止人身触电事故。在采用保护接地和保护接零时，以下几点是必须注意的：

(1) 对于小型单相（或三相）用电设备所使用的单相三孔插座（或三相四孔插座）和三脚插头（或四脚插头），正确的接线是用导线把用电设备的金属外壳接在插头的粗脚上，插座上对应的粗孔用导线与电源零线相连。尤其不允许把外壳保护接线接在用电设备的工作零线上。

(2) 不允许在同一电源上把一部分用电设备接零线，另一部分接地。这样，当机壳接地的设备发生碰壳而保护设备又不动作时，零线与大地之间就会出现电压。于是，其他接零的设备外壳对地都有较高的电压，这是很危险的。

(3) 在电源中性点绝缘的系统中,决不允许采取保护接零,这是因为在此系统中任一相接地时,系统可照常运行。这时大地与接地的端线等电位,即零线对地的电压为相电压,则接零的设备外壳对地的电压也为相电压,这也是十分危险的。

(4) 采用保护接零时,接零的导线必须接得牢固,以防脱线,在零线上不许装熔丝和开关设备。接零导线的阻抗要小,这样可使保护电器可靠地动作。

3) 重复接地

采用保护接零时,除系统的中性点接地以外,还必须在零线上一处或多处进行接地,这就是重复接地。

如果不采取重复接地,那么一旦出现零线断线的情况,接在折断处后面的用电设备端线碰壳,保护电器就不会动作,该设备以及后面的所有接零设备外壳都存在接近于相电压的对地电压。若在用户处采用重复接地,即使零线折断,带电的机壳也可通过重复接地装置与系统的中性点构成回路,产生接地短路电流,使保护电器动作。如果用电设备容量较大,保护电器的整定电流大于接地短路电流而不动作,也可降低事故的危险性。

1.5　安全用电的注意事项

预防触电除采取保护接零或保护接地外,最重要的是遵守安全规程和操作规程。常见的触电事故,大多由疏忽大意或不重视安全用电造成,故应特别注意下列安全常识:

(1) 在任何情况下都不得直接用手来鉴定导线和设备是否带电,在低压 380/220 V 系统中,可用验电笔来鉴定。

(2) 用手粗测电动机温度时,应用手背接触电动机外壳,不可用手掌,以免万一外壳有电,使手肌肉紧张反而会紧握带电体,造成触电事故。

(3) 经常接触的电气设备,如行灯、机床上照明灯等,应使用 36 V 以下的安全电压;在金属容器内或特别潮湿的环境下工作时,电压不得超过 12 V;为取得上述安全电压,应使用双线圈的行灯变压器,不准用单线圈的自耦变压器。

(4) 在配电屏或启动器的周围地面上,应放上干燥木板或橡胶地毯,供操作者站立。

(5) 更换熔丝或安装检修电气设备时,应先切断电源,切勿带电操作。

(6) 分支线路上检修,在打开总电源开关后,还应拔下熔断器,并在切断电源的开关上挂上“有人工作,不准合闸”的木牌,如有多人进行电工作业,接通电源前应通知每一个人。

(7) 电动机械、照明设备拆除后,不能留有可能带电的电线;如果电线必须保留,应将电源切断,并将裸露的线端用绝缘布包好。

(8) 闸刀开关必须垂直安装,静触头应在上方,可动刀闸在下方,这样当刀闸拉开后不会再造成电源接通现象,避免引起意外事故;对于板前操作的闸刀开关,必须把电源进线接在上面的静触头上,以保证拉开开关后,闸刀不带电。

(9) 电灯开关应接在相线上,用螺旋口灯头时,不可把相线接在跟螺旋套相连的接线桩头上,以免在调换灯泡时发生触电。

(10) 若控制电动机的开关设备没有欠压保护,则在外线停电时,应将开关断开,以免恢复供电时电动机自行启动,引起事故。

(11) 定期检修电气设备,发现温升过高或绝缘下降时,应及时查明原因,消除故障。

(12) 在机舱工作时,应有适当的照明,所用灯具电压应符合安全标准。

(13) 工作完毕后,应检查清点工具,不要遗留。特别是在配电板、发电机等重要设备附近工作时更应注意把不必要的灯或未燃尽的火熄灭。

(14) 严禁使用四氯化碳作为清洁剂。

1.6 触电急救常识

触电的现场急救,是抢救触电人生命的一个关键步骤。如果处理得及时和正确,就能使因触电而呈“假死”的人恢复生命。因此,正确的触电急救方法,不但医务人员要掌握,我们每一个人也应熟悉。这样,万一有人触电,就可分秒必争地进行正确的抢救,从而减轻触电的伤亡。

发现有人触电,首先要尽快使触电的人脱离电源,然后才能进行其他措施的急救,脱离电源的方法是:立即拉开就近的电源开关;如开关不在附近,则可用木棒挑开电线,使电线脱离触电者;救护者如穿着胶鞋,则可用一只手拉触电者的干衣服,使其迅速脱离电源。

触电者脱离电源后,应立即进行抢救。先将其抬到空气流通的地方进行仰卧休息,同时向医院等有关部门呼救。

如果触电者伤害并不严重,神志还清醒,只是有些心慌,四肢发麻,全身无力,那么只要安静休息 1~2 h,不要走动就可,当然需严密观察病情的变化,不可大意。如触电者伤害情况较严重,无知觉,无呼吸,但心脏还跳动,应采用口对口人工呼吸,使其恢复呼吸功能。如果心脏已停止跳动,则还应采取人工胸外心脏挤压法。假使有两人在现场,则一人做人工呼吸,另一人做心脏体外挤压法,这样效果会更好。

1.7 船舶静电危害和防护

静电是由于物体间相互摩擦或感应而产生的。静电现象在生产中得到应用,如静电除尘、静电喷漆、静电复印等。但是静电也为生产和生活带来不便和危害,如引起可燃液体、气体爆炸、起火,引起粉尘爆炸、起火,由于静电放电而使人遭受电击或引起电器元件误动作等。因此,在静电危险场所的工作人员应穿导电好的服装和鞋袜;在货油舱甲板上禁止穿脱衣物;由生活居住区进入货油舱区前,手应触摸专设的用来消除静电的金属板,以防止人体带静电进入危险区。

此外,船舶在航行中除防直接雷击外,还应注意由于带电低云层的静电感应,会使船舶金属体感应带电。船舶航行与空气的摩擦也能使金属体带电。静电防护在油船和液化气船上尤为重要。由于上述种种原因产生的静电积累到一定程度就会在突出部位产生放电,成为火灾和爆炸的隐患。特别是油船,存在可燃气体的空间较大,容易引起爆炸,所以船舶除安装避雷装置外,还必须设置消除静电的装置。

静电防护措施主要有:①接地。接地是消除导体上产生静电危害的最简单、最基本的办法。通常对会产生可燃性灰尘微粒的一切碾磨设备及其外壳、机器的轴和传动装置、含尘空气金属输送管道都应接地,接地电阻 1 000 Ω 即可。②静电中和。利用相反极性的电荷中和工作过程中产生的静电。这种方法适用于消除绝缘材料运行摩擦中产生的静电。③泄漏。采取一定措施,如提高空气的湿度以降低带静电绝缘体的电阻率,有利于电荷的泄放。在绝缘材料中加入抗静电添加剂,亦可降低绝缘电阻,使静电电荷易于泄放。凡能促使静电从带电体上自行消失的办法都属于泄漏法。

2　船舶电气火灾的预防

船舶电气引发火灾燃烧和爆炸的原因有其复杂性和特殊性。船舶电气设备运行中出现故障、使用不当或管理不善都可成为火灾隐患，这些隐患主要是作为火灾的热源或火源。燃烧和爆炸是同一化学反应，当空气中所含可燃气体达到一定的浓度比例时，由于氧化反应的传播速度极快，燃烧将变成爆炸。爆炸和燃烧都产生大量的光和热，但爆炸还伴随由于气体急剧膨胀而发出的巨大声响。

燃烧和爆炸须同时具备三个条件：①有可燃性气体或物质；②有空气或氧气；③有火源或危险温度。只要这三个条件不同时存在，就能避免燃烧和爆炸。

2.1　船舶电气设备引发火灾的原因

电气设备的热源或火源包括正常的和非正常的。例如各种触点正常的开断火花以及绝缘短路点、线路破断点等产生的非正常火花，同时有正常高温元件，如电灯等，也有非正常高温，如：①电气设备（特别是插座）进水形成短路或接地，在短路或接地点局部发热；②导体的连接点的松动、氧化、腐蚀等引起接触电阻过大，造成局部发热；③电气设备或电缆长期超负荷工作，或由于短路故障、非正常电压等引起电流过大，使温度过高而可能引起火花；④由于乱接、乱拉电线，或在插座上接用超过线路允许载流量的电热器或其他用电设备而造成线路过热；⑤其他原因造成的绝缘强度下降或绝缘破坏，发生短路、接地故障，引起局部过热。

此外，有可燃物质出现在不该出现的地方和空间，这就为正常工作的电器火源或热源提供可燃物质，从而成为火灾的隐患。例如：违禁使用四氯化碳作清洗剂；用汽油清洗机器部件时未采用有效的防火措施；未注意良好通风，以至于有油气积聚；等等。因此，对电气设备的防火要求是避免发生和注意消除上述各点的火灾隐患，应定期检测和检查电气设备的绝缘，确保绝缘状态良好，在有易燃易爆炸的场所必须使用合格的防爆电气设备。

船舶的一些特殊部位也易发生燃烧和爆炸，如作为船舶应急电源的蓄电池、蓄电池室。蓄电池在充电时会产生氢气，氢气比空气密度小，如果蓄电池室的高处无通风装置或通风装置工作不良，氢气就会在最高处积聚，一遇火种就会发生爆炸。

2.2　电气设备防火要求及措施

1）电气设备防火的一般要求

（1）经常检查电气线路及设备的绝缘电阻，发现接地、短路等故障时要及时排除。

（2）电气线路和设备的载流量必须控制在额定范围内。

（3）严格按施工要求操作，保证电气设备的安装质量。

（4）按环境条件选择电气设备，易燃易爆场所要使用防爆电器。

（5）电缆及导线连接处要牢靠，防止松动脱落。

2）油船和散装化学品液货船电气设备的防火措施

油船和散装化学品船防火极为重要，因此油船和散装化学品船的电力系统和电气设备的安装都有一些附加的特殊要求。例如，对油船的电力系统要求有：

（1）不论是直流或单相、三相交流电力系统，都必须是对地绝缘的系统，即发电、供电和

配电电路均不应接地，更不能以船体作为回路。但允许使用互感器二次绕组、抗无线电干扰电容器及网路绝缘监测器接地；允许内燃机启动、点火系统的接地回路。

(2) 不同电压等级的网络不应有电气上的连接。在有引起爆炸或可能引起爆炸的区域和处所，原则上不准安装电气设备(包括电缆)。必须安装的电气设备都应是防爆型和本质安全型。所谓本质安全型的电器和电路，就是其在正常或故障情况下都不能引燃可爆炸性气体。本质安全型设备主要用于危险处所的测量、监视、控制和通信。安装的插座也都是带开关连锁的插座，只有当开关断开电源时，插头才能插入或拔出，以避免产生火花。在这些危险处所电气设备的控制开关和保护装置都设有永久性标志，以便识别。

作为船上工作人员，不允许在这些有危险的区域拉临时电线或安装临时设备；不允许使用带电缆的便携照明或普通手电筒，应使用合格的防爆照明器。在油船及散装化学品液货船上禁止挂彩灯。

2.3 电气设备的灭火

电气设备着火时，不应立即用水龙灭火，以防止触电。正确的做法是首先迅速切断着火电源，然后用二氧化碳、干粉或卤化烃(1211)灭火器等灭火。但停电时应注意尽量缩小停电范围。对于已经切断电源而范围较大的电器火灾，可使用水和常规灭火器。对于未切断电源的电气火灾应采用绝缘性能好、腐蚀性小的灭火器具。船用灭火器具一般有：

(1) 二氧化碳灭火器：二氧化碳绝缘性能好，没有腐蚀性，使用后不留渣渍、不损坏设备，使用时，不要与水或蒸汽一起使用，否则灭火性能会大大降低。

(2) 1211 灭火器：1211 是一种含有一溴二氟一氯甲烷的灭火材料，扑灭电气火灾的效果理想，适合扑灭小面积电气火灾，一般船舶配电板附近备有这种小型灭火器。

(3) 干粉灭火器：干粉是碳酸氢钠加硬脂酸铝、云母粉、石英粉或滑石粉等粉状物。干粉本身无毒，不腐蚀，不导电。灭火时，钢瓶中的压缩气体将干粉以雾状物喷射到燃烧物表面，隔离空气，使火熄灭。干粉灭火迅速，效果好，但成本高，灭火后须擦拭被喷射物，一般仅用于小面积灭火。

3 船舶电气设备的船用条件及船检规定

船舶的环境条件比陆地差，电气设备的绝缘性能及损坏与船舶航行的区域、气温、湿度、空气中的盐雾、油雾有直接关系。船舶的摇摆与振动也会造成电气设备的损坏。由于船用环境条件的特殊性，决定对船用电气设备的特殊要求。由于选中的规范和规则不同，要求的性能指标略有不同。要求船舶电气设备能在相对空气湿度为 95% 的情况下正常工作，电机绕组及其他要求绝缘的部件，必须经防潮、防霉、防盐雾即三防处理，同时还必须耐油。电机绕组的冷态绝缘电阻不应低于 5 MΩ，热态绝缘电阻应不低于 1 MΩ。对于无限航区的船舶，甲板露天安装的电器设备应在 −25 ~ 45 ℃温度范围内能有效地工作。船舶电气设备的电气性能，在电网电压变化从(+6% ~ −10%)额定值，频率变化为 ±5% 额定值时应能可靠工作。一般船用电气设备应在表 12 − 1 规定的条件下能正常工作。对于船用电子设备以及专用船舶的电气设备还另有规定。

表 12-1　船用电气设备正常工作条件

环境因素	正常工作环境条件
周围空气温度最高值/℃	+40
周围空气温度最低值/℃	-25
海上潮湿空气影响	有
盐雾影响	有
油雾影响	有
霉菌影响	有
倾斜/(°)	≤25
摇摆/(°)	≤25
振动	有
冲击	有

3.1　环境温度

环境空气温度和初级冷却水温度如表 12-2 所示。表中各值与电气设备安装的部件和船舶航行海区有关。该表符合中国船级社《钢质海船入级与建造规范》要求，并规定适用于电子设备的环境空气温度上限值为 55 ℃。不同规范要求稍有不同，应予以注意。此外，为使电气设备适应其工作环境的湿度，必须考虑其结构材料和绝缘处理。

表 12-2　环境温度

介质	部位	温度/℃	
		无限航区	除热带海区以外的有限航区
空气	封闭处所在	0~45	0~40
	温度超过 45 ℃(或 40 ℃)和低于 0 ℃的处所内	按这些处所的温度	按这些处所的温度
	开敞甲板	-25~45	-25~40
水		32	25

3.2　船舶倾斜

船舶电气设备应满足船舶倾斜和摇摆的条件，如表 12-3 所示。

表 12－3　倾斜角

<table>
<tr><td rowspan="3">设备组件</td><td colspan="4">倾斜角/(°)</td></tr>
<tr><td colspan="2">横向</td><td colspan="2">纵向</td></tr>
<tr><td>横倾</td><td>横摇</td><td>纵倾</td><td>纵倾</td></tr>
<tr><td>应急电气设备、开关设备、电器和电子设备</td><td>22.5</td><td>22.5</td><td>10.0</td><td>10.0</td></tr>
<tr><td>上列以外的设备、组件</td><td>15.0</td><td>22.5</td><td>5.0</td><td>7.5</td></tr>
<tr><td colspan="5">注：①可能同时发生横向和艏艉向倾斜；②装运液化气体和化学品的船舶，其应急电源还应在船舶进水以至于最终横倾达 30°的极限状态下能保持供电</td></tr>
</table>

3.3　冲击、振动

船舶电气设备应不受正常使用时可能产生的振动和冲击的影响，固定载流部件的螺钉和螺母必须锁紧，使其不因振动而松脱。因此，需要保证在表 12－4 规定的振动试验条件下，无机械损伤误操作。

表 12－4　船用电气设备应满足的振动要求

<table>
<tr><td rowspan="2">安装部位</td><td rowspan="2">频率范围/Hz</td><td colspan="2">峰值</td></tr>
<tr><td>位移/mm</td><td>加速度/(m/s²)</td></tr>
<tr><td rowspan="2">一般场所</td><td>2.0~13.2</td><td rowspan="2">±1</td><td rowspan="2">±7</td></tr>
<tr><td>13.2~100.0</td></tr>
<tr><td rowspan="2">往复机上和舵机舱内</td><td>2.0~25.0</td><td rowspan="2">±1.6</td><td rowspan="2">±40</td></tr>
<tr><td>25.0~100.0</td></tr>
</table>

3.4　电压和频率波动

船舶电气设备应确保在表 12－5 中所规定的电压和频率偏离额定值的波动情况下可靠工作。

表 12－5　电压和频率波动

<table>
<tr><td colspan="2" rowspan="2">设备</td><td rowspan="2">参数</td><td rowspan="2">稳态占比/%</td><td colspan="2">瞬态</td></tr>
<tr><td>占比/%</td><td>恢复时间/s</td></tr>
<tr><td colspan="2" rowspan="2">一般设备</td><td>电压</td><td>+6~−10</td><td>±20</td><td>1.5</td></tr>
<tr><td>频率</td><td></td><td>±10</td><td>5</td></tr>
<tr><td rowspan="2">由蓄电池供电的设备</td><td>充电期间接于蓄电池者</td><td>电压</td><td>+30~−25</td><td rowspan="2"></td><td rowspan="2"></td></tr>
<tr><td>充电期间不接于蓄电池者</td><td>电压</td><td>+20~−25</td></tr>
</table>

3.5　电气间隙和爬电距离

电气设备的不同电位的带电部件之间，带电部件与其他接地金属外壳之间，无论沿表面或通过空气，以及绝缘材料性质和使用条件，应足以承受其工作电压。为此，有关规范和规则均规定最小电气间隙和爬电距离。

3.6　盐雾、油雾和霉菌

因为电气设备的使用环境会受到盐雾、油雾和霉菌的影响，所以必须充分考虑腐蚀和不使绝缘性能变坏的措施。例如，电气设备的材料和绝缘材料应考虑防盐雾、油雾和霉菌。

3.7　爆炸性气体环境条件

工作在具有爆炸性气体环境下的电气设备，必须满足在爆炸性气体环境中工作的电气设备的相关要求，如IEC79号出版物和IEC92－502号出版物的附录A等。

3.8　外壳防护等级

电气设备的外壳防护形式，应符合IEC29号出版物《外壳防护等级分类》或与其等效的国家标准的规定。表示防护等级的标志由特征字母IP及后面加两位数字组成。

电气设备采用何种防护等级，是由电气设备的安装位置决定的，各安装位置中电气设备防护等级的最低要求，按IEC 92－201要求一般来讲船舶通常使用下列四种类型的防爆电气设备：

（1）本质安全型“i”，是指在正常运行或发生故障情况下产生的火花或热效应，均不能点燃爆炸性混合物的电气设备。

（2）隔离型“d”，是指在电气设备内部发生爆炸时，不能引起外部爆炸性混合物爆炸的电气设备。

（3）增安型“e”，是指在正常运行时不产生火花，电弧或高温的电气设备上采取措施，以提高其安全程度。

（4）正压型“p”，是指内外壳内充入正压的清洁空气、惰性气体或连续通入清洁空气来阻止爆炸混合气体和物质进入壳内的电气设备。

4　船舶电缆安全使用与维护

电缆是船舶上用于传输电能、传递信息和在电气设备之间作各种连接的一种重要的电工材料。船用电缆按用途可分为船用电力电缆和船用电信电缆两类，按所用绝缘材料可分为橡皮电缆和塑料电缆两类，按护套类型可分为金属丝编织电缆、铅包电缆和非燃性橡皮套管电缆三类。

4.1　船用电缆的特点

船舶电缆和电线在结构和用途上都有区别。电线的芯线外层覆有保证电气绝缘用的绝缘层，而电缆除了电气绝缘层外还有用以防止外界各种因素（火、油水、机械等）危害的防护套。船舶电网中采用的绝大部分是电缆，而电线仅用于电气设备的内部接线和一部分生活舱室的照明线路。船用电缆主要由导电芯线、电气绝缘层和护套三部分组成。

1）导电芯线

导电芯线是电缆传输电能的部分，其是由不少于7根直径0.26～2.47 mm的圆形软铜丝绞和而成的。船用电缆根据不同需要可制成单芯、双芯、三芯和多芯。芯线的截面根据不同载流量的需要有0.8～400 mm^2 等各种不同规格。

有关电缆的导体根数和线径可由有关产品样本中查得。注意国外船用电缆的芯数和导体截面规格与我国的有所不同。

选择电缆时,必须根据使用条件,保证电缆实际通过的电流低于其允许电流。电缆的允许电流取决于电缆的绝缘材料,并以最高允许温度为基准作出决定。

2）电气绝缘层

电气绝缘层的作用是将各导电部分隔离以防止接地或相间短路。要延长电缆使用寿命,必须提高电气绝缘层的性能。常见绝缘材料的允许工作温度见表12－6。

表12－6 常见绝缘材料的允许工作温度

绝缘材料	最高允许工作温度/℃
聚氯乙烯(一般)	60
聚氯乙烯(耐热)	75
丁基橡胶	80
无机物	95
乙丙橡胶和交联聚氯乙烯	85
硅橡胶	95

3）护套

护套主要功能是保护电缆内部以免遭受机械损伤,同时防止水、盐雾、油、生物、火灾、霉菌、各种腐蚀等的破坏,以保持长期稳定的电气性能。护套常用材料是塑料和橡皮。其中,塑料护套具有较好的综合防护性能(机械强度高,延燃,有较好的耐油、耐酸碱性),而橡皮护套的弹性、耐磨性、柔软性、温度适应范围等方面较好。某些合成橡皮还具有一些特殊的性能,如:丁腈橡皮有良好的耐油、耐水、耐磨和不延燃性能,而且机械强度较高;氯丁橡皮有较高的机械强度和不延燃,而且气候适应性好。

此外,铠装(外护套)是一种具有高强度保护作用的护层,适用于机械损伤较严重场合的电缆。船用电缆采用的铠装有镀锡铜丝编织、镀锌钢丝编织、尼龙编织和金属软管等,其中金属软管铠装有很好的机械保护性能。

4.2 船用电缆的性能要求

为保证电缆在运行时可靠工作,船舶对电缆的性能有如下要求:

(1) 绝缘性能好。因为现代大型船舶均属于金属船体结构,而电缆一般敷设在船体或船体构件上,当电缆绝缘不良时,就容易发生漏电或短路等有害的故障,所以要求电缆绝缘性能要好。

(2) 防潮防腐蚀性能好。因为船舶长期航行在海洋中,空气潮湿且多盐雾,电缆易于受潮和腐蚀,使绝缘性能下降,所以电缆一定要能满足防潮湿、防腐蚀的要求。

(3) 抗震与抗机械损伤能力强。船舶航行在大风浪中,颠簸振动厉害,容易使船体发生变形,从而使电缆受到振动和机械力作用,所以电缆芯须有良好的抗震和抗机械损伤的能力。

(4) 耐高温性能好。船舶舱内某些部位的温度是比较高的,特别是有时还需要航行于赤道等高温地区,高温容易使电缆绝缘体软化或变脆,所以电缆要具有耐高温的性能。

（5）耐油污、耐酸碱性能好。船舶上的油污物比较多，有些场合还有酸碱等物。油污、酸碱对电缆有腐蚀作用，因此船舶电缆必须具有耐油污、耐酸碱的性能。

（6）所有电缆都应是滞燃型或防火型的。

此外，船上敷设的电缆都是根据敷设处所的环境条件、敷设方法、电流定额、工作定额等因素确定的。例如，固定敷设在露天甲板、货舱、冷库、机器处所和可能出现凝结水或有害气体处所的电缆均应有金属护套或不锈性护套。

4.3　船舶电缆的选择

船舶电缆的选择方式如下：

（1）发电机与配电板之间的连接电缆，按发电机额定电流的100%来选择。

（2）电动机的馈电电缆（包括启动器）在内，其截面积的大小一般按电动机额定电流的100%来选择。

（3）分配电板的馈电电缆，其截面积应按该分配电板所有用电设备并考虑负载系数、同时工作系数，以及留有一定的裕量来选择。

（4）三相四线制的中性线截面积应与相线相同。

（5）平时不载流的工作接地线，其截面积应为载流导线的截面积的二分之一，但不应小于1.5 mm^2。

（6）选择多芯电缆时，应考虑备用芯线；信号电缆不能与控制电缆、电源电缆共用一条多芯电缆。

（7）交流电电缆应避免采用单芯电缆，若必须使用，应选用具有非磁性材料屏蔽护套的电缆，并采取防止涡流发热的有效措施。

（8）选择电缆时，电缆芯线截面通常是根据电缆的实际（即计算）负载电流来选择的，但该电流应小于发电机至主配电板（或应急配电板）的连接电缆的最大安全（或允许）载流量，其电压降亦应在允许的范围内。

（9）对于短时和重复短时负载用的电缆，其允许载流量要乘以大于1的适当修正系数（1.1~1.8）。

4.4　船舶电缆的敷设

船舶电缆应根据电缆敷设处所的环境条件、敷设方法、电流定额、工作定额等因素来敷设并应注意：电缆应尽量避免敷设在容易受机械损伤、油水侵蚀、高温、有易燃易爆或腐蚀性气体的地方，如果必须敷设在这些地方，则必须采取有效的措施；电缆不应敷设在船壳板上；电缆穿过舱壁和甲板时，应以不影响舱壁和甲板的防护性能为前提，如穿过水密舱舱壁的电缆应采用水密填料函或过线盒加以密封，穿过甲板的电缆则必须用一定高度的金属管或金属围框加以保护；电缆应尽量远离磁罗经等设备；电缆应尽量敷设在便于检查的地方；主馈电线、应急馈电线和备用馈电线之间应尽可能地远离并分开敷设；凡露天甲板和非金属上层建筑内的电缆，进入无线电室的电缆以及无线电助航设备仪器系统的电缆均应采取屏蔽措施，同时屏蔽套必须可靠地接地。

检查船舶电缆的绝缘时，应将被检测电缆的电源开关以及电缆与设备的接线端均断开，用500 V（弱电电缆用100 V）手摇兆欧表检查电缆芯线间和芯线对地的绝缘电阻值。

4.5 电缆的检修和更换

船舶电缆经多年的使用后，其绝缘层会随之老化，并且可能受到外部的损伤，如机械损伤、局部火灾和海水侵蚀损伤等，这些将使电缆失去工作能力。船舶电气管理人员要经常检查电气设备电缆有无损坏，特别是露天甲板和潮湿腐蚀性较大场所的设备和大功率照明器等的电缆，若局部损坏则局部修复，若无法修复则更换电缆。

(1) 若外部金属屏蔽层局部严重锈烂破损，或接地线锈蚀损坏，则割掉损坏的一段屏蔽层，换上一段新的同样的金属屏蔽外套，绑扎好并按原样恢复接地。接地方式有利用金属外套末端做成一定长度的辫子线接地，或利用金属外套与填料函螺母压盖紧密接触实现接地，或将接地线用导电胶与金属外套胶结，或用电缆外皮与固定电缆的紧钩、卡线板紧密接触等多种。

(2) 若电缆进线护套绝缘层或芯线绝缘层局部干缩、脆裂、发黏或破损，也采用局部修复。如果进线有充足裕量，则可剪掉损坏部分，重新进入设备；若无裕量，可剥去损坏的绝缘层，然后在芯线上包两层黄蜡绸，再套上玻璃丝质绝缘套管等。

(3) 如果电缆的大部或全部发生上述情况，无法修复，或发生线间短路或芯线接地短路或断路，或绝缘电阻低于最低允许值，则需要更换新的电缆。

(4) 更换较长线路电缆的工艺比较复杂，电缆敷设、电缆紧固件拆卸和恢复、进线填料函的密封处理、电缆的接头及其标志号码的处理、金属外套的接地处理等，不同情况有不同的处理方式。

5 船舶电气设备接地的意义和要求

船舶电气设备的接地，就是把船舶电气设备的金属外壳、支架或电缆的护套等与船体所作的永久性良好连接。其是防止触电和保证电气设备正常工作的重要的安全保护措施。根据不同的接地功能，船舶电气设备的接地类型主要有保护接地、工作接地和屏蔽接地等。

5.1 保护接地

为防止电气设备因绝缘破坏，使人遭受触电危险而进行的接地称为保护接地。保护接地是将电气设备的金属外壳与船体钢结构件作良好的电气连接，如图 12 - 2 所示。带电外壳就相当于单相触电。若采用保护接地，此时即使触及外壳，因接地电阻 R_b 远小于与其并联的人体电阻 R_r，则流过人体的电流近似于零，从而起到保护作用。一般保护接地电阻不大于 4 Ω。

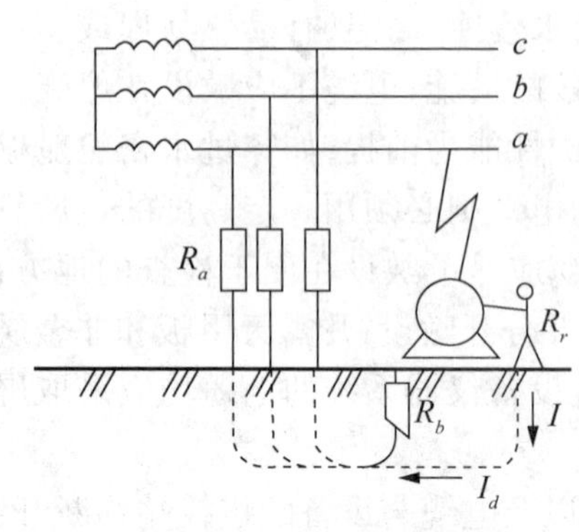

图 12 - 2 保护接地

保护接地主要用于三相三线绝缘系统，其作用在于确保人身安全。例如电气设备未接地，当外壳带电时，由于线路与船体间存在电容和绝缘电阻，在人体触及设备时，电流就会经人体而形成通路，引起触电事故。进行保护接地后，因为人体电阻远比接地电阻大，所以流经人体的电流比流过接地体的电流小得多，当接地非常良好时，流经人体的电流几乎等于零，这样就能防止触电。

根据《钢质海船入级与建造规范》,电气设备保护接地的要求有：

(1) 电气设备的金属外壳均需要进行保护接地。但下列情况除外：工作电压不超过50 V的设备;具有双重绝缘设备的金属外壳和为防止轴电流的绝缘轴承座。

(2) 当电气设备直接紧固在船体的金属结构或紧固在船体金属结构有可靠电气连接的底座(或支架)上时,可不另外设置专用导体接地。

(3) 无论是专用导体接地还是靠设备底座接地,接触面必须光洁平贴,接触电阻不大于0.02 Ω,并有防松和防锈措施。

(4) 电缆的所有金属护套或金属覆层须作连续的电气连接,并可靠接地。

(5) 接地导体应用铜或耐腐蚀的良导体制成。接地导体的截面积须符合规定的要求。

5.2　工作接地

在单线制电源网络中,将电源系统中某点通过接地装置与钢质胎体作可靠的电气连接称为工作接地,如图12－3所示。系统正常工作时,接地线中通有电流。

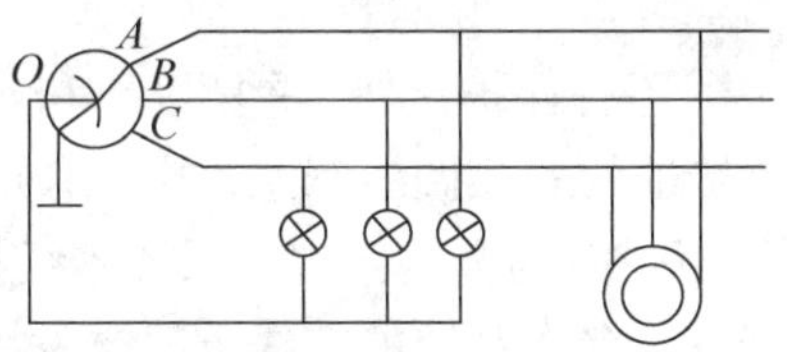

图12－3　工作接地

《钢质海船入级与建造规范》对船舶电气设备工作接地的要求是：

(1) 工作接地与保护接地不能共用接地装置。

(2) 工作接地应接到船体永久结构或船体永久连接的基座或支架上。

(3) 接地点位置应选择在便于检修、维护、不易受到机械损伤和油水浸渍的地方,且不应固定在船壳板上。

(4) 利用船体做回路的工作接地线的型号和截面积,应与绝缘敷设的那一级(或相)的导线相同,不能使用裸线。工作接地线应尽量短,并要可靠固定,接地电阻不大于0.01 Ω。

(5) 平时不载流的工作接地线截面积应为载流导线截面积的一半,但不应小于15 mm^2,其性能与载流导线相同。

(6) 工作接地的专用螺钉直径不应小于6 mm。

5.3　屏蔽接地

屏蔽接地是为防止电磁干扰,在屏蔽体与地或干扰源的金属机壳之间所作的良好电气连接,如图12－4所示。无线电通信设备一般装在封闭的金属机壳内,以防止外来的干扰。屏蔽是抑制无线电干扰的有效措施。任何外来干扰所产生的电磁波,其电力线将垂直终止于封闭机壳的外表面上,而不能穿进机壳内部。这种屏蔽将使屏蔽体内的无线电通信设备或导体不受干扰源的影响。此外,其同样可以防止无线电干扰源影响屏蔽体外的无线电通信设备或带电体。此时,屏蔽体需要与地或干扰源的机壳之间有良好的电气连接。

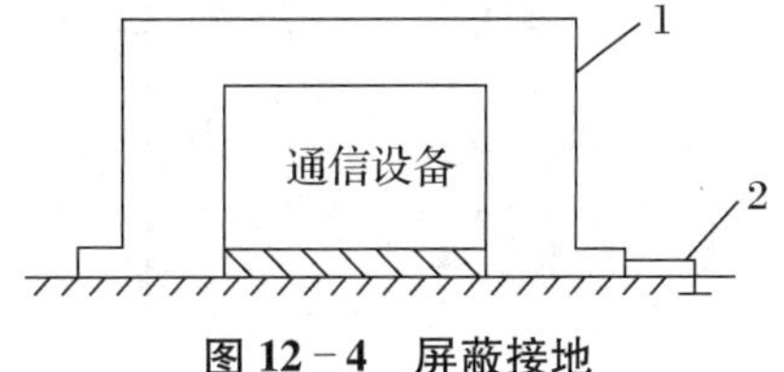

图12－4　屏蔽接地

《钢质海船入级与建造规范》对屏蔽接地的主要要求是：

（1）露天甲板和非金属上层建筑内的电缆，应敷设在金属管内或采用屏蔽电缆。

（2）凡航行设备的电缆和进入无线电室的所有电缆均应连续屏蔽。与无线电室无关的电缆不应经过无线电室。若必须经过，应将电缆敷设在金属管道内，该管道进、出无线电室均应可靠接地。

（3）无线电室内的电气设备应有屏蔽措施。无线电分电箱的电源电缆，应在进入无线电室处，设置防干扰的滤波器。无线电分电箱和无线电助航仪器分电箱的汇流排，应设置抑制无线电干扰的电容器。

（4）内燃机（包括安装在救生艇上的内燃机）的点火系统和启动装置应连续屏蔽。点火系统电缆可采用阻尼点火线。

（5）所有电气设备、滤波器的金属外壳、电缆的金属屏蔽护套及敷设电缆的金属管道，均应可靠接地。

5.4 其他接地

除上述三种主要接地形式外，还有保护接零、重复接地和避雷接地等。

（1）保护接零。对于中性点接地的三相四线制系统中工作的电气设备，一般采用保护接零的方法，将电气设备在正常情况下不带电的金属部件与系统零线相接，以实现人体安全保护，如图 12－5 所示。电气设备的外壳直接接在系统的零线上。当发生碰壳短路时，短路电线流经零线形成闭合回路，使保护装置能迅速动作而切断故障设备。但值得注意的是，在同一系统中，不可以把一部分电气设备接地，另一部分电气设备接零。因为当出现碰壳漏电故障时，零线将具有较高的对地电压，于是保护接零的电气设备外壳将具有较高电位，这将危及人身安全。

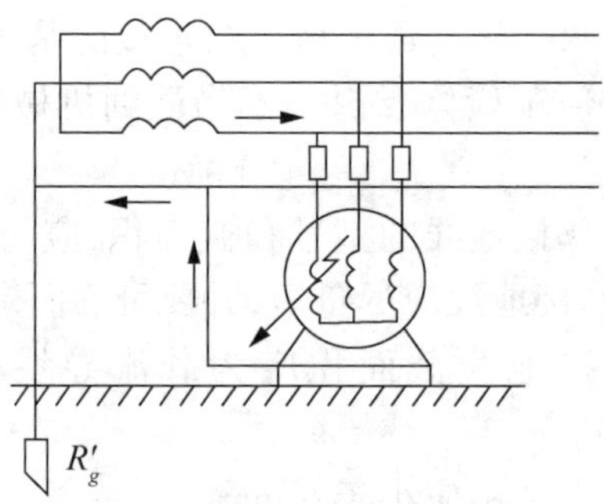

图 12－5 保护接零

（2）重复接地。在采用保护接零的中性点接地的三相四线系统中，为防止零线断裂造成触电，可采用重复接地方式（将零线多处接地）以确保接零可靠，如图 12－6 所示。

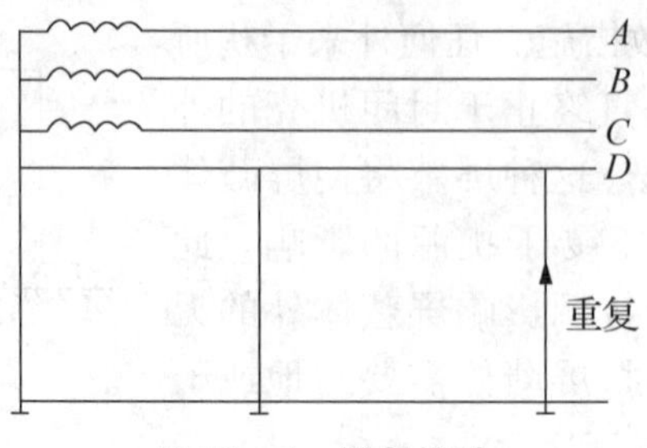

图 12－6 重复接地

(3) 避雷接地。为防雷击而进行的接地称为防雷接地。避雷针应设于桅顶且高出其上至少 300 mm。钢桅的避雷针直接焊在上面无须接地。

6　船舶电气设备绝缘

6.1　电气设备绝缘的意义和要求

1) 电气设备绝缘的意义和要求

电气设备的绝缘不仅直接影响其正常运行和使用寿命，而且影响着用电的安全。只有绝缘良好才能隔离电气设备中有不同电位的部件，才能使电流能沿着既定的导体路径流通，才能保证电气设备的正常工作；只有绝缘良好才能使人免遭触电，才能使人对其进行安全操作，所以要求船用电气设备在潮湿、霉菌、盐雾、油雾等恶劣的环境条件下，要能保持良好的绝缘状态。电气设备的绝缘是靠各种绝缘材料（包括空气、液体的、固体的）来实现的。对船用电气设备提出的所谓三防（防湿热、防霉菌和防盐雾油雾）要求，基本上是针对绝缘材料而言的。在构成电气设备的材料中，绝缘材料是最薄弱的环节，电气设备的使用寿命很大程度上取决于绝缘材料的寿命。在满足上述要求的条件下，在实际使用中影响绝缘材料寿命的主要因素是其耐热性（或热稳定性）。许多电气设备的损坏也往往是由于绝缘材料的热击穿而引起的。因为每一种绝缘材料都有一个耐热的极限温度；超过这个极限温度将加速绝缘材料的老化，过早地失去绝缘性能，严重时会使绝缘材料迅速灼烧而引发短路或火灾，所以在使用中，电气设备中的最热点温度不能超过绝缘材料的最高允许温度。

2) 电气设备的额定值

电气设备使用的额定值是指在给定的工作条件下能保证正常运行所允许使用的电压、电流、功率、频率、温升等数据。给定（或规定）的条件主要是指前述的环境条件以及使用条件。

使用条件如连续工作制、短时工作制、重复短时工作制、频繁操作和非频繁操作等，即在这些规定的条件下不超过额定值运行，电气设备的绝缘就不会发生电击穿或热击穿，特别是热击穿。电气设备运行中的温度高低决定于其发热和散热情况。各种电气设备的发热情况，如电机、电器、电缆电线等，主要是各种功率损耗都将变成热量。这些功率损耗概括起来有铜损、铁损和机械摩擦损耗等，这些热量将电气设备的温度升高。其中：铁损与电压（磁通）和频率有关，在额定电压和额定频率下运行时铁损是不变的固定损耗；而铜损与电流的平方成正比，随电流的大小而变，是决定电气设备温度的主要因素。

电气设备在发热的同时也向外散发热量，散热量的大小与本身的散热面积大小、通风条件、周围的温度有关。周围温度的温差越大，散热量也越大。当发热量大于散热量时，电气设备的温度将继续上升；当发热量等于散热量时，温度不再上升，保持稳定的温度；当电气设备停止运行时，只有散热，温度逐渐降低，直到等于周围环境温度。升温和降温都需要经历一定的时间。只要电气设备运行时的最高温度不超过其绝缘材料的最高允许温度，就不会减少其使用寿命。电气设备的额定温升是指在额定运行状态下的最高允许温度与标准环境温度之差。

电气设备按额定值工作时需要注意以下几点：

（1）绝大多数电气设备发生短暂的过载是允许的，因为额定温升与其绝缘材料的允许温度之间都有适当的裕量，而且温度升高需要一定的时间。

（2）若实际的环境温度超过规定的标准环境温度，应考虑适当减载或加强冷却措施。注意清除任何妨碍散热的因素和故障，如表面的污垢、覆盖、遮挡、通风道的阻塞等。

（3）不同工作制的电气设备不能互换代替。例如短时工作制的设备，其标准短时工作制有 15 min、30 min、60 min 和 90 min 四种。因为其运行时间短，在运行期间达不到稳定温度，为充分利用绝缘的耐热能力，其使用的额定电流（或功率）要大于连续工作制的，使其运行的最后温度接近于绝缘材料的允许温度，所以不能以短时额定值连续运行。重复短时工作制是以 10 min 为一个周期重复循环的，在一个周期中额定运行时达不到稳定温度，空载运行时又降不到环境温度。因为重复短时工作制比连续运行时空载散热时间多，其使用的额定值也偏高，所以不能作连续运行使用。重复短时工作制的额定负荷工作时间与工作周期之比称为负载持续率或暂载率。标准持续率有 15%、25%、40% 和 60% 四种。

6.2 常用电工绝缘材料的类型和等级

绝缘材料类型很多，从形态上可分为气体、液体和固体三类。固体绝缘材料又分为无机、有机和有机无机混合绝缘材料，以及耐高温的硅有机绝缘材料。无机绝缘材料，如云母、陶瓷、石棉等，耐热性高，不燃烧，不分解。有机绝缘材料，如橡胶、树脂等，耐热性差，易老化，高温下可分解、燃烧或炭化。有机无机混合绝缘材料，其性能取决于组成材料的性质。在电气设备、输电线路和电工仪器仪表中绝缘材料的作用是将带电部件与其周围的其他部件或带电部件之间相互隔离，也就是绝缘作用，以使电流按所规定的途径流通，并保证设备的安全运行。船舶绝缘材料的性能应符合船舶工作条件，具有耐热，抗潮，抗霉，耐酸、碱、盐、油和长期使用等特点。

1）绝缘材料的性能指标

（1）耐压性能：绝缘材料都在一定的电压下工作，工作电压过高会加速老化。对船用低压设备，所有绝缘材料都能满足要求。

（2）耐热性能：工作于电气设备（电机、电器、电热器等）上和温度较高场合（如锅炉舱等）的绝缘材料，由于设备和周围环境温度的升高，将使绝缘材料的温度随之升高。绝缘材料受热后将发生软化、熔化、挥发、灼焦、开裂、脆化、电阻率降低、损耗增加、老化和热击穿等一系列性能与形态的变化，因而要求绝缘材料的导热性能好、热导率高，同时具有足够的热稳定性。

（3）耐潮、抗霉性能：船舶绝缘材料经常受到霉菌的侵袭，使材料丧失绝缘性能。当遭霉菌侵袭后，轻者使绝缘材料表面呈现白霉点，重者可长出白色绒毛状的霉菌，导致绝缘性能变差甚至击穿。当温度为 20~30 ℃、相对湿度为 85%~100%时，最适宜霉菌的生长。为了提高防霉性能，在船用绝缘材料中往往用加入防霉剂的方法来杀死或抑制霉菌的生长。有些电气设备往往增设必要的加热环节，提高材料防潮防霉的性能。

（4）机械强度：船舶绝缘材料因受到机械力的影响（如振动、压挤、拉伸等），会使绝缘材料产生裂纹、起层皮、变形和破损等,因此应注意选择机械强度高的绝缘材料。

2）绝缘材料的耐热等级

每种绝缘材料都有一个最高温度的限制,称为最高允许温度,在此温度下长期工作时,材料的性质不发生显著变化,能够可靠工作至设计寿命。按照各种绝缘材料的最高允许温度将其划分为 7 个耐热等级,如表 12－7 所示。

表 12－7　主要绝缘耐热等级

等级	允许工作温度/℃	主要绝缘材料
Y	90	以未浸渍过的棉纱、丝、再生纤维素、醋酸纤维素和聚酰胺为基础的纺织品、纸、纸板、木质板、低燃点的塑料等
A	105	用植物油改良天然树脂漆、虫胶等浸渍或覆盖过的棉纱、丝、再生纤维素、聚酰胺为基础的纺织品、纸、纸板、木质板,以及漆布、漆丝、漆包线等
E	120	有机填料的塑料、高强度漆包线、乙酸乙烯漆包线、玻璃布、油性树脂漆、以再生纤维素纸和布为基础的层压制品
B	130	聚酯薄膜、经树脂胶合或浸渍、涂覆的云母、玻璃纤维、石棉等以及聚酯漆、聚酯漆包线
F	155	以有机纤维材料补强和不补强的云母制品、玻璃丝和石棉;以玻璃丝和石棉纤维为基础的层压制品;以无机材料补强和不补强的云母制品
H	180	以补强或无机材料不补强的云母制品;加厚的 F 级材料;复合云母、有机硅云母制品、硅有机漆、复合玻璃布、复合薄膜等
C	>180	不采用任何有机黏合剂浸渍的无机物制品,如石英、石棉、云母、玻璃和陶瓷材料等

电气设备工作时的温度是由环境温度和温升两部分来确定的。当所用的绝缘材料确定后,电气设备的最高允许温度随之确定,这样在一定环境温度下,电气设备就有一个与所用绝缘等级相对应的最高允许温升,称为温升限值。温升限值是制造厂确定额定容量和额定电流的主要依据,并标志在产品的铭牌上。

随时了解运行中电气设备的工作温度对船舶电气管理人员来说是非常重要的,但要准确测出电气设备工作时的温度比较困难。用不同的测温方法测得的温度往往不同,如电阻法只能测得温度的平均值,酒精温度计测得可接触到的表面温度,都不是最热点的温度,所以电气设备最热点的温度用测量值加 10~20 ℃。

3）船舶常用的绝缘材料

绝缘材料有固体绝缘材料、液体绝缘材料和气体绝缘材料。船上用的绝缘材料主要是固体绝缘材料和液体绝缘材料两类,下面加以着重介绍。

（1）船舶常用的固体绝缘材料。固体绝缘材料包括绝缘布、绝缘带、各种绝缘纸和薄膜、衬垫用的各种绝缘板、绝缘套管等。这些绝缘材料在维修船舶电气设备时是经常用到的。对这些材料的一般要求是：要有较高的电气绝缘强度,耐热、耐潮;有些材料应具有柔韧性,机械性能方面应具有一定的抗拉强度;导热良好,并且温度变化时对其性能无较大影响。

（2）船舶常用的液体绝缘材料。液体绝缘材料主要是绝缘漆及稀释用的溶剂。绝缘漆是以合成树脂或天然树脂等为基漆（成膜物质）与某些辅助材料（溶剂、稀释剂、填料和颜料等）组成的。一般船用电气设备对绝缘性能要求较高，在维修这些设备时，使用的绝缘漆也相应有较高的要求。常用的绝缘漆分为浸渍用的清漆（即浸渍漆）和覆盖用的磁漆（即覆盖漆）两种。其中：浸渍漆主要用于浸渍电机、电器的线圈和绝缘零部件，以填充其间隙和微孔，固化后能在浸渍物表面形成连续平整的漆膜，并使线圈黏结成一结实的整体，提高绝缘结构的耐潮性、导热性、电击穿强度和机械强度等。船舶常用的覆盖漆是内含填料或颜色的磁漆，用于涂覆经浸渍处理的线圈和绝缘零部件，在其表面形成连续而厚度均匀的漆膜作为绝缘保护层，以防机械损伤和受大气、润滑油、化学物品等的侵蚀，提高表面放电电压。因此，要求覆盖漆具有干燥快、附着力强、漆膜坚硬、机械强度高以及耐潮、耐油、耐腐蚀、耐电弧等特性。

上述各种绝缘清漆在浸渍时都需稀释到一定浓度，其所用的溶剂及稀释剂应选用正确，否则会起化学变化而变质。在使用各种绝缘漆及其稀释溶剂时，应按照说明书的要求进行，特别是一些外国产品，更应仔细阅读说明书。

7 油船电气设备的安全管理

7.1 油船的舱室区域划分与电气装置要求

1）第一类舱室区域与要求

油船的第一类舱室区域包括货油舱和垂直隔离舱，在此类舱室内严禁敷设电缆与安装电气设备。在不可避免的情况下，垂直隔离舱内才允许安装测深仪振荡器，但该振荡器必须安装在油密坚固的罩内，电缆应敷设在气密坚固的管子中，在进入隔离空舱处的电缆管道内需以填料封隔。

2）第二类舱室区域与要求

油船的第二类舱室包括：货油泵舱；水平隔离空舱；货油泵和垂直隔离空舱上面直接邻近的舱室；储藏输油软管的舱室；货油舱向艏艉各延伸 3 m 及离甲板高度为 2.4 m 以内的露天区域；离爆炸性气体出口 3 m 以内的露天区域。

在第二类舱室区域内安装的电气设备必须满足如下要求：

（1）所装电气设备必须是防爆式的，不得安装插座。

（2）电缆应选用护套电缆或穿气密管子敷设，出入该类舱室的电缆孔应以填料分隔，防止可燃性气体进入其他舱室。

（3）所装照明灯具应符合《钢质海船入级与建造规范》的条件。

（4）货油泵舱的照明由两路电源供电，灯点需交错布置，开关安装在室外。

（5）非防爆电气设备与货油舱透气管出口端的距离应不小于 1 m。

（6）若在油泵舱内安装测深仪振荡器，则要求与第一类舱室相同。

3）第三类舱室区域与要求

油船的第三类舱室区域包括上述第一类、第二类以外的所有舱室区域和空间。在这一类舱室区域和空间内安装的电气独立回路允许工作接地，露天空间安装的插头、插座应具有

连锁功能，即在开关接通电源的位置时，既不能插入也不能拔出，只有在断开位置时插头才可以插入或拔出，以避免操作时产生火花。

沿步桥敷设的电缆应选用足够强度的护套电缆，或设有牢固的金属罩壳，电缆和电缆管道还应远离蒸汽管道敷设，并有防止船体变形所引起的应力损伤电缆的补偿措施。

7.2　油船静电起火的预防

1）静电的产生

不论是固体、液体或气体，任何两种不同物质的摩擦，紧密接触一分离，受热受压都能产生正负电荷分离的静电现象。导体在带电物体的影响下，也会感应产生静电荷。油船静电的形成是一个非常复杂的过程，产生静电的具体原因主要有：

（1）当货油沿着输油管路流动和流入货舱时，由于油与管壁、油船的摩擦和冲击，因而产生和积聚静电荷。

（2）船体在风浪影响下的摇摆振动，会使油品与油舱壁产生摩擦而生成和积聚静电荷。

（3）油品通过多孔或网状过滤器、隔离装置时也会有静电的产生和积聚。

（4）油品微滴的飞溅与空气摩擦及油中结晶水滴的沉降过程，也会产生静电。

（5）油舱内的油品与油面漂浮物的相互撞击，可以产生静电。

（6）在对油舱采样测量时，测杆和采样器具在施放和提升过程中，油舱内会产生静电。

（7）洗舱机和喷嘴软管在洗舱工作过程中会产生静电，洗舱水柱、水雾、水珠等形成的水滴落在油品中发生冲击时，也能产生静电。

（8）油舱内的铁锈、石油渣滓等沉淀物在下沉时，会产生静电。

（9）油舱上索具和吊杆的摩擦，会产生静电。

（10）落到油舱的物品及工具等，在坠落和发生碰撞时，会产生静电。

（11）人体是静电的良导体，当人体穿脱毛衣料和合成纤维衣服时，会产生极高的静电电压，足以引燃周围的爆炸性气体。

2）油船静电的预防

静电是引起油船火灾和爆炸事故的重要原因之一，必须设法预防。预防的出发点是：一方面，首先是避免或减少静电的产生，如尽量减少各种摩擦、感应及极化起电现象；另一方面，采取接地措施消散静电，避免静电的大量积累而产生火花放电。具体措施有：

（1）货油舱在卸油、排压载水或洗舱前，都要向舱内充入惰性气体；航行期间，也要向舱内补充惰性气体，以使其含氧量极低。该惰性气体可由锅炉或主机的排烟经洗涤、净化、干燥等处理后产生，亦可由专用的惰性气体生产设备提供。

（2）由于静电与货油的流速成正比，因此在装卸油时应控制货油的流速，以不超过 4 m/s 为宜。为防止油管内或舱底残留积水而发生油水冲击而大量产生静电，开始装油时，货流速度应控制在 1 m/s 以下；待油装至高出舱底龙骨后，才逐渐加速到 4 m/s。

（3）油管要用接地电缆连接，具体接线要求是：接油管时，应先接接地电缆，后接油管；在拆油管时，应先拆油管，后拆接地电缆，两者切勿颠倒。接地电缆的直径为 16 mm^2，导线与船体的接触面积应大于 75%。

（4）装油后测量、取样时，应考虑油的半衰时间，宜在装完后 30 min 进行，所用的量尺及取样装置应采用非金属材料制成。

（5）洗舱时，应尽可能避免由于水雾带电而产生静电电压，洗舱机台数不宜过多，在吊入舱内之前应可靠接好接地电缆，工作人员必须防止金属工具落入舱内。

（6）油船工作人员应穿导电好的衣服和鞋袜，不宜佩戴与人体绝缘的金属器件。有条件时，可在油船入口处装设消静电装置，消除人体静电。

7.3 油船电气设备的管理要求

1）油船电气设备的选用和管理

（1）油船配电系统只允许采用对地绝缘系统，即发电机和供配电系统均不应接地，更不能将船体作为回路。

（2）危险区域必须使用的电气设备应为防爆型结构，或采用本质安全型电路或设备。本质安全型电路或设备是用以进行测量、监视、控制、通信信号等的弱电电路，没有高压和大电流，电路与其电源间有短路隔离保护措施，多为无触点的半导体器件，在正常或故障情况下，所产生的火花能量不足以点燃可燃性气体。

（3）定期检测电缆、电气设备的绝缘电阻，保持绝缘良好。

（4）检测电气设备时，要防止工具碰击短路产生电火花。

（5）不允许任意架设临时供电线路和装设临时灯具，或随意加大电气设备功率。在调换灯管、灯泡时应先关断电源，在防爆灯及灯泡上不得涂刷油漆和包裹易燃纸品等物。

（6）在室外禁止使用非防爆式灯具，手电筒也应是防爆的。

（7）主电站和应急电站应定期清洁，防止油污造成短路。

（8）严格控制使用电炉，尤其是明火电炉，应绝对禁止使用。要防止电缆、电气设备与高温管道接触，保证绝缘不损坏。

2）油船在进行装卸油品、洗舱、除气、压载作业时的特殊注意事项

（1）不允许动用电焊、风焊、喷灯以及易于发生火灾的电动工具。

（2）停止蓄电池的充电。

（3）无线电通信只许收报，不能发报。

（4）断开靠货舱口及货舱进气口的电动机电源。关好各种启动箱控制室，插座的门盖，以防油气和水侵入。

（5）禁止在室外和气密场使用万用表和兆欧表。

（6）关闭变流机组、通风机、加温器等的电源。

（7）断开雷达电源，天线转至背向油舱的方向。

（8）使用防爆式报话机时，应站在货舱口的下风。如需换电池，要在室内进行，使用固定式超短波电话时，应将输出功率调到 1 W 以下。

（9）修理雷达、发报机和各种助航仪器时，应先经测爆，在确认无可燃气体威胁时，方可进行修理。严禁悬挂彩灯。

习题

【题 12－1】　简述我国安全电压的分类。

【题 12－2】　船用常用灭火器有哪些？

【题 12－3】　《钢质海船入级与建造规范》对船舶电气设备有哪些条件要求？

【题 12－4】　电缆敷设的注意事项有哪些？

【题 12－5】　简述《钢质海船入级与建造规范》中对电气设备保护接地的要求。

【题 12－6】　绝缘材料耐热分为几个等级？允许工作温度分别是多少？

【题 12－7】　简述油船的电气设备安全管理的要求。